Friedrich A. Hayek

Der Weg zur Knechtschaft

Es ist selten, daß eine Freiheit irgendwelcher Art mit einem Schlage verlorengeht.

David Hume

Ich glaube, ich würde die Freiheit in jeder Epoche der Geschichte geliebt haben, aber in den Zeiten, in denen wir heute leben, bin ich bereit, sie inbrünstig zu verehren.

A. de Tocqueville

Friedrich A. Hayek

Der Weg zur Knechtschaft

Neuausgabe
mit einem Vorwort
von Otto Graf Lambsdorff

AKTUELL

CIP-Titelaufnahme der Deutschen Bibliothek

Hayek, Friedrich A. von:
Der Weg zur Knechtschaft / Friedrich A. Hayek. Mit einem Vorw. von Otto Graf Lambsdorff. [Ins Dt. übertr. von Eva Röpke.] – München : Aktuell, 1991
Einheitssacht.: The road to serfdom <dt.>
ISBN 3-87959-436-8

Verlag Bonn Aktuell, München
Im Vertrieb der Modernen Verlagsgesellschaft, München
ISBN 3-87959-436-8

Titel der Originalausgabe: The road to serfdom
Ins Deutsche übertragen von Eva Röpke

Umschlagentwurf: Gruber & König, Augsburg
Druck- und Bindearbeiten: Presse-Druck Augsburg

Printed in Germany

Den Sozialisten in allen Parteien

INHALTSVERZEICHNIS

Einführung zur Neuauflage

Von Dr. Otto Graf Lambsdorff

Der Weg in die Freiheit

Der Weg aus der Knechtschaft in die Freiheit, den die Menschen in Mittel- und Osteuropa seit ihrer friedlichen Revolution gegen den realen Sozialismus gehen, kann der Anfang für eine Weltordnung der Freiheit und des Friedens werden. Die Neuauflage dieses Buches erscheint im Jahr nach der deutschen Einheit, die uns diesem Ziel nähergebracht hat. Noch allerdings sind Freiheit und Frieden nicht gewonnen, geschweige denn gesichert. Die unmittelbare Bedrohung ist leicht zu erkennen, wenn eine totalitäre Diktatur im Nahen Osten zynisch das Gewaltprinzip anwendet. Einer so erkannten Gefahr können wir entschieden und mit Geschlossenheit erfolgreich begegnen. Bedrohlicher sind aber die nicht spektakulären Gefährdungen von Freiheit und Frieden, die weitgehend unbemerkt wirken. Davor sind wir kaum geschützt, wenn wir nicht mehr auf die Freiheit, Initiative und Leistungsfähigkeit des einzelnen setzen, sondern eine politische Strategie verfolgen, die den Bürger der vollständigen staatlichen Fürsorge anvertraut, ihm die Eigenentscheidung und Verantwortung abnimmt und ihn letztlich entmündigt. Wenn sich so die Gesellschaft schließlich in ihr Schicksal fügt, dann ist dies der „Weg zur Knechtschaft".

Die Warnung vor dieser schleichenden Gefährdung der Freiheit ist das Thema dieses Buches. Hayeks Warnung hatte Erfolg, wo dieses Buch für die Freiheit des einzelnen und gegen sozialistischen Kollektivismus gelesen werden durfte: der Weg zur Knechtschaft blieb Westeuropa erspart. Wie wenig selbstverständlich dieser Erfolg nach der Befreiung von Hitlers Nationalsozialismus war, bezeugen vor allem diejenigen, die mit daran gearbeitet haben, vor über 40 Jahren gegen vorherrschende, kollektivistische Strömungen eine Verfassung der Freiheit durchzusetzen – allen voran Friedrich A. Hayek, Walter Eucken, Wilhelm Röpke, Franz Böhm und Alexander Rüstow. Hayek hat bei der Demaskierung des kollektivistischen Geistes in Großbritannien, Deutschland und den Vereinigten Staaten Roß und Reiter genannt. Das war damals und ist auch heute für viele unbequem, erleichtert aber die Auseinandersetzung mit den Früchten des Sozialismus.

Gegen den totalitären Terror des Kommunismus, der von Stalin und seinen in Moskau geschulten Helfershelfern mit Gewalt gegen demokratische Mehrheiten auf Mittel- und Osteuropa ausgedehnt wurde, blieben Hayeks verbotene Worte machtlos. Weder „Der Weg zur Knechtschaft" des Liberalen Hayek noch das von Hayek entscheidend inspirierte Buch „1984" des Sozialisten Orwell konnten verhindern, daß Orwells Vision des totalen Kontrollstaates mit Informationsmonopol für Hunderte Millionen von Menschen nahezu Wirklichkeit werden konnte. Für die Menschen in Mittel- und Ostdeutschland bedeutete dies fast zwei Generationen Unterdrückung und Meinungsterror. Das hat auch heute noch wichtige Folgen für die Einheit Deutschlands: Von einer „Union des Bewußtseins" sind wir in Deutschland noch weit entfernt.

„Der Weg zur Knechtschaft" vermittelt anschaulich und wirklichkeitsnah die geistigen und moralischen Grundlagen einer freiheitlichen Wirtschafts- und Gesellschaftsordnung. Dieses Buch möge helfen, in Ost und West unsere gemeinsame Verfassung der Freiheit zu verstehen: den unauflöslichen Zusammenhang zwischen Demokratie und freiheitlicher Wirtschaftsordnung, zwischen Demokratie und Marktwirtschaft. Die Menschen werden die freiheitliche Ordnung nur dann verteidigen, wenn sie ihre Grundlagen begreifen und bejahen.

Dann werden sie auch die Gefährdung der Freiheit rechtzeitig erkennen und den Anfängen wehren. Darum ging es Hayek ebenso wie den anderen liberalen Vorkämpfern für Freiheit und Marktwirtschaft. Sie haben mit der Überzeugungskraft ihrer Ordnungsidee der Freiheit und der Marktwirtschaft zum Durchbruch verholfen. Ludwig Erhard und Alfred Müller-Armack haben für die Bundesrepublik Deutschland auf ihren Grundlagen unsere liberale Wirtschafts- und Gesellschaftsordnung politisch durchgesetzt. Ähnliches ist im 19. Jahrhundert für die Welt nicht gelungen. Ein zweiter Dreißigjähriger Krieg, wie Ralf Dahrendorf ihn treffend charakterisiert, und roter und brauner totalitärer Kollektivismus waren die Folgen im 20. Jahrhundert. Hayeks Buch will den Leser zu einem neuen Versuch bewegen. Mit diesem Aufruf schließt sein Buch: „Wenn unser erster Versuch der Schaffung einer Welt freier Menschen fehlgeschlagen ist, so müssen wir einen neuen Anlauf nehmen. Der leitende Grundsatz, daß eine Politik der Freiheit für den Einzelmenschen die einzige echte Politik des Fortschritts ist, bleibt heute so wahr, wie er es im 19. Jahrhundert gewesen ist."

Schon mit dem Titel „Der Weg zur Knechtschaft" hat Hayek bei jeder Auflage zu selbstkritischem Bewußtsein und Auseinandersetzung mit seinen Gedanken provoziert: Mit der Erstauflage 1944, gegen Kriegsende, als sich abzeichnete, daß die Völker Europas das Joch der nationalsozialistischen Knechtschaft abwerfen würden; mit der deutschsprachigen Erstauflage 1945, nach der Befreiung vom Nationalsozialismus; mit den deutschen Neuauflagen 1971 und 1976 gegen die Illusion einer Wirtschaftsordnung des freiheitlichen Sozialismus. Damals konnte man es allerorten hören: Europa könne nur dann weiter zusammenwachsen, wenn es sozialistischen Vorstellungen folgte. Verbreitet war auch die Illusion einer Wirtschaftspolitik, die vom Machbarkeitsglauben und Anspruchsdenken geprägt war: Den Herausforderungen der Zeit – Arbeitslosigkeit und Inflation – könne man nur mit wirtschaftslenkenden Mitteln, mit gigantischen Staatsdefiziten, Investitionslenkung und Verstaatlichung begegnen. Wenn sich gegen diese Tendenzen die marktwirtschaftliche Ordnungspolitik in Westeuropa wieder durchgesetzt hat, dann ist das auch ein Erfolg dieses Buches, das 1981 und 1982 noch zweimal vor der Wende zur marktwirtschaftlichen Erneuerung in der Bundesrepublik Deutschland aufgelegt wurde. Der Erfolg einer Rückbesinnung auf die marktwirtschaftlichen Grundlagen in der Bundesrepublik Deutschland hat ansteckend auf Europa gewirkt.

Hayeks Provokation macht deutlich, daß er mehr sein will als ein mahnender Till Eulenspiegel, der den mühseligen Weg nach oben schon vor Augen hat, wenn seine Weggenossen noch den bequemen Weg ins Tal genießen: Den „Weg zur Knechtschaft“ hat Hayek „Den Sozialisten in allen Parteien“ als eine ständige Mahnung gewidmet. Die totalitären Sozialisten verschiedenster Färbung, von Mussolini über Hitler und Stalin bis hin zu Honecker, haben sich fast jedes Etikett erschwindelt, um Macht zu gewinnen und zu erhalten; der Liberalismus jedoch blieb für Nationalsozialisten und andere totalitäre Sozialisten die bestgehaßte Idee.

Heute kann sich der Sozialismus nur noch auf „dritten Wegen“ Eingang verschaffen. Der tschechoslowakische Finanzminister Klaus, der in besonderem Maße von den Gedanken Hayeks geprägt ist, hat dies in aller Klarheit erkannt: Auf dem Weg zu einer freiheitlichen Wirtschaftsordnung hält er die Reformsozialisten von 1968 für seine schwierigsten Gegner, nicht etwa die kommunistischen Befürworter einer totalitären Zwangswirtschaft. Auch die demokratischen Sozialisten von 1990 glauben fest an das Freiheitsideal – wie die englischen Sozialisten von 1944, an die sich Hayek zunächst gewandt hatte. Sozialismus und Liberalismus scheinen ihnen miteinander vereinbar. Mit Unverständnis und Empörung der „Sozialisten in allen Parteien“ muß also rechnen, wer wie Hayek warnt: „Verwirklichung des demokratischen Sozialismus vernichtet die

Freiheit, auch die Freiheit, die der demokratische Sozialismus will."

„Es ist selten, daß eine Freiheit irgendwelcher Art mit einem Schlage verlorengeht." Diese über 200 Jahre alte Erkenntnis von David Hume stellt Hayek seinem Buch voran. Fast immer geht Freiheit in fast unmerklichen Schritten verloren. Das macht die Verteidigung der Freiheit so schwer und verlangt gerade heute die Auseinandersetzung mit Hayeks „Der Weg zur Knechtschaft". Denn keine der vielen Meinungsbefragungen läßt erkennen, daß die Mehrzahl der Bürger die Freiheit gefährdet sieht. Es fehlt gewiß nicht an wortreichen Bekenntnissen zu freiheitlichen und ökonomischen Maßstäben an die ordnungspolitischen Rahmenbedingungen. Aber im Bewußtsein ist der schwierige Anpassungsprozeß zur deutschen Einheit, die Gefährdung von Arbeitsplätzen, sozialer Sicherheit und Umwelt. Entsprechend stark ist die Neigung, schnelle Hilfe vom Staat zu erwarten, der Arbeitsplätze durch Recht auf Arbeit und dirigistische Strukturpolitik sichern soll. Zugleich wird eine schnellere Angleichung der Lebensbedingungen durch verstärkte staatliche Umverteilungspolitik erwartet. „Die Teilung durch Teilen überwinden" bleibt in diesem Zusammenhang ein verführerisches Schlagwort, solange nicht der Weg zu gemeinsamer wirtschaftlicher Dynamik, zum Teilen bei Wachstum aufgezeigt wird.

Gerade dies sollte hellhörig machen. Denn der Grad der Ungewißheit über die zukünftige Entwicklung der Struktur von Angebot und Nachfrage auf den Güter- und Faktormärkten ist während der Umstellung von sozialistischer Planwirtschaft auf dezentrale marktwirtschaftliche Lenkung besonders groß. Ausgerechnet in dieser Phase fehlt es offenbar an Vertrauen in die produktive Kraft der Freiheit des einzelnen und des Wettbewerbs. Bei Hayek ist Wettbewerb das „Entdeckungsverfahren", das Findigkeit und Leistungswillen des einzelnen zum Wohle der Gemeinschaft nützt. In „Der Weg zur Knechtschaft" zeigt

Hayek, daß nur Wettbewerb auf offenen Märkten diese unverzichtbare soziale Funktion erfüllen kann. Je komplexer das für den einzelnen und für den Staat unübersehbare Geflecht wirtschaftlicher und sozialer Beziehungen wird, desto mehr brauchen wir den Wettbewerb, um so gewisser ist jeder Versuch einer staatlichen Wirtschaftsplanung zum Scheitern verurteilt. Die staatliche Anmaßung von Wissen führt dann schon bei einer harmlos anmutenden Industriepolitik zu Fehllenkungen von knapper Arbeit, knappem Kapital und knappen Gütern. Auf die Fehllenkungen wird regelmäßig mit weiteren staatlichen Interventionen reagiert: Subventionen, Protektion und zunehmende Umverteilung von Einkommen, die nicht sozialen Kriterien folgt, sondern der Lautstärke und politischen Durchsetzungsfähigkeit der Interessenten. Das ist die Interventionsspirale des kollektivistischen Wohlfahrtsstaats, vor deren Anfängen Hayek warnt.

Ebenso wie Freiheit nicht auf einmal verlorengeht, wird sie auch nicht auf einen Schlag zurückgewonnen. Mit der politischen Einheit Deutschlands ist zwar die politische Freiheit für die Menschen in der ehemaligen DDR wiedergewonnen. Nach fast zwei Generationen wettbewerbsfeindlicher Beeinflussung in totalitären Regimen stellen sich aber der vollen wirtschaftlichen Freiheit des einzelnen große Hindernisse in den Weg. Das macht Hayeks Überzeugungsarbeit für eine Wettbewerbsordnung heute besonders wichtig: Liberalismus, Marktwirtschaft, soziale Verpflichtung, politische Freiheit und Frieden gehören unauflöslich zusammen. Das ganze Gebäude einer freiheitlichen Verfassung wird gefährdet, wenn auch nur eines dieser Fundamente gefährdet ist.

Aufklärung über die soziale Funktion einer marktwirtschaftlichen Wettbewerbsordnung tut aber auch dort not, wo die Marktwirtschaft ihre Leistungsfähigkeit in besonderem Maße bewiesen hat: wie keine andere Wirtschaftsordnung hat die Marktwirtschaft in der Bundesrepublik Deutschland zugleich

Freiheit für den einzelnen und soziale Sicherheit geschaffen. Von beidem – so würde Hayek einwenden – hätten wir in Deutschland mehr, wenn wir mehr Marktwirtschaft hätten, sei es auf dem Agrarmarkt, im Energiebereich, in der Werftindustrie, bei vielen Dienstleistungen, auf dem Arbeitsmarkt, dem Wohnungsmarkt, im Gesundheitswesen oder in der Alterssicherung. Knappe Mittel würden dann nicht mehr durch staatliche Fehllenkung vergeudet. Bei mehr Marktwirtschaft hätten wir mehr mündige Bürger, weniger Trittbrettfahrer auf dem Wohlfahrtszug und mehr Arbeit in zumutbaren Beschäftigungen. Dann wäre auch mehr Hilfe für die wirklich sozial Schwachen möglich.

Diese Mängel unserer Wirtschaftsordnung haben die Kritiker der deutschen Marktwirtschaft aber nicht im Auge, wenn sie behaupten, daß die marktwirtschaftliche Steuerung allein nicht funktioniere. Sie behaupten Marktversagen, um weniger Markt und noch mehr staatliche Intervention zu rechtfertigen. Hayek dagegen zeigt die Voraussetzungen für funktionsfähige marktwirtschaftliche Steuerung auf: stabiles, frei tauschbares Geld, Wettbewerb und Gewerbefreiheit auf offenen Märkten, Rechtssicherheit für das Eigentum der Bürger. Diese Rahmenbedingungen herzustellen sei erste Aufgabe der Wirtschaftspolitik. Für Hayek ist die Wettbewerbsordnung nicht nur vereinbar mit einem System der Sozialfürsorge; er fordert mehr: „Es steht außer Frage, daß es eines der Hauptziele der Politik sein muß, Sicherheit gegen bittere Not zu gewähren und die vermeidbaren Fehlleitungen von Leistungen mit ihren Enttäuschungen zu verringern. Sollen diese Bemühungen aber von Erfolg gekrönt sein, ohne die Freiheit zu vernichten, so muß außerhalb des Marktes für die Sicherheit gesorgt werden, und dem Funktionieren des Wettbewerbs dürfen keine Hindernisse in den Weg gelegt werden." Dieses umfangreiche Zitat aus „Der Weg zur Knechtschaft" ist wichtig. Denn Hayek ist wie kaum ein anderer stellvertretend für alle liberalen Marktwirtschaftler fortgesetzten

Denunziationen ausgesetzt, wenn es um den moralischen und sozialen Gehalt der Marktwirtschaft geht.

Wenn es gelingt, in ganz Deutschland bei den Bürgern das Verständnis für die moralische und soziale Funktion einer Wettbewerbsordnung zu wecken, dann wäre für die innere Einheit Deutschlands, für Europa und für gutnachbarschaftliche Beziehungen mit allen Menschen der Welt viel erreicht. „Der W eg zur Knechtschaft" schafft für den wirtschaftswissenschaftlichen Laien dazu weiterhin die meiste Klarheit. Man kann also sehr wohl auch einfach zu dem Leser sprechen, wenn man wie Hayek Nobelpreisträger der Wirtschaftswissenschaften und durch strenge Analysen zu allen wichtigen wirtschaftspolitischen Problemen ausgewiesen ist. Nicht vom Wettbewerb allein, sondern von der Wettbewerbsordnung, die der Staat setzen muß, erwartet Hayek, daß der einzelne in Freiheit seine ganze Kraft und seinen Erfindungsreichtum einsetzen wird. Damit dient er der Gemeinschaft, auch wenn er dies gar nicht beabsichtigt hat. Wettbewerb auf offenen Märkten sorgt dafür, daß die Leistungsgewinne des einzelnen auch der Gemeinschaft zugute kommen. Hier steht Hayek ganz in der Tradition des Moralphilosophen Adam Smith, der zugleich seit gut 200 Jahren als liberaler Vater der Wirtschaftswissenschaften gilt.

Hayek überzeugt durch die strenge Analyse der Erfahrungen mit der kollektivistischen Alternative zur Marktwirtschaft, dem planenden und allzuständigen Staat. Die Deutschen seien durch die Erfahrungen mit dem Staatssozialismus klüger geworden – heute würde Hayek dabei in erster Linie an die Deutschen in der ehemaligen DDR denken: „Wir haben gelernt, daß trotz guter Absichten und einer gut funktionierenden Organisation sich moralische Anständigkeit unter einem System nicht halten kann, das die persönliche Freiheit und die Verantwortung des einzelnen vernichtet." Wenn die Organisation so schlecht funktioniert hat wie im realen Sozialismus, dann hat dies immerhin Nischen geschaffen, die Reste von persönlicher Freiheit und Verantwortung des einzelnen vor dem Zugriff des Sozialismus sichern konnten.

Der weltweite Wettbewerb der Wirtschaftsordnungen ist seit der friedlichen Revolution in Mittel- und Osteuropa entschieden. Das läßt für Freiheit und Frieden in der Welt hoffen. „Internationale Solidarität“ war ein verständlicher Traum der frühen Sozialisten; heute ist er längst durch Erfahrung entlarft. Die sozialistische Wirklichkeit auf internationaler Ebene heißt bei Hayek ungeschminkt: Forderung nach „Schutz vor Schundlohnkonkurrenz“, angeblich im Interesse der Arbeiter in den ärmeren Ländern. Deswegen kann ein wirklich geeintes Europa der Bürger, das weltoffen sein will und seiner internationalen Verantwortung gerecht wird, nur ein liberales Europa sein. Bisher hat der Weg zum Europäischen Binnenmarkt mehr Märkte geöffnet und mit dem intensiveren Standortwettbewerb zugleich für mehr Wettbewerb bei den gesamtwirtschaftlichen Rahmenbedingungen der Wirtschaftsordnung gesorgt.

Wenn wir im offenen Wettbewerb der Wirtschaftsordnungen die Menschen für die Marktwirtschaft gewinnen, dann kann der von Hayek geforderte zweite Versuch einer Weltordnung freier Menschen gelingen. Das wäre vor allem für die ärmeren Völker wichtig. Für sie klingt heute Hayeks biblisch einfacher Rat von 1944 nach so vielen sozialistischen Irrtümern in der Entwicklungspolitik wie die modernste Erkenntnis der Entwicklungshilfe: „Wir sollten die ärmeren Völker, soweit es in unserer Macht steht, in ihren eigenen Bemühungen, sich ihr Leben aufzubauen und ihren Lebensstandard zu heben, unterstützen. Eine internationale Instanz kann sehr gerecht sein und viel zur wirtschaftlichen Prosperität beitragen, wenn sie sich darauf beschränkt, die Ordnung aufrechtzuerhalten und die Bedingungen zu schaffen, unter denen die Menschen sich ihr eigenes Leben zurechtzimmern können.“

Vorbemerkung des Verfassers zur Neu-Herausgabe

Der unveränderte Neudruck eines vor mehr als fünfundzwanzig Jahren erschienenen Buches, das sich mit wieder höchst aktuellen Problemen befaßt, mag ein paar Worte der Rechtfertigung verlangen. Die Gründe, die es mir unangemessen erscheinen ließen, die Gelegenheit zu einer Revision des Textes zu benützen, sind, daß sich ein Buch, das aus einem bestimmten Anlaß und für einen bestimmten Leserkreis geschrieben wurde, nicht ändern läßt, ohne dabei die Einheitlichkeit der Argumentation zu zerstören, und daß heute seine Bedeutung nicht zuletzt auf der Rolle beruht, die es in den Auseinandersetzungen über die in ihm aufgeworfenen Probleme gespielt hat. Es wäre deshalb irreführend, in seinem Rahmen und unter dem gleichen Titel auf Fragen einzugehen, die erst seit seinem Erscheinen aufgetaucht sind oder die ich zumindest damals noch nicht klar gesehen habe. Um aber Mißverständnissen vorzubeugen, ist es angezeigt, hier kurz die Situation zu schildern, in der es entstanden ist, sowie den Leserkreis, an den es ursprünglich gerichtet war.

In seiner ursprünglichen englischen Fassung ist das Buch während des zweiten Weltkrieges in England entstanden und zunächst dort zu Anfang des Jahres 1944 erschienen. Es war in erster Linie an jene Kreise der sozialistischen Intelligenz Englands gerichtet, die im Nationalsozialismus eine »kapitalistische« Reaktion gegen die sozialen Tendenzen der Weimar-Republik sahen, und sollte ihnen verständlich machen, daß es sich im Gegenteil um eine Fortentwicklung des Sozialismus handelte, die eintritt, wenn er sich jenes demokratischen und liberalen Gedankenguts entledigt, das mit seinen Bestrebungen nach einer vollkommenen Beherrschung des Produktionsapparates unvereinbar ist. Daß eine zentrale Leitung der gesamten Wirtschaft, wie sie zumindest der ältere Sozialismus anstrebte, zu einer totalitären politischen Herrschaft führen muß, ist heute ziemlich allgemein anerkannt. Zur Zeit, als ich dieses Buch schrieb, wurde jedoch die grundsätzliche Ähnlichkeit der verschiedenen totalitären Systeme, des Nationalsozialismus, des Faschismus und des Kommunismus, noch keineswegs allgemein gesehen. Meine Absicht war es zu zeigen, daß es nicht die besonderen Ziele waren, denen die verschiedenen totalitären Systeme zu dienen vorgaben, die ihre Brutalität hervorriefen, sondern daß diese eine notwendige Folge jedes Versuches sein müssen, eine ganze Gesellschaft völlig den von den Herrschern bestimmten Zielen dienstbar zu machen. Der Gegensatz zwischen einer freiheitlichen Ordnung, in der der einzelne innerhalb der Schranken der Regeln des gerechten Verhaltens sein Wissen in der Verfolgung seiner selbst gewählten Ziele verwenden darf, und einem System, unter dem alle den von der Obrigkeit festgesetzten Zielen dienen müssen, scheint mir immer noch grundsätzlich und unüberbrückbar.

Besonders erwähnt sei, daß, wenn ich in dem Buch von Sozialismus spreche, ich stets im Sinne der Zeit nur jenen älteren Sozialismus im Augen habe, der eine Vergesellschaftung aller Produktionsmittel und damit notwendig eine zentrale Planwirtschaft anstrebte. Diese Form des Sozialismus ist von den meisten sozialistischen Parteien des Westens aufgegeben worden. Inwieweit die Argumentation des Buches auch für jene neueren Formen des Sozialismus gilt, die das Ziel sozialer Gerechtigkeit durch eine Vielzahl von Eingriffen in eine grundsätzlich zu erhaltende Marktwirtschaft zu erreichen suchen, hängt davon ab, ob diese Versuche nicht doch, wie ich glaube, früher oder später, zu einer Zentralverwaltungswirtschaft führen oder nicht. Das ist das Zentralproblem, das eine Neubearbeitung des ganzen Fragenkomplexes zu untersuchen hätte, was aber ein neues, ganz anders aufgebautes Buch erfordern würde.

Nach einer liberalen Periode, die Deutschland einen Aufstieg seines Wohlstandes ermöglicht hat, den kaum jemand vorauszusagen gewagt hätte, und während derer auch die sozialistische Partei sich zur Marktwirtschaft bekannte, sind nun unter der Jugend die alten Ideen des Sozialismus wieder auferstanden. Ein Teil der Jugend glaubt wieder der Freiheit zu dienen, indem sie eine Wirtschaftsordnung befürwortet, die tatsächlich die Freiheit des einzelnen auf das engste beschränken würde. Sie wissen nicht mehr aus eigener Erfahrung, was eine Regierungsform bedeutet, in der die Herrschenden unbeschränkte Macht über alle Mittel ausüben, die der einzelne zur Verfolgung seiner Ziele braucht. Vor fünfundzwanzig Jahren war es gerade die deutsche Jugend gewesen, deren verständnisvolle Aufnahme dieses Buches mir die größte Genugtuung bereitet hatte. Der heutigen Jugend scheinen seine Ideen vollkommen fremd geworden zu sein. Wenn die Wiederausgabe des Buches sie veranlassen kann, sich mit den darin aufgeworfenen Problemen auseinanderzusetzen, so wird sie damit ihren Zweck erreicht haben.

Salzburg, im Juni 1971 *F. A. Hayek*

EINLEITUNG

Wenige Enthüllungen sind peinlicher als die über den Ursprung geistiger Strömungen.
Lord Acton

Die Ereignisse der Gegenwart unterscheiden sich von denen, die bereits Geschichte geworden sind, dadurch, daß wir über ihre Auswirkungen im ungewissen sind. Blicken wir auf die Vergangenheit zurück, so können wir uns über die Bedeutung früherer Geschehnisse ein Urteil bilden und die von ihnen hervorgerufenen Wirkungen verfolgen. Aber während die Geschichte ihren Lauf nimmt, ist sie für uns noch nicht Geschichte. Sie führt uns in ein unbekanntes Land, und nur selten können wir einen Blick in die Zukunft werfen. Anders wäre es, wenn wir dieselben Ereignisse ein zweites Mal erleben und dabei über die vorher gemachten Erfahrungen verfügen könnten. In welch andersartiger Beleuchtung würden wir die Dinge dann sehen! Wie wichtig, ja, wie beunruhigend würden uns Vorgänge erscheinen, die wir jetzt kaum beachten! Es ist vielleicht ein wahres Glück, daß uns diese Erfahrung erspart bleibt und daß wir keine Gesetze kennen, nach denen die Geschichte verlaufen müßte.

Und doch können wir, obwohl die Geschichte sich niemals vollkommen wiederholt und gerade weil keine Entwicklung zwangsläufig ist, in gewissem Umfange von der Vergangenheit lernen, um eine Wiederholung desselben Ablaufes der Ereignisse zu vermeiden. Man braucht kein Prophet zu sein, um heraufziehende Gefahren vorauszusehen. Wenn Erfahrung und Interesse einmal bei einem Menschen zusammentreffen, dann zeigen sich diesem die Ereignisse oft so, wie erst wenige sie zu erkennen vermögen.

Das vorliegende Buch verdankt seine Entstehung einer Erfahrung, die dem zweimaligen Erleben derselben Vorgänge denkbar nahekommt – zum mindesten einer Erfahrung, die auf das zweimalige Beobachten einer sehr ähnlichen geistigen Entwicklung hinausläuft. Eine solche Erfahrung kann man kaum in ein und demselben Lande machen, wohl aber möglicherweise dann, wenn man nacheinander längere Zeit in verschiedenen Ländern lebt. Wenn auch die geistigen Strömungen in den meisten zivilisierten Ländern großenteils ähnlichen Einflüssen unterliegen, so wirken sie sich doch nicht notwendigerweise zur gleichen Zeit und im gleichen Tempo aus. Geht man aber in ein anderes Land, so kann man bisweilen ein zweites Mal eine ähnliche Phase der geistigen Entwicklung beobachten. Der Mensch steht dann den Dingen mit größerem Verständnis gegenüber. Wenn man zum zweiten Male Meinungen hört oder Maßnahmen befürwortet sieht, denen man vor zwanzig oder fünfundzwanzig Jahren zum ersten Male begegnet ist, dann gewinnen sie eine neue Bedeutung als Symptome einer bestimmten Entwicklungsrichtung. Sie legen den Gedanken nahe, daß die Entwicklung, wenn auch nicht notwendigerweise, so doch möglicherweise ähnlich verlaufen wird.

Wir müssen die bittere Wahrheit aussprechen, daß sich das Schicksal Deutschlands an uns zu wiederholen droht. Es besteht zwar keine unmittelbare Gefahr, und die Verhältnisse in unserm Land sind von den in den letzten Jahren in Deutschland beobachteten noch so verschieden, daß dadurch die Einsicht, daß wir uns in derselben Richtung bewegen, erschwert wird. Der Weg mag zwar lang sein, aber die Umkehr auf ihm wird um so schwieriger, je weiter man auf ihm fortschreitet. Mögen wir auch auf lange Sicht unser Schicksal selber gestalten, so sind wir doch im Augenblick Gefangene unserer eigenen Ideen. Nur wenn wir die Gefahr rechtzeitig erkennen, besteht die Hoffnung, daß wir sie vermeiden können.

Unser Land weist ganz gewiß noch keine Ähnlichkeit mit Hitlerdeutschland auf, mit dem Deutschland des jetzigen Krieges. Aber wer sich mit den Gedankenströmungen beschäftigt, dem kann es kaum entgehen, daß zwischen der geistigen Entwicklung in Deutschland während des ersten Weltkrieges und nach seiner Beendigung und den gegenwärtigen geistigen Strömungen in England mehr als eine nur oberflächliche Ähnlichkeit besteht. Es existiert jetzt bei uns sicherlich dieselbe Entschlossenheit, die für die Zwecke der Verteidigung durchgeführte Organisierung der Nation für den friedlichen Aufbau beizubehalten. Wir erleben dieselbe Geringschätzung des Liberalismus des 19. Jahrhunderts, denselben hohlen Realismus, ja, sogar Zynismus, dasselbe fatalistische Sichabfinden mit einer „zwangsläufigen Entwicklung". Die Lehren, die unsere eifrigsten Reformer uns so gern aus diesem Krieg ziehen sehen möchten, sind fast ausnahmslos gerade solche, die die Deutschen aus dem vorigen gezogen haben und die viel zur Entstehung des nationalsozialistischen Systems beigetragen haben. Wir werden in diesem Buch Gelegenheit haben, zu zeigen, daß es eine ganze Reihe von andern Punkten gibt, in denen wir dem deutschen Beispiel augenscheinlich in einem Abstand von fünfzehn bis fünfundzwanzig Jahren folgen. Wenn man sich auch ungern daran erinnern läßt, so ist es doch noch nicht gar so lange her, daß uns die sozialistische Politik Deutschlands von fortschrittlicher Seite allgemein als nachahmenswertes Beispiel vorgehalten wurde, so wie später der Blick der Fortschrittsparteien auf Schweden als das Musterland gerichtet war. Alle, deren Erinnerung noch weiter zurückreicht, wissen, wie tief deutsche Theorie und Praxis die Ideale und die Politik in England vor dem vorigen Krieg mindestens ein Menschenalter lang beeinflußt haben.

Der Verfasser hat, seit er erwachsen ist, etwa die Hälfte seines Lebens in seiner Heimat Österreich verbracht, in enger Fühlung mit dem geistigen Leben in Deutschland, und die andere Hälfte in den Vereinigten Staaten und in England. In den zwölf Jahren, in denen nun England seine Heimat geworden ist, hat er immer mehr die Überzeugung gewonnen, daß zum mindesten einige der Kräfte, die die Freiheit in Deutschland vernichtet haben, auch bei uns am Werke sind und daß der Charakter und der Ursprung dieser Gefahr womöglich noch größerer Verständnislosigkeit begegnen, als es dort der Fall war. Immer noch ist man blind gegenüber der furchtbaren Tragödie, daß in Deutschland großenteils Menschen guten Willens, Menschen, die hierzulande bewundert und als Vorbild hingestellt wurden, den Weg für die Kräfte bereiteten, die für sie jetzt alles Verabscheuenswürdige verkörpern. Aber wir können einem ähnlichen Schicksal nur dann entgehen, wenn wir der Gefahr ins Auge sehen und wenn wir bereit sind, unsere liebsten Hoffnungen und ehrgeizigen Pläne zu revidieren, falls sie sich als Gefahrenquellen herausstellen sollten. Bisher sind wenig Anzeichen dafür vorhanden, daß wir den geistigen Mut zu dem Selbsteingeständnis besitzen, daß wir unrecht gehabt haben. Nur wenige wollen zugeben, daß der Aufstieg von Faschismus und Nationalsozialismus nicht als Reaktion gegen die sozialistischen Tendenzen der voraufgegangenen Periode, sondern als die zwangsläufige Folge jener Bestrebungen begriffen werden muß. Dies ist die Wahrheit, die die meisten nicht sehen wollten, selbst als man in weiten Kreisen klar erkannte, daß sich das innere Regime im kommunistischen Rußland und im nationalsozialistischen Deutschland in vielen seiner abstoßenden Züge ähnelte. So kommt es, daß nicht wenige, die sich über die Verirrungen des Nationalsozialismus unendlich erhaben dünken und alle seine Äußerungen ehrlich hassen, sich doch für Ideale einsetzen, deren Verwirklichung auf geradem Wege die verabscheute Tyrannis herbeiführen würde.

Alle Vergleiche zwischen den Entwicklungstendenzen in verschiedenen Ländern hinken natürlich. Aber ich stütze meine Beweisführung nicht in erster Linie auf solche Parallelen. Ebensowenig behaupte ich, daß diese Entwicklung zwangsläufig ist; denn dann wäre das vorliegende Buch überflüssig. Diese Entwicklung läßt sich vermeiden, wenn die Menschen sich rechtzeitig klarmachen, wohin ihre Bestrebungen führen können. Aber bis vor kurzem bestand wenig Aussicht, daß ein Versuch, sie über die Gefahren aufzuklären, erfolgreich sein würde. Jetzt jedoch scheint der Augenblick für eine eingehende Diskussion des ganzen Fragenkomplexes gekommen zu sein. Denn das Problem wird heute nicht nur in weiten Kreisen erkannt, es bestehen auch besondere Gründe, die es in diesem Augenblick geboten erscheinen lassen, jenen Fragen ehrlich auf den Grund zu gehen.

Man mag vielleicht einwenden, daß dies nicht der geeignete Zeitpunkt sei, um eine Frage aufzuwerfen, über die die Meinungen so entschieden auseinandergehen. Aber der Sozialismus, um den es sich hier handelt, ist nicht eine Parteiangelegenheit, und die Fragen, die hier zur Diskussion stehen, haben mit denen, um die es im politischen Parteienstreit geht, wenig zu tun. Es berührt unser Problem nicht, daß die einen einen geringeren Grad von Sozialisierung wünschen mögen als die andern und daß man den Sozialismus bald mehr im Interesse der einen und bald mehr im Interesse der anderen Gruppe wünscht. Worauf es hier in erster Linie ankommt, ist der Umstand, daß die Menschen, deren Meinungen die Entwicklung beeinflussen, in England jetzt alle mehr oder weniger Sozialisten sind. Wenn es heute nicht mehr guter Ton ist, hervorzuheben, „daß wir jetzt alle Sozialisten sind", so nur aus dem Grunde, daß dies zu offensichtlich ist. Die meisten stellen es als unzweifelhaft hin, daß wir auf dem Wege zum Sozialismus nicht umkehren können, nur versuchen viele, diese Bewegung dem Interesse einer besonderen Klasse oder Gruppe dienstbar zu machen.

Die Entwicklung verläuft in dieser Richtung, weil fast alle es so wollen. Es gibt keine objektiven Tatsachen, die sie zwangsläufig machen. Wir werden später noch auf die angebliche Zwangsläufigkeit der „Planwirtschaft" zurückkommen müssen. Die Kardinalfrage ist, wohin diese Bewegung uns führen wird. Wäre es nicht denkbar, daß dieselben Leute, die dem Sozialismus jetzt aus Überzeugung einen so mächtigen Antrieb geben, sich schaudernd von einem Ziele abwenden würden, dem sich seit einem halben Jahrhundert so viele Menschen guten Willens gewidmet haben, wenn sie gewahr würden, was heute erst wenige erkennen? Wohin die für unsere Generation charakteristische Überzeugung uns führen wird, ist ein Problem, das nicht nur eine Partei, sondern jeden einzelnen von uns angeht, ein Problem von allergrößter Tragweite. Kann man sich eine größere Tragödie vorstellen als die, daß wir in dem Bestreben, unsere Zukunft bewußt nach hohen Idealen zu gestalten, in Wirklichkeit und ahnungslos das genaue Gegenteil dessen erreichen sollten, wofür wir gekämpft haben?

Es gibt einen noch dringenderen Anlaß, warum wir uns jetzt ernstlich bemühen sollten, die Kräfte zu verstehen, aus denen der Nationalsozialismus hervorgegangen ist; denn nur so werden wir unsern Kriegsgegner und das, was uns von ihm trennt, voll begreifen. Es läßt sich nicht leugnen, daß erst wenig Verständnis für die positiven Ideale vorhanden ist, für die wir kämpfen. Wir wissen, daß wir für die Freiheit streiten, unser Leben nach unseren eigenen Anschauungen zu gestalten. Das ist schon sehr viel, aber nicht ausreichend. Es genügt nicht, um uns den festen Glauben zu geben, den wir brauchen, um einem Feind zu widerstehen, der sich der Propaganda als einer seiner hauptsächlichsten Waffen nicht nur mit größter Lautstärke, sondern auch in den subtilsten Formen bedient. Dies ist um so unzulänglicher, wenn wir die Propaganda in den besetzten Gebieten und in anderen Ländern zu bekämpfen haben, wo ihre Auswirkungen nicht mit der Niederlage der Achsenmächte verschwinden werden. Es genügt nicht, wenn wir den andern zeigen wollen, daß das Ziel unseres Kampfes ihrer Unterstützung wert ist, es genügt nicht, um uns den Weg zu ebnen zu einem neuen Europa, gefeit gegen die Gefahren, denen das alte erlegen ist.

Es ist bedauerlich, daß die Engländer sowohl vor dem Krieg in ihren Verhandlungen mit den Diktatoren wie auch in ihren Propagandaversuchen und in der Diskussion ihrer Kriegsziele eine innere Unsicherheit und Ziellosigkeit an den Tag gelegt haben, die allein dadurch zu erklären sind, daß sie von ihren eigenen Idealen und von dem, was sie von ihren Feinden trennt, nur verworrene Vorstellungen besitzen. Wenn wir uns haben irreführen lassen, so ebensosehr deswegen, weil wir nicht an die Aufrichtigkeit des Feindes glauben wollten, wenn er sich zu Dingen bekannte, an die wir selbst glaubten, wie deshalb, weil wir ihn für aufrichtig hielten, wenn er sich zu andern Dingen bekannte. Haben sich nicht die Parteien der Linken wie die der Rechten durch den Glauben täuschen lassen, die nationalsozialistische Partei stände im Dienste der Kapitalisten und wäre ein Feind des Sozialismus in jeglicher Form? Wie oft ist uns nicht das eine oder das andere aus Hitlers System von Leuten, von denen man es am wenigsten hätte erwarten sollen, zur Nachahmung empfohlen worden, da sie sich im unklaren darüber waren, daß es sich um einen wesentlichen Bestandteil jenes Systems handelt, der mit der liberalen Gesellschaftsordnung, die wir in die Zukunft hinüberzuretten hoffen, unvereinbar ist! Erschreckend groß ist die Zahl der verhängnisvollen Irrtümer, die wir vor dem Krieg und seit seinem Ausbruch begangen haben, weil wir nicht begreifen, mit welchem Gegner wir es zu tun haben. Es scheint fast, als hätten wir gar nicht den Wunsch, die Entwicklung, die zum Totalitarismus geführt hat, zu verstehen, aus Furcht, damit einige der liebsten Illusionen zu zerstören, an die wir uns hartnäckig klammern.

Wir werden nie die richtige Einstellung zu den Deutschen gewinnen, solange wir nicht die Eigenart und die Entwicklung der Ideen begriffen haben, von denen sie jetzt beherrscht werden. Die Theorie, die jetzt wieder einmal hervorgeholt wird, nämlich daß die Deutschen von Natur bösartig sind, ist kaum haltbar und für ihre Vertreter nicht gerade rühmlich. Sie diskreditiert die vielen Engländer, die während der letzten hundert Jahre das beste deutsche Gedankengut – und auch manches, was weniger gut war – übernommen haben. Sie übersieht die Tatsache, daß John Stuart Mill, als er vor achtzig Jahren seine große Abhandlung „On Liberty" schrieb, seine Anregungen hauptsächlich von zwei Deutschen, Goethe und Wilhelm von Humboldt[1],

[1] Da man diese Behauptung für eine Übertreibung halten könnte, möge Lord Morley als Zeuge aufgerufen werden, der es in seinen

empfing, und sie vergißt, daß von den einflußreichsten geistigen Vorläufern des Nationalsozialismus der eine, Thomas Carlyle, ein Schotte und der andere, Houston Stewart Chamberlain, ein Engländer war. In ihrer gröbsten Fassung ist diese Ansicht eine Blamage für die Unbelehrbaren, die mit ihr die schlimmsten Auswüchse der deutschen Rassentheorie übernehmen. Das Problem liegt nicht in der Frage, warum die Deutschen bösartig sind, was sie von Natur aus vermutlich nicht mehr als andere Völker sind, sondern darin, daß man sich klarmacht, welche Umstände während der letzten siebzig Jahre den allmählichen Aufstieg und endlich den Sieg einer bestimmten Ideenrichtung ermöglicht haben und warum dieser Sieg schließlich die schlechtesten Elemente nach oben gebracht hat. Haß schlechthin gegen alles, was deutsch ist, anstatt gegen die besonderen Ideen, von denen die Deutschen jetzt beherrscht werden, ist noch dazu sehr gefährlich. Denn er macht diese Hasser blind gegen die wirkliche Gefahr. Ich fürchte, diese Haltung ist oft nur eine Art von Flucht, die auf der Abneigung beruht, Entwicklungstendenzen, die sich nicht auf Deutschland beschränken, zu erkennen, und auf dem Widerstreben, Meinungen, die wir von den Deutschen übernommen haben und die uns heute noch ebensosehr irreführen wie einst jene, zu überprüfen und nötigenfalls aufzugeben. Die Gefahr ist doppelt groß, da die Behauptung, nur die besondere Verworfenheit der Deutschen habe ein System wie das nationalsozialistische hervorbringen können, möglicherweise als Entschuldigung dafür dienen muß, daß man uns gerade die Einrichtungen aufzwingt, die jene Verworfenheit gezüchtet haben.

Die Deutung der Entwicklung in Deutschland und Italien, die in diesem Buche vorgetragen werden soll, weicht völlig ab von der, die die meisten ausländischen Beobachter und die Mehrzahl der deutschen und italienischen Emigranten ihr geben. Aber wenn meine Deutung zutreffend ist, so wird sie auch eine Er-

---

Erinnerungen für ausgemacht erklärt, daß das Hauptargument der Abhandlung ‚On Liberty' „kein eigener Gedanke war, sondern aus Deutschland stammte".

klärung dafür liefern, warum Menschen, die wie die meisten Emigranten und Auslandskorrespondenten englischer und amerikanischer Blätter Anhänger der jetzt vorherrschenden sozialistischen Auffassung sind, jene Ereignisse kaum in der richtigen Perspektive sehen können[2]. Nach einer oberflächlichen und irreführenden Ansicht soll der Nationalsozialismus lediglich eine Bewegung sein, die von jenen Elementen geschürt wird, deren Privilegien oder Interessen durch den zunehmenden Sozialismus bedroht wurden. Diese Ansicht teilten begreiflicherweise alle diejenigen, die – wenn sie auch früher in der geistigen Bewegung, die zum Nationalsozialismus geführt hat, tätig gewesen waren – dieser Richtung an einem bestimmten Punkt die Gefolgschaft aufgesagt haben und infolge ihres Konfliktes mit den Nationalsozialisten gezwungen waren, ihr Vaterland zu verlassen. Aber der Umstand, daß sie zahlenmäßig die einzige Opposition von Bedeutung gegen die Nationalsozialisten waren, besagt nur soviel, daß im weiteren Sinne praktisch alle Deutschen Sozialisten geworden waren und daß der echte Liberalismus durch den Sozialismus verdrängt worden war. Wie wir zu zeigen hoffen, ist der Konflikt zwischen der „Linken" und der „Rechten", d. h. den Nationalsozialisten, in Deutschland von jener Art, wie er immer zwischen rivalisierenden sozialistischen Parteien ausbre-

---

[2] Wie vollständig die Ansichten aller Schichten eines ganzen Landes, selbst der konservativsten, durch die überwiegende Linksorientierung seiner Auslandskorrespondenten beeinflußt werden können, wird durch die in Amerika fast allgemein verbreitete Auffassung über die Beziehungen zwischen Großbritannien und Indien illustriert. Der Engländer, der die Ereignisse in Europa gern in der richtigen Perspektive sehen möchte, muß ernsthaft mit der Möglichkeit rechnen, daß sein Anschauungsbild in genau der gleichen Weise und aus denselben Gründen verzerrt ist. Das soll keineswegs bedeuten, daß wir die Aufrichtigkeit der amerikanischen und englischen Auslandskorrespondenten in Zweifel ziehen. Jedoch jeder, der weiß, in welchen Gesellschaftskreisen Korrespondenten im Ausland zu verkehren pflegen, wird sofort die Ursache dieser parteiischen Haltung begreifen.

chen wird. Trifft diese Interpretation zu, so bedeutet sie allerdings, daß viele jener sozialistischen Flüchtlinge durch ihr Festhalten an ihren Überzeugungen – wenn auch in bester Absicht – dazu beitragen, daß ihre neue Heimat den gleichen Weg geht wie Deutschland.

Ich weiß, daß viele meiner englischen Freunde manchmal entsetzt waren über die halbfaschistischen Ansichten, die sie gelegentlich von deutschen Flüchtlingen, die aufrichtige Sozialisten sind, zu hören bekamen. Die englischen Beobachter legen diese Ansichten ihrem Deutschtum zur Last; die wahre Erklärung ist jedoch die, daß sie Sozialisten waren, die in ihrer Laufbahn bereits mehrere Phasen passiert hatten, die die Sozialisten in England noch vor sich haben. Es ist natürlich zutreffend, daß die deutschen Sozialisten sich in ihrer Heimat stark auf gewisse Eigenheiten der preußischen Tradition stützen konnten, und diese Verwandtschaft zwischen Preußentum und Sozialismus, deren sich in Deutschland beide Seiten rühmten, bekräftigt unsere Grundthese um so mehr[3]. Aber es wäre ein Irrtum, wenn man den Totalitarismus mehr dem spezifisch deutschen Element als dem sozialistischen zuschreiben wollte. Gerade die Vorherrschaft sozialistischer Ideen und nicht das Preußentum hatte Deutschland mit Italien und Rußland gemeinsam – aus den Massen, nicht aus den mit preußischer Tradition getränkten Klassen nahm der Nationalsozialismus seinen Aufstieg.

---

[3] Daß eine gewisse Verwandtschaft zwischen dem Aufbau des Sozialismus und dem Verwaltungssystem des preußischen Staates bestand, der bewußt von oben her organisiert war wie kein anderes Land, ist nicht zu leugnen und wurde schon von den frühen französischen Sozialisten offen anerkannt. Lange bevor das Ideal eines nach denselben Prinzipien wie ein einzelnes Fabrikunternehmen betriebenen Staates den Sozialismus des 19. Jahrhunderts inspirieren sollte, hatte bereits der Dichter Novalis bedauert, „daß kein Staat so als Fabrik verwaltet worden ist wie Preußen seit dem Tod Friedrich Wilhelms". (Vgl. *Novalis* [Friedrich von Hardenberg], Glauben und Liebe, oder der König und die Königin, 1798.)

ERSTES KAPITEL

DER VERLASSENE WEG

Unser Programm beruht auf dem Grundgedanken, daß das System der freien Konkurrenz in unserer Generation nicht versagt hat, sondern daß es eigentlich noch gar nicht versucht worden ist.

F. D. Roosevelt

Wenn die Entwicklung der Kultur plötzlich eine unerwartete Richtung einschlägt, wenn wir, statt auf dem uns zur Selbstverständlichkeit gewordenen Wege des Fortschritts weiterzugehen, uns von Übelständen bedroht sehen, die uns an vergangene, barbarische Zeiten gemahnen, so schieben wir die Schuld naturgemäß auf alles andere, nur nicht auf uns selbst. Haben wir uns nicht alle nach bestem Wissen bemüht, und haben nicht viele unserer klügsten Köpfe unermüdlich daran gearbeitet, bessere Zustände auf der Welt herbeizuführen? War nicht unser ganzes Streben und Hoffen auf mehr Freiheit, Gerechtigkeit und Wohlstand gerichtet? Wenn das Ergebnis unseren Absichten so wenig entspricht, wenn uns Knechtschaft und Elend statt Freiheit und Wohlstand beschert werden, sollte man da nicht meinen, daß finstere Mächte unsere Bestrebungen vereitelt haben und daß wir das Opfer irgendeiner Kraft des Bösen sind, die wir überwinden müssen, bevor wir den Weg zum Besseren wiederaufnehmen? Mit welchem Namen wir auch den Sündenbock bezeichnen, ob es nun der böse Kapitalist ist oder die Verruchtheit eines bestimmten Volkes, ob es die Unvernunft der älteren Generation ist oder eine Gesellschaftsordnung, die noch nicht völlig zusammengebrochen ist, obwohl wir sie seit einem halben Jahrhundert bekämpfen – wir alle sind von einem überzeugt oder waren es wenigstens bis vor kurzem: die Grundgedanken, die während der vorigen Generation Gemeingut der meisten Menschen geworden sind und die die Hauptveränderungen in unserer Gesellschaft bestimmt haben, können nicht falsch gewesen sein. Wir sind geneigt, uns fast jede mögliche Erklärung der gegenwärtigen Kulturkrise zu eigen zu machen, außer einer einzigen: daß nämlich die Lage, in der die Welt sich heute befindet, die Folge eines unzweifelhaften Irrtums von unserer Seite sein könnte und daß das Streben nach der Verwirklichung einiger unserer Lieblingsideale augenscheinlich Ergebnisse gezeitigt hat, die von den erwarteten völlig abweichen.

In einer Zeit, in der alle unsere Anstrengungen darauf gerichtet sind, diesen Krieg zu einem siegreichen Ende zu führen, läßt man bisweilen außer acht, daß sogar vor dem Krieg die Werte, für die wir jetzt kämpfen, manchenorts bedroht waren und anderwärts vernichtet wurden. Zwar finden im jetzigen Augenblick die verschiedenen Ideale ihre Verkörperung in den feindlichen Nationen, die um ihre Existenz ringen, aber wir dürfen nicht vergessen, daß dieser Konflikt aus einem Kampf der Ideen innerhalb einer noch vor kurzem einheitlichen europäischen Kultur entstanden ist und daß die Tendenzen, die in der Schaffung der totalitären Systeme gipfelten, nicht auf die Länder beschränkt waren, die ihnen erlegen sind. Wenn es auch unsere dringlichste Aufgabe ist, den Krieg zu gewinnen, so wird uns sein glücklicher Ausgang aufs neue Gelegenheit geben, uns mit den grundlegenden Problemen auseinanderzusetzen und einen Weg ausfindig zu machen, um dem Schicksal, das verwandte Kulturen ereilt hat, zu entgehen.

Nun fällt es uns gewiß schwer, Deutschland, Italien oder Rußland nicht als verschiedene Welten, sondern als Ergebnisse einer geistigen Entwicklung anzusehen, die auch die unsere war. Es ist, wenigstens was unsere Feinde betrifft, einfacher und tröstlicher, zu glauben, daß sie völlig anders geartet sind als wir und daß, was bei ihnen geschehen ist, bei uns nicht eintreten kann. Und doch wies die Geschichte dieser Länder in den Jahren vor dem Aufstieg des totalitären Systems wenig Züge auf, die nicht auch uns vertraut waren. Der äußere Zusammenstoß ist die Folge einer geistigen Wandlung in Europa, die andere Länder so viel schneller durchgemacht haben, so daß sie in einen unversöhnlichen Konflikt mit unseren Idealen gerieten, eine geistige Wandlung, die aber auch uns nicht unberührt gelassen hat.

Daß eine geistige Wandlung und die Willenskraft der Menschen die Welt zu dem gemacht haben, was sie heute ist, ohne daß man es voraussah, und daß nicht eine von unserm Willen unabhängige Änderung der Sachlage uns zu einer solchen Anpassung unseres Denkens gezwungen hat, ist für Engländer besonders schwer einzusehen, gerade weil sie in dieser Entwicklung zu ihrem Glück hinter den meisten Völkern Europas hinterhergehinkt sind. Wir glauben noch immer, daß die Ideale, denen wir nachleben und denen wir in der vorigen Generation gefolgt sind, erst in der Zukunft verwirklicht werden sollen, ohne uns zu vergegenwärtigen, wie weitgehend sie nicht nur die Welt, sondern auch unser Land in den letzten fünfundzwanzig Jahren umgestaltet haben. Wir meinen auch heute noch, daß wir uns bis vor ganz kurzer Zeit von Ideen leiten ließen, die man vage als Ideen des 19. Jahrhunderts oder als das Laissez-faire-Prinzip bezeichnet. Diese Meinung mag eine gewisse Berechtigung haben, wenn man einige andere Länder betrachtet und wenn man sich auf den Standpunkt derjenigen stellt, die die Wandlung in ihrer Ungeduld beschleunigt sehen möchten. Aber obwohl England bis zum Jahre 1931 nur zögernd auf der Bahn gefolgt war, auf der andere geführt hatten, so hatten wir uns doch schon damals so weit von dem alten Weg entfernt, daß nur diejenigen, die sich noch an die Zeit vor 1914 erinnern können, wissen, wie eine liberale Welt ausgesehen hat[1].

---

[1] Sogar im Jahre 1931 konnte der Macmillan-Bericht bereits von „der veränderten Einstellung der englischen Regierung in den letzten Jahren" sprechen, „von dem immer mehr beherrschenden und von allen Parteien geteilten Gedanken der Gängelung des Gesellschaftslebens". Er konnte dem hinzufügen, daß „das Parlament immer mehr damit zu tun hat, Gesetze zu erlassen, die bewußt die Regulierung des

Der entscheidende Punkt, über den die Engländer noch so wenig im klaren sind, ist nicht nur das Ausmaß der während der letzten Generation eingetretenen Veränderungen, sondern die Tatsache, daß sie eine vollständige Richtungsänderung für die Entwicklung unserer Gedanken und unserer Gesellschaftsordnung bedeuten. Schon mindestens ein Vierteljahrhundert, bevor das Gespenst des Totalitarismus bedrohlich wurde, hatten wir uns mehr und mehr von den geistigen Grundlagen, auf denen die europäische Kultur errichtet ist, entfernt. Daß diese Entwicklung, an die wir mit so hochgespannten Erwartungen und solchem Eifer herangegangen sind, uns unvermittelt vor die Schrecken des Totalitarismus stellen sollte, hat unsere Generation tief erschüttert, und sie weigert sich noch immer, die beiden Tatsachen miteinander in Verbindung zu bringen. Aber diese Entwicklung bestätigt nur die Warnungen der Begründer der liberalen Philosophie, zu der wir uns auch heute noch bekennen. Schritt für Schritt haben wir jene Freiheit der Wirtschaft aufgegeben, ohne die es persönliche und politische Freiheit in der Vergangenheit nie gegeben hat. Obwohl einige der bedeutendsten politischen Denker des 19. Jahrhunderts, wie Tocqueville und Lord Acton, warnend darauf hingewiesen hatten, daß Sozialismus Sklaverei bedeutet, haben wir uns stetig in dieser Richtung bewegt. Und jetzt, wo wir eine neue Art von Sklaverei haben entstehen sehen, haben wir die Warnung so vollständig vergessen, daß es uns kaum in den Sinn kommt, es könnte ein Zusammenhang zwischen den beiden Varianten bestehen [2].

Alltagslebens der Bevölkerung bezwecken, und jetzt in Dinge eingreift, die früher als völlig außerhalb seiner Kompetenz liegend angesehen wurden". Das galt schon damals, traf aber um so mehr zu, als das Land einige Monate später schließlich den unbesonnenen Sprung machte und sein Wirtschaftssystem in der kurzen Spanne der unrühmlichen Jahre von 1931 bis 1939 bis zur Unkenntlichkeit umgestaltete.

[2] Sogar Warnungen weit jüngeren Datums, die sich als nur allzu begründet herausgestellt haben, sind fast ganz in Vergessenheit gera-

Was für einen krassen Bruch nicht nur mit der unmittelbaren Vergangenheit, sondern mit der ganzen Entwicklung der abendländischen Kultur die moderne Tendenz zum Sozialismus bedeutet, wird uns klar, wenn wir sie sowohl vor dem Hintergrund des 19. Jahrhunderts als auch aus einer weiteren historischen Perspektive betrachten. Mit rasender Geschwindigkeit entfernen wir uns nicht nur von den Anschauungen von Cobden und Bright, Adam Smith und Hume oder selbst von denen Lockes und Miltons, sondern auch von einem Kernstück der abendländischen Kultur, wie sie aus christlichen, griechischen und römischen Elementen entstanden ist. Nicht nur den Liberalismus des 18. und des 19. Jahrhunderts geben wir Schritt für Schritt auf, sondern auch die Grundlagen der individualistischen Philosophie, die wir als Vermächtnis von Erasmus und Montaigne, von Cicero und Tacitus, von Perikles und Thukydides empfangen haben.

Der nationalsozialistische Führer, der die nationalsozialistische Revolution als eine Gegenrenaissance bezeichnete, sprach eine tiefere Wahrheit aus, als er vermutlich ahnte. Es war der entscheidende Schritt in der Vernichtung jener Kultur, die der Mensch der Neuzeit seit der Renaissance aufgebaut hatte und die vor allem andern eine individualistische Kultur war. Das Wort Individualismus hat heute einen schlechten Klang, denn man bringt den Ausdruck in Zusammenhang mit Eigennutz und Selbstsucht. Aber der Individualismus, den wir dem Sozialismus und allen andern Arten des Kollektivismus gegenüberstellen, braucht damit nichts zu tun zu haben. Den Unterschied

---

ten. Es ist noch nicht dreißig Jahre her, daß *Hilaire Belloc* in einem Buch die späteren Ereignisse in Deutschland im voraus besser analysiert hat als die meisten Bücher, die nach ihnen geschrieben wurden. Er setzte dort auseinander, daß „als Resultante der sozialistischen Lehre und der kapitalistischen Gesellschaft ein Drittes entstehe, das von diesen beiden Komponenten verschieden ist – nämlich der Staat der Unfreiheit“ (The Servile State, 1913, 3. Aufl. 1927, S. XIV).

zwischen den beiden entgegengesetzten Prinzipien werden wir erst allmählich im Laufe dieses Buches klarmachen können. Dieser Individualismus, der auf der Grundlage des Christentums und der Philosophie des klassischen Altertums sich zuerst während der Renaissance voll entwickelte und sich seitdem immer mehr als abendländische Kultur entfaltet hat, ist in der Hauptsache durch die Achtung vor dem Individuum als Menschen gekennzeichnet. Das ist gleichbedeutend mit der Anerkennung seiner Ansichten und seines Geschmackes als der letzten Instanz in seiner eigenen, wenn auch noch so begrenzten Sphäre und mit dem Glauben, daß die Entwicklung der individuellen Begabungen und Neigungen des Menschen wünschenswert ist. Das Wort „Freiheit" in allen seinen Bedeutungen ist so abgegriffen und so viel mißbraucht worden, daß man sich scheut, es zur Bezeichnung der Ideale zu verwenden, die es in jener Zeit verkörperte. Toleranz ist vielleicht das einzige Wort, welches das Prinzip voll zum Ausdruck bringt, das dieser ganzen Zeit seinen Stempel aufdrückte und das erst seit kurzem wieder an Geltung verloren hat, um mit dem Aufstieg des totalitären Staates zu verschwinden.

Die allmähliche Umwandlung eines starr organisierten hierarchischen Systems in ein solches, in welchem die Menschen zumindest versuchen konnten, ihr Leben selber zu gestalten, indem sie Gelegenheit erhielten, verschiedene Lebensformen kennenzulernen und zwischen ihnen zu wählen, ist aufs engste mit dem Aufblühen des Handels verbunden. Von den Handelsstädten Norditaliens breitete sich die neue Weltanschauung mit dem Handel zusammen nach Westen und Norden aus, über Frankreich und Südwestdeutschland nach den Niederlanden und den Britischen Inseln und faßte überall dort, wo kein despotisches Regime herrschte, festen Fuß. In den Niederlanden und in Großbritannien gelangte sie für geraume Zeit zu höchster Blüte, und dort bot sich ihr zum erstenmal Gelegenheit, sich frei zu entfalten und zur Grundlage des sozialen und politischen Lebens zu werden. Von da aus begann diese Weltanschauung sich gegen das Ende des 17. und im 18. Jahrhundert aufs neue in noch vollkommenerer Form nach Westen und Osten auszubreiten, nach der neuen Welt und nach Mitteleuropa, wo frühere Ansätze einer ähnlichen Entwicklung infolge verheerender Kriege und politischer Unterdrückung zum großen Teil im Keime erstickt waren [3].

Während dieser ganzen Neuzeit der europäischen Geschichte verlief die soziale Entwicklung in der allgemeinen Richtung auf Befreiung des Individuums von den Fesseln, die seine Bewegungsfreiheit im täglichen Leben in bestimmter Weise eingeengt hatten. Die Erkenntnis, daß die spontane und ungelenkte Betätigung von Einzelwesen ein verwickeltes und geordnetes System von Wirtschaftsakten hervorzubringen vermochte, konnte sich erst einstellen, nachdem diese Entwicklung einen bestimmten Punkt erreicht hatte. Wenn man hinterher daranging, die Wirtschaftsfreiheit systematisch zu begründen, so war das der freien Entfaltung des Wirtschaftslebens zu verdanken, die ein unbeabsichtigtes und unerwartetes Nebenprodukt der politischen Freiheit gewesen war.

Das wichtigste Ergebnis, das die Entfesselung der Energie des einzelnen mit sich brachte, dürfte wohl die wunderbare Entfaltung der Wissenschaft sein, die das Vordringen der individuellen Freiheit von Italien bis nach England und darüber hinaus im Gefolge hatte. Daß der Erfindungsgeist des Menschen in früheren Zeiten nicht geringer gewesen war, sieht man an den vielen höchst genialen automatischen Spielzeugen und anderen mechanischen Wunderwerken, die geschaffen wurden, während die industrielle Produktionstechnik noch stationär blieb. Dasselbe ergibt sich aus der Entwicklung in einigen Industriezweigen, die, wie der Bergbau oder die Uhrenindustrie, keinen Be-

---

[3] Die verhängnisvollste dieser Entwicklungen, die Folgen zeitigen sollte, an denen wir heute noch zu tragen haben, war die Unterdrükkung und teilweise Vernichtung des deutschen Bürgertums durch die deutschen Landesfürsten im 15. und 16. Jahrhundert.

schränkungen unterworfen waren. Aber die wenigen Versuche, die auf eine vermehrte Anwendung technischer Erfindungen in der Industrie hinzielten, von denen einige erstaunlich modern waren, wurden sofort unterdrückt, und der Wissensdrang wurde erstickt, solange die herrschenden Anschauungen als allgemein verbindlich galten: die Ansichten der großen Mehrheit über das, was recht und angemessen war, durften den einzelnen Pionieren den Weg versperren. Erst seit die Gewerbefreiheit der Anwendung des neuen Wissens freie Bahn verschaffte, erst seit alles ausprobiert werden konnte – wenn man nur jemand fand, der das Risiko übernahm –, was, wie wir hinzufügen sollten, in der Regel nicht durch die Behörden geschah, die mit der Pflege des Bildungswesens betraut waren, erst seitdem hat die Wissenschaft die riesigen Fortschritte gemacht, die das Aussehen der Welt in den letzten hundertfünfzig Jahren verwandelt haben.

Wie so oft, ist die Eigenart unserer Kultur von ihren Feinden klarer erkannt worden als von ihren meisten Freunden. „Die ewige Krankheit des Westens, die Auflehnung des Individuums gegen die Gattung", war, wie jener Vertreter des Totalitarismus im 19. Jahrhundert, Auguste Comte, es dargestellt hat, tatsächlich die Kraft, die den Bau unserer Kultur errichtet hat. Was das 19. Jahrhundert dem Individualismus der vorhergehenden Periode hinzufügte, bestand nur darin, allen Klassen ein Freiheitsbewußtsein zu geben, das, was bisher zufällig und unsystematisch gewachsen war, systematisch und stetig zu entwickeln und es von England und Holland aus über fast ganz Europa zu verbreiten.

Das Ergebnis dieser Entfaltung übertraf alle Erwartungen. Überall, wo die Schranken für die freie Betätigung des menschlichen Genius fielen, eröffnete sich den Menschen bald die Möglichkeit, ihre ständig wachsenden Bedürfnisse zu befriedigen. Wenn auch der steigende Lebensstandard bald zur Aufdeckung mancher Übelstände in der Gesellschaftsordnung führte, Schandflecken, die die Menschen nicht mehr zu dulden gewillt waren, so gab es doch wahrscheinlich keine Klasse, die nicht aus dem allgemeinen Fortschritt wesentlichen Nutzen gezogen hätte. Wir können diesem erstaunlichen Aufstieg nicht gerecht werden, wenn wir unsere heutigen Maßstäbe anlegen, die ihrerseits auf diesem Aufstieg beruhen und uns jetzt manche Unzulänglichkeiten erkennen lassen. Um die ganze Bedeutung dieses Aufschwunges für diejenigen zu ermessen, die an ihm teilhatten, müssen wir ihn nach den Hoffnungen und Wünschen, die die Menschen in seinem Anfangsstadium hegten, beurteilen: es steht außer Zweifel, daß der Erfolg die kühnsten Träume übertraf, daß der Arbeiter im Abendland zu Beginn des 20. Jahrhunderts einen Grad materieller Wohlfahrt, Sicherheit und persönlicher Unabhängigkeit erreicht hatte, der ein Jahrhundert früher kaum denkbar erschienen war.

Was in der Zukunft wahrscheinlich als die bedeutsamste und weitestreichende Wirkung dieses Erfolges gelten wird, ist das neue Gefühl der Menschen für die Macht über das eigene Schicksal, der Glaube an die unbegrenzten Möglichkeiten der Verbesserung ihrer Lage, ein Glaube, der durch das bereits Erreichte hervorgerufen wurde. Mit dem Erfolg wuchsen die Ansprüche – und der Mensch hatte alles Recht dazu, anspruchsvoll zu sein. Was ihm als ein begeisterndes Versprechen gegolten hatte, erschien ihm jetzt als unzureichend, das Tempo des Fortschritts als viel zu langsam, und in den Prinzipien, die diesen Fortschritt in der Vergangenheit ermöglicht hatten, sah man schließlich mehr ein Hindernis für seine Beschleunigung, das auf dem raschesten Wege beseitigt werden müsse, statt einer Vorbedingung für die Erhaltung und Weiterentwicklung des bereits Errungenen.

*

Die Grundsätze des Liberalismus enthalten keine Elemente, die ihn zu einem starren Dogma machten, und es gibt keine strengen Regeln, die ein für allemal feststånden. Das Hauptprinzip, wonach wir uns in allen Stücken so weit wie möglich auf die spontanen Kräfte der Gesellschaft stützen und so wenig wie möglich zu Zwangsmaßnahmen greifen sollten, kann in der Anwendung unendlich variiert werden. Es besteht im besonderen ein himmelweiter Unterschied zwischen der bewußten Schaffung eines Systems, in dem die freie Konkurrenz sich mit dem denkbar größten Nutzen auswirken wird, und dem passiven Sichabfinden mit den nun einmal bestehenden Einrichtungen. Nichts dürfte der Sache des Liberalismus so sehr geschadet haben wie das starre Festhalten einiger seiner Anhänger an gewissen groben Faustregeln, vor allem an dem Prinzip des Laissez-faire. Dies war jedoch in gewissem Sinne notwendig und unvermeidlich. Gegenüber den zahllosen Interessenten, die nachweisen konnten, daß besondere Maßnahmen einigen Unternehmern augenblickliche und offensichtliche Gewinne eintragen würden, während der durch sie verursachte Schaden viel indirekter und weniger augenfällig war, konnten nur einige ganz einfache Regeln etwas ausrichten. Und da man nicht länger daran zweifeln konnte, daß schwerwiegende Gründe für die Wirtschaftsfreiheit sprachen, so war die Versuchung, daraus eine ausnahmslose Regel zu machen, zu groß, als daß man ihr immer widerstanden hätte.

Aber bei dieser Haltung, die viele von denen einnahmen, die dem Volke die liberale Doktrin mundgerecht machten, war es fast zwangsläufig, daß ihre Stellung als Ganzes zusammenbrechen mußte, sobald sie einmal an einzelnen Punkten unterhöhlt war. Ihre Position wurde dadurch weiter geschwächt, daß die Politik, die auf eine schrittweise Verbesserung des institutionellen Rahmens einer freien Gesellschaft abzielte, natürlich nur langsame Fortschritte machen konnte. Diese Politik konnte sich nur entwickeln mit unserm wachsenden Verständnis für die sozialen Kräfte und für die Bedingungen, die für ihr gedeihliches Wirken am günstigsten waren. Da die Aufgabe darin bestand, ihre Wirksamkeit zu unterstützen und gegebenenfalls zu ergänzen, mußte man sie zunächst verstehen. Man könnte das Verhalten des Liberalen gegenüber der Gesellschaft mit dem des

Gärtners vergleichen, der eine Pflanze pflegt und der zur Schaffung der für sie günstigsten Wachstumsbedingungen möglichst viel über ihren Bau und ihre physiologischen Funktionen wissen muß.

Jeder vernünftige Mensch hätte sich darüber im klaren sein sollen, daß die groben Regeln, in denen die Prinzipien der Wirtschaftspolitik des 19. Jahrhunderts ihren Ausdruck fanden, nur ein Anfang waren, daß wir noch viel zu lernen hatten und daß es noch ungeheure Entwicklungsmöglichkeiten in der von uns verfolgten Richtung gab. Aber dieser Fortschritt konnte nur in dem Maße eintreten, wie sich unser Verständnis für die Kräfte, deren wir uns bedienen mußten, vertiefte. Es gab viele Aufgaben, die auf der Hand lagen, wie die Manipulierung des Währungssystems und die Verhütung oder Überwachung von Monopolen; daneben jedoch gab es noch mehr, zwar nicht so sehr in die Augen fallende, aber kaum weniger wichtige Aufgaben auf anderen Gebieten, auf denen die Regierungen zweifellos unumschränkte Macht zum Guten und zum Bösen besaßen. Alles sprach dafür, daß wir bei besserem Verständnis für die Probleme eines Tages imstande sein würden, uns dieser Kräfte mit Erfolg zu bedienen.

Aber während der Fortschritt in der Richtung auf eine sogenannte „positive" Wirtschaftspolitik notwendigerweise langsam war und während der Liberalismus sich zunächst weitgehend auf die allmähliche Wohlstandssteigerung, die die Freiheit mit sich brachte, verlassen mußte, sah er sich ständig gezwungen, Vorschläge zu bekämpfen, die diesen Fortschritt in Frage stellten. Schließlich wurde er als eine „negative" Doktrin angesehen, da er den einzelnen Individuen wenig mehr zu bieten imstande war als einen Anteil am allgemeinen Fortschritt – einem Fortschritt, der immer mehr als selbstverständlich hingenommen und nicht mehr als das Ergebnis einer Politik der Freiheit erkannt wurde. Man könnte sogar behaupten, daß gerade der Erfolg des Liberalismus zur Ursache seines Niederganges wurde. Auf Grund des bereits Erreichten wurden die Menschen zusehends weniger geneigt, sich mit den noch bestehenden Mißständen, die ihnen jetzt unerträglich und unnötig erschienen, abzufinden.

*

Infolge der wachsenden Unzufriedenheit mit den langsamen Fortschritten der liberalen Politik, infolge der berechtigten Erbitterung gegen jene, die die liberale Phraseologie zur Verteidigung unsozialer Privilegien mißbrauchten, und infolge der uferlosen Ansprüche, die durch die bereits erreichte Besserung der materiellen Lage gerechtfertigt schienen, kam es dahin, daß man um die Jahrhundertwende sich immer mehr von dem Glauben an die Grundgedanken des Liberalismus abkehrte. Das Erreichte wurde als ein sicherer und unverlierbarer Besitz angesehen, der ein für allemal erworben war. Man interessierte sich nur noch für die neuen Ansprüche, deren schneller Befriedigung das Festhalten an den alten Prinzipien im Wege zu stehen schien. Immer weiter verbreitete sich die Auffassung, daß ein erneuter Fortschritt nicht in der alten Entwicklungslinie unter dem Regime zu erwarten sei, das ihn früher ermöglicht hatte, sondern nur von einer völligen Umgestaltung der Gesellschaftsordnung. Es war nicht mehr die Rede von einer Ergänzung oder Verbesserung der vorhandenen Maschine, sondern davon, daß sie zum alten Eisen geworfen und durch eine andere ersetzt werden müsse. Da nun die Hoffnungen der jungen Generation um etwas völlig Neues kreisten, erloschen das Interesse und das Verständnis für das bestehende System in kurzer Zeit. Mit dem Rückgang des Verständnisses für die Wirkungsweise der freien Marktwirtschaft ging auch die Erkenntnis dessen, was von ihrer Existenz abhing, immer mehr verloren.

Wir können hier nicht die Frage erörtern, wie sehr diese geistigen Wandlungen durch die unkritische Übertragung von technologischen Begriffen auf die Gesellschaftsprobleme begünstigt wurden, d. h. durch die Denkweise des Naturwissenschaftlers und des Ingenieurs. Ebensowenig können wir hier auseinandersetzen, wie auf diese Weise gleichzeitig die Ergebnisse der

Gesellschaftslehre der Vergangenheit, soweit sie mit den naturwissenschaftlich-technischen Vorurteilen nicht in Einklang standen, weitgehend diskreditiert und Wunschbilder technischer Organisation gewaltsam auf eine Sphäre angewandt wurden, auf die sie nicht paßten[4]. Alles, was wir hier zeigen wollen, ist, wie vollständig sich unsere Einstellung gegenüber der Gesellschaft geändert hat, wenn dieser Vorgang sich auch nur allmählich und in kaum wahrnehmbaren Etappen vollzog. Was in jedem Stadium dieses Wandlungsprozesses nur ein Gradunterschied zu sein schien, hat in seiner Gesamtwirkung bereits eine grundlegende Verschiedenheit zwischen der älteren liberalen Einstellung zur Gesellschaft und der jetzigen Auffassung der sozialen Probleme gezeitigt. Der Wandel läuft auf eine völlige Umkehrung der von uns gezeichneten Entwicklung hinaus, auf eine völlige Aufgabe der individualistischen Tradition, der wir die abendländische Kultur verdanken.

Nach den heute geltenden Anschauungen handelt es sich nicht mehr darum, wie wir aus den freien Kräften einer freien Gesellschaft den größten Nutzen ziehen können. Unsere Zeit hat sich in der Tat die Aufgabe gestellt, auf jene Kräfte mit ihren unerwarteten Wirkungen zu verzichten und an die Stelle des unpersönlichen und anonymen Marktmechanismus die kollektive und „bewußte" Lenkung aller Kräfte der Gesellschaft auf genau bestimmte Ziele zu setzen. Der Unterschied kann nicht besser illustriert werden als durch die radikale Haltung, die in einem recht erfolgreichen Buch eingenommen wird, auf dessen Programm der sogenannten „geplanten Freiheit" wir noch wiederholt zurückkommen werden. Der Verfasser dieses Buches schreibt:

„Wir haben nie das ganze System der Natur zu errichten und

---

[4] Der Verfasser hat versucht, den Beginn dieser Entwicklung in zwei Artikelserien darzustellen, in „Scientism and the Study of Society" und in „The Counter-Revolution of Science" (Economica, 1941 bis 1944).

zu lenken brauchen, wie wir es heute mit der Gesellschaft tun müssen ... Die Menschen neigen immer mehr dazu, ihr gesamtes soziales Leben zu regulieren, wenn sie auch nie versucht haben, eine zweite Natur zu schaffen[5]."

*

Es ist bezeichnend, daß dieser Wandel in der geistigen Entwicklung sich in einem Augenblick vollzog, in dem die geographische Richtung, in der die Gedanken bisher gewandert waren, sich umkehrte. Über zwei Jahrhunderte hindurch hatten englische Ideen ihren Weg ostwärts genommen. Es schien, als solle die Freiheit, deren Herrschaft in England gesichert war, ihren Triumphzug über die ganze Welt antreten. Um das Jahr 1870 hatten diese Ideen wahrscheinlich die östlichste Grenze ihrer Einflußzone erreicht. Von diesem Zeitpunkt an setzte eine rückläufige Bewegung ein, und ein anderer Komplex von Ideen, die nicht wirklich neu, sondern sehr alt waren, trat von Osten aus seinen Vormarsch an. England büßte seine führende geistige Stellung auf politischem und sozialem Gebiet ein und wurde zu einem geistigen Einfuhrland. Während der folgenden sechzig Jahre wurde Deutschland zum Zentrum, von dem die Ideen, die die Welt im 20. Jahrhundert regieren sollten, nach Osten und Westen ausgingen. Ob es nun Hegel oder Marx, List oder Schmoller, Sombart oder Mannheim war, ob es sich um den Sozialismus in seiner radikaleren Form handelte oder nur um „Organisation" oder „Planung" einer weniger radikalen Abart, deutsches Gedankengut wurde überall bereitwillig importiert, und deutsche Einrichtungen fanden überall Nachahmung. Die meisten neuen Ideen und besonders der Sozialismus stammten zwar nicht aus Deutschland, aber dort wurden sie vervollkommnet, und während der letzten fünfundzwanzig Jahre des 19. und der ersten fünfundzwanzig Jahre des 20. Jahrhunderts erreichten sie den

---

[5] *Karl Mannheim,* Man and Society in an Age of Reconstruction, 1940, S. 175.

Höhepunkt ihrer Entwicklung. Heute gerät es oft in Vergessenheit, welche überragende Rolle Deutschland in der Entwicklung der Theorie und der Praxis des Sozialismus während dieses Zeitraumes spielte; man denkt nicht mehr daran, daß Deutschland ein Menschenalter, bevor der Sozialismus bei uns zu einem ernsten Problem wurde, eine starke sozialistische Partei im Reichstag sitzen hatte und daß noch bis vor kurzem der Ausbau der sozialistischen Theorie fast ausschließlich in Deutschland und Österreich erfolgte, so daß sogar die heutige Diskussion in Rußland zum großen Teil dort fortfährt, wo die Deutschen aufgehört haben. Den meisten englischen Sozialisten sind immer noch nicht die Augen darüber aufgegangen, daß die Mehrzahl der Probleme, die sie erst jetzt entdecken, von den deutschen Sozialisten bereits vor langer Zeit eingehend erörtert worden ist.

Der geistige Einfluß, den die deutschen Denker während dieser Zeit auf die ganze Welt ausüben konnten, wurde nicht nur durch die große Wohlstandssteigerung in Deutschland begünstigt, sondern noch mehr durch den außerordentlichen Ruf, den die deutschen Denker und Gelehrten während des voraufgehenden Jahrhunderts erworben hatten, als Deutschland wieder ein nicht wegzudenkendes und sogar führendes Glied der abendländischen Kultur geworden war. Aber dieser Umstand tat bald das seine, um die von Deutschland ausgehende Verbreitung von Ideen zu erleichtern, die gegen die Grundlagen dieser Kultur gerichtet waren. Die Deutschen selber – oder zum mindesten diejenigen unter ihnen, die solche Gedanken verbreiteten – waren sich über diesen Konflikt durchaus im klaren: das gemeinsame Erbe der europäischen Kultur wurde für sie lange vor dem Nationalsozialismus zur Kultur des „Westens" – eine Formulierung, in der das Wort „Westen" nicht mehr in der alten Bedeutung von Abendland gebraucht wurde, sondern alles bezeichnen sollte, was sich westlich des Rheins befand. „Westlich" in diesem Sinne waren Liberalismus und Demokratie, Kapitalismus und Individualismus, Freihandel und jede Form des Internationalismus oder der Friedfertigkeit.

Aber trotz der kaum verhohlenen Verachtung, die immer mehr Deutsche für jene „seichten" Ideale des Westens hegten, oder gerade ihretwegen führte das Volk im Westen weiter deutsche Ideen ein und wurde sogar zu der Auffassung verleitet, daß seine eigenen früheren Überzeugungen nur Ad-hoc-Theorien selbstsüchtiger Interessenten gewesen wären, daß die Freihandelslehre zu dem Zweck erfunden wäre, um die Interessen Englands zu fördern, und daß die politischen Ideale, die England der Welt geschenkt hatte, hoffnungslos veraltet wären und man sich ihrer schämen müßte.

ZWEITES KAPITEL

DIE GROSSE ILLUSION

Immerhin hat das den Staat zur Hölle gemacht, daß ihn der Mensch zu seinem Himmel machen wollte. F. Hölderlin

Wenn der Sozialismus den Liberalismus als die von den meisten fortschrittlich Gesinnten geteilte Anschauung verdrängen konnte, so bedeutet das nicht einfach, daß die Menschen die Warnungen der großen liberalen Denker der Vergangenheit vor den Folgen des Kollektivismus vergessen hatten. Der Grund ist vielmehr darin zu suchen, daß sie das genaue Gegenteil von dem glaubten, was diese Männer vorausgesagt hatten. Das Erstaunliche ist, daß dieser selbe Sozialismus, in dem man nicht nur frühzeitig die ernsteste Bedrohung der Freiheit erkannt hatte, sondern der ganz offen als Gegenschlag gegen den Liberalismus der Französischen Revolution begonnen hatte, gerade unter der Flagge der Freiheit allgemeine Anerkennung fand. Heute erinnert man sich nur selten daran, daß der Sozialismus in seinen Anfängen unverhüllt autoritär war. Die französischen Schriftsteller, die die Grundlage für den modernen Sozialismus schufen, waren sich darüber im klaren, daß ihre Ideen nur unter einem strengen diktatorischen Regime in die Praxis umgesetzt werden konnten. In ihren Augen war der Sozialismus ein Versuch, durch eine wohlüberlegte Reorganisation der Gesellschaft nach hierarchischen Grundsätzen und durch Ausübung geistigen Zwanges „die Revolution zu beenden". Wenn es sich um die Freiheit handelte, so machten die Begründer des Sozialismus kein Hehl aus ihren Absichten. In der Freiheit sahen sie das Grundübel der Gesellschaft des 19. Jahrhunderts, und der erste moderne Planwirtschaftler, Saint-Simon, sagte sogar voraus, daß man diejenigen, die seinen projektierten Planwirtschaftsstellen den Gehorsam verweigerten, „wie Vieh behandeln" würde.

Erst unter dem Einfluß der starken demokratischen Strömungen, die die Revolution von 1848 einleiteten, ging der Sozialismus dazu über, sich mit den freiheitlichen Kräften zu verbünden. Aber es dauerte geraume Zeit, bis es dem neuen „demokratischen Sozialismus" gelang, das Mißtrauen, das ihm auf Grund seiner Vergangenheit anhaftete, zu zerstreuen. Niemand sah diesen unüberbrückbaren Gegensatz zwischen der Demokratie als einer im wesentlichen individualistischen Institution und dem Sozialismus deutlicher als Tocqueville:

„Die Demokratie dehnt die Sphäre der individuellen Freiheit aus", so sagte er im Jahre 1848, „der Sozialismus dagegen schränkt sie ein. Die Demokratie erkennt jedem einzelnen seinen Eigenwert zu, der Sozialismus degradiert jeden einzelnen zu einem Funktionär der Gesellschaft, zu einer bloßen Nummer. Demokratie und Sozialismus haben nur ein einziges Wort miteinander gemeinsam: die Gleichheit. Aber man beachte den Unterschied: während die Demokratie die Gleichheit in der Freiheit sucht, sucht der Sozialismus sie im Zwang und in der Knechtung" [1].

Um dieses Mißtrauen zu beseitigen und das zugkräftigste politische Motiv, nämlich die Sehnsucht nach Freiheit, vor seinen Wagen zu spannen, ging der Sozialismus immer mehr dazu über, dem Volk eine „neue Freiheit" zu versprechen. Die Aera des Sozialismus sollte den Sprung aus dem Reich der Notwendigkeit in das Reich der Freiheit bedeuten. Sie sollte die „wirtschaftliche Freiheit" verwirklichen, ohne die die bereits errungene politische Freiheit „sich nicht lohne". Nur der Sozialismus sei imstande, den jahrhundertelangen Kampf um die Freiheit, in dem die Erreichung der politischen Freiheit nur einen Auftakt bildete, erfolgreich zu beenden.

Die leichte Änderung, die an dem Sinn des Wortes Freiheit vorgenommen wurde, um dem Argument Überzeugungskraft

---

[1] *Alexis de Tocqueville*, „Discours prononcé à l'assemblée constituante le 12 septembre 1848 sur la question du droit au travail", Oeuvres complètes, Bd. IX, 1866, S. 546.

zu verleihen, ist bedeutungsvoll. Für die großen Apostel der politischen Freiheit hatte dies Wort Befreiung von Despotie bedeutet, Befreiung von der Willkür anderer, Befreiung von den Bindungen, die dem Individuum keine andere Wahl ließen als Gehorsam gegenüber den Befehlen eines Vorgesetzten, von dem es abhängig war. Die neue Freiheit dagegen, die in Aussicht gestellt wurde, sollte eine Freiheit von Not sein, eine Befreiung aus dem Zwang der Umstände, die uns allen nur eine begrenzte Wahl der Lebensgüter lassen, wenn auch für den einen sehr viel mehr als für den andern. Bevor die Menschen wahrhaft frei sein konnten, mußten der „Despotismus physischer Not" gebrochen und die „Beschränkungen des Wirtschaftssystems" gelokkert werden.

Freiheit in diesem Sinne ist natürlich nur ein anderer Ausdruck für Macht[2] oder Reichtum. Obwohl die Zusicherung dieser neuen Freiheit oft mit unverantwortlichen Versprechungen einer großen Wohlstandssteigerung in einer sozialistischen Gesellschaft verbunden wurde, so erwartete man wirtschaftliche Freiheit doch nicht von einem absoluten Sieg über die Kargheit der Natur. Worauf das Versprechen in Wahrheit hinauslief, war die Zusicherung, daß die bestehenden großen Unter-

---

[2] Die charakteristische Verwechslung von Freiheit und Macht, der wir in dieser Diskussion immer wieder begegnen werden, ist ein zu umfangreiches Thema, als daß es hier eingehend behandelt werden könnte. Von den Anfängen des Sozialismus an ist sie mit ihm so eng verknüpft, daß vor fast siebzig Jahren ein französischer Gelehrter in einer Erörterung des Anteils von Saint-Simon an der Entstehung des Sozialismus sagen konnte, daß diese Theorie der Freiheit „est à elle seule tout le socialisme" (*P. Janet*, Saint-Simon et le Saint-Simonisme, 1878, S. 26, Anm.). Der ausgeprägteste Vertreter dieser Verwirrung ist bezeichnenderweise der führende Philosoph des amerikanischen Linksradikalismus, John Dewey, nach dessen Formulierung „Freiheit die effektive Macht ist, bestimmte Dinge zu tun", so daß „die Forderung nach Freiheit die Forderung nach Macht ist" („Liberty and Social Control", The Social Frontier, November 1935, S. 41).

schiede in den wirtschaftlichen Möglichkeiten der Individuen beseitigt werden sollten. Wenn man also die neue Freiheit forderte, so meinte man damit nichts anderes als den alten Anspruch auf gleichmäßige Besitzverteilung. Aber diese neue Bezeichnung lieferte den Sozialisten ein zweites Wort, das sie mit den Liberalen gemeinsam hatten und das sie dann gehörig ausschlachteten. Das Wort wurde zwar von den beiden Parteien in verschiedener Bedeutung gebraucht, aber das bemerkten wenige, und noch weniger legten sich die Frage vor, ob die beiden Arten der Freiheit, die man versprochen hatte, wirklich miteinander vereinbar waren.

Es unterliegt keinem Zweifel, daß das Versprechen einer größeren Freiheit eine der wirksamsten Waffen der sozialistischen Propaganda geworden ist und daß der Glaube, der Sozialismus werde die Freiheit bringen, echt und aufrichtig ist. Dies wäre um so tragischer, wenn sich der Weg, den man uns als den Weg in die Freiheit versprochen hatte, in Wahrheit als die breite Heerstraße in die Knechtschaft erweisen sollte. Ohne Frage muß man die Zusicherung größerer Freiheit dafür verantwortlich machen, daß ein Liberaler nach dem andern auf den Weg des Sozialismus gelockt wurde, daß sie blind wurden für den Widerspruch zwischen den Grundprinzipien des Sozialismus und denen des Liberalismus und daß die Sozialisten unberechtigterweise oft sogar den Namen der alten Freiheitspartei für sich in Anspruch nahmen. Die Intellektuellen wandten sich zum größten Teile dem Sozialismus als dem vermeintlichen Erben der liberalen Tradition zu; es ist daher nicht verwunderlich, daß ihnen der Gedanke, der Sozialismus könne zum Gegenteil der Freiheit führen, unfaßbar schien.

*

In den letzten Jahren jedoch sind die alten Befürchtungen wegen der unerwarteten Folgen des Sozialismus aufs neue stark betont worden, und zwar von einer Seite, von der man es am wenigsten vermutet hätte. Die in manchen Beziehungen außerordentliche Ähnlichkeit der Verhältnisse unter dem „Faschismus“ und dem „Kommunismus“ hat ihren Eindruck auf einen Beobachter nach dem andern nicht verfehlen können, obgleich sie mit der gegenteiligen Erwartung an das Problem herangingen. Während „Fortschrittler“ bei uns und in andern Ländern sich noch der Täuschung hingaben, daß Kommunismus und Faschismus entgegengesetzte Pole darstellten, begannen immer mehr Leute sich zu fragen, ob diese neuen Despotien nicht das Ergebnis der gleichen Tendenzen seien. Selbst auf Kommunisten müssen Zeugnisse wie das Max Eastmans, des alten Freundes Lenins, einigen Eindruck gemacht haben. Dieser sah sich zu der Feststellung veranlaßt, daß „der Stalinismus, statt besser, schlimmer ist als der Faschismus, unbarmherziger, barbarischer, ungerechter, unmoralischer, antidemokratischer, ohne durch eine Hoffnung oder ein Bedenken gemildert zu werden“, und „daß man besser daran täte, ihn als einen Superfaschismus zu bezeichnen“. Sehen wir gar, wie derselbe Autor zugibt, daß das System Stalins nichts anderes als Sozialismus ist, nämlich in dem Sinne, daß es die unvermeidliche, wenn auch unerwartete politische Begleiterscheinung der Nationalisierung und der Kollektivierung bildet, die ihm unter anderem dazu dienen sollten, seinen Plan für die Errichtung einer klassenlosen Gesellschaft durchzuführen[3], so kommt seiner Schlußfolgerung unzweifelhaft allgemeine Bedeutung zu.

Der Fall Eastman ist vielleicht der bemerkenswerteste. Aber Eastman ist keineswegs der erste oder der einzige wohlwollende Beobachter des russischen Experiments, der zu solchen Folgerungen kommt. Bereits einige Jahre zuvor faßte W. H. Chamberlin, der während seiner zwölfjährigen Tätigkeit als amerikanischer Korrespondent in Rußland das ganze Gebäude seiner Ideale hatte einstürzen sehen, die Ergebnisse seiner Studien in Rußland, Deutschland und Italien in dem Satz zusammen: „Es ist sicher,

---

[3] *Max Eastman,* Stalin's Russia and the Crisis of Socialism, 1940, S. 82.

daß der Sozialismus sich wenigstens im Anfang als ein Weg erweist, der *nicht* zur Freiheit, sondern zur Diktatur und Gegendiktatur und zum erbarmungslosen Bürgerkrieg führt. Ein Sozialismus, der mit demokratischen Mitteln erkämpft und erhalten wird, scheint endgültig zu den utopischen Dingen zu gehören"[4]. In ähnlicher Weise kommt ein englischer Schriftsteller, F. A. Voigt, der die Entwicklung in Europa lange Jahre hindurch als Auslandskorrespondent aus nächster Nähe beobachtet hatte, zu dem Schluß, daß der „Marxismus zum Faschismus und zum Nationalsozialismus geführt hat, weil er in allen wesentlichen Punkten Faschismus und Nationalsozialismus zugleich ist"[5]. Walter Lippmann ferner hat die Überzeugung gewonnen, daß „unsere Generation jetzt durch Erfahrung lernt, was geschieht, wenn die Menschen die Freiheit aufgeben und zu einer Zwangsorganisation der Gesellschaft zurückkehren. Obwohl sie sich ein reicheres Leben versprechen, müssen sie in Wirklichkeit darauf verzichten; in dem Maße, wie organisierte Lenkung zunimmt, muß die Vielfalt der Ziele der Gleichförmigkeit weichen. Das ist die Nemesis der Planwirtschaft und des Autoritätsprinzips in der menschlichen Gesellschaft"[6].

Man könnte aus den Veröffentlichungen der letzten Jahre noch viele ähnliche Feststellungen von urteilsfähigen Autoren zitieren, insbesondere von solchen, die als Bürger der jetzt totalitären Staaten den Wandel miterlebt haben und infolge ihrer Erfahrungen manche ihrer Lieblingsauffassungen haben revidieren müssen. Ich führe als weiteres Beispiel einen deutschen Schriftsteller an, der dieselbe Schlußfolgerung vielleicht richtiger formuliert als die bereits erwähnten:

„Der vollständige Bankerott des Glaubens, man könne zu Freiheit und Gleichheit durch den Marxismus gelangen, hat Rußland auf denselben Weg zu einem totalitären, rein negati-

[4] *W. H. Chamberlin,* A False Utopia, 1937, S. 202–203.

[5] *F. A. Voigt,* Unto Caesar, 1939, S. 95.

[6] Atlantic Monthly, November 1936, S. 552.

ven und nicht-ökonomischen Gesellschaftssystem der Unfreiheit und Ungleichheit getrieben, den Deutschland gegangen ist. Nicht als ob Kommunismus und Faschismus dasselbe wären. Faschismus ist das Stadium, das erreicht wird, nachdem der Kommunismus sich als Illusion herausgestellt hat, und er hat sich im Rußland Stalins als eine ebenso große Illusion erwiesen wie im vorhitlerischen Deutschland[7]."

Ebenso bedeutsam ist der Verlauf der geistigen Entwicklung bei vielen Führern des Nationalsozialismus und des Faschismus. Jedem, der den Aufstieg dieser Bewegungen in Italien[8] oder Deutschland beobachtet hat, ist die große Zahl von führenden Männern, von Mussolini abwärts, einschließlich Laval und Quisling, aufgefallen, die als Sozialisten begonnen und als Faschisten oder Nationalsozialisten geendet haben. Und was von den Führern gilt, trifft noch weit mehr auf die Masse der Parteiangehörigen zu. Es war in Deutschland allgemein bekannt, daß ein junger Kommunist verhältnismäßig leicht zum Nationalsozialisten bekehrt werden konnte und umgekehrt; am besten wußten dies die Propagandaleiter der beiden Parteien. Mancher Universitätsdozent in England hat während der dreißiger Jahre englische und amerikanische Studenten vom Kontinent zurückkehren sehen, die selber nicht wußten, ob sie Kommunisten oder Nationalsozialisten waren, die aber eines sicher wußten, nämlich daß sie die abendländische liberale Kultur haßten.

Es trifft natürlich zu, daß die Kommunisten und Nationalsozialisten oder Faschisten in Deutschland vor 1933 und in Italien vor 1922 häufiger miteinander in Konflikt geraten sind als mit anderen Parteien. Sie warben als Rivalen um die Gunst desselben Menschenmaterials und haßten sich gegenseitig wie

---

[7] *Peter Drucker*, The End of Economic Man, 1939, S. 230.

[8] Einen aufschlußreichen Bericht über die geistige Entwicklung vieler faschistischer Führer findet man bei *R. Michels* (der selber ein aus dem Marxismus hervorgegangener Faschist ist), Sozialismus und Faszismus, München 1925, Bd. II, S. 264–266 und 311–312.

Ketzer. Aber ihre Praxis zeigte, welche enge Verwandtschaft zwischen ihnen besteht. Für beide ist der wahre Feind, der Mensch, mit dem sie nichts gemeinsam hatten und den zu überzeugen aussichtslos war, der Liberale alter Schule. Während für die Nationalsozialisten der Kommunist, für die Kommunisten der Nationalsozialist und für beide der Sozialist als Rekrut in Frage kam als ein Mann, der aus dem rechten Holz geschnitzt war, wenn er auch auf falsche Propheten gehört hatte, wußten sie beide, daß es zwischen ihnen und denen, welchen es mit dem Glauben an die Freiheit wirklich Ernst war, keinen Kompromiß geben konnte.

Um jeden Zweifel bei den Menschen zu beseitigen, die durch die offizielle Propaganda der einen oder der anderen Seite irregeführt worden sind, möchte ich eine weitere Feststellung eines Gewährsmannes zitieren, der über jeden Verdacht erhaben sein sollte. In einem Artikel unter der bezeichnenden Überschrift „The Rediscovery of Liberalism" schreibt Eduard Heimann, einer der Führer des religiösen Sozialismus in Deutschland, das folgende:

„Das Hitlersystem stellt sich sowohl als echte Demokratie wie auch als echten Sozialismus hin, und die schreckliche Wahrheit ist, daß ein Kern von Berechtigung in diesen Behauptungen steckt – zwar nur ein winziges Körnchen, aber jedenfalls groß genug, um als Grundlage für phantastische Entstellungen dienen zu können. Das Hitlersystem geht sogar so weit, sich zum Beschützer des Christentums aufzuwerfen, und das Grauenvolle ist, daß selbst diese grobe Verdrehung geeignet ist, einen gewissen Eindruck zu machen. Aber eines ist in all diesem Meer des Irrtums sonnenklar: Hitler hat nie den Anspruch erhoben, den echten Liberalismus zu vertreten. So genießt der Liberalismus die Auszeichnung, die von Hitler bestgehaßte Lehre zu sein[9]."

---

[9] Social Research (New York), Bd. VIII, Nr. 4, November 1941. – Es verdient in diesem Zusammenhang Erwähnung, daß Hitler – einerlei, welche Gründe er dafür haben mochte – in einer seiner öf-

Wir müssen hinzufügen, daß dieser Haß sich in der Praxis nur wenig betätigen konnte, und zwar aus dem einfachen Grunde, weil der Liberalismus in Deutschland zur Zeit der Machtergreifung durch Hitler bereits so gut wie tot war. Es war der Sozialismus, der ihm den Garaus gemacht hatte.

*

Während vielen, die die Entwicklung vom Sozialismus zum Faschismus aus nächster Nähe beobachtet haben, der Zusammenhang zwischen den beiden Systemen immer klarer geworden ist, sind in England heute noch die meisten Leute der Meinung, daß Sozialismus und Liberalismus miteinander vereinbar seien. Ohne Zweifel glaubt die Mehrzahl der Sozialisten bei uns noch immer fest an das liberale Freiheitsideal und würde entsetzt sein, wenn sie zu der Überzeugung käme, daß die Verwirklichung ihres Programmes die Vernichtung dieser Freiheit bedeuten würde. Das Problem wird noch immer so wenig erkannt, und die unvereinbarsten Ideale werden so leicht in einem Atem genannt, daß selbst heute über solche sich widersprechenden Begriffe wie „individualistischer Sozialismus" ernsthaft diskutiert wird. Wenn diese Geistesverfassung dafür verantwortlich ist, daß wir einer neuen Welt zutreiben, so haben wir keine dringendere Aufgabe, als die wahre Bedeutung der Entwicklung, die sich in anderen Ländern vollzogen hat, gründlich zu untersuchen. Obwohl unsere Schlußfolgerungen nur die Befürchtungen, die bereits von anderer Seite geäußert worden sind, bestätigen werden, wird man die Gründe, warum diese Entwicklung nicht als zufällig betrachtet werden kann, erst nach einer ziemlich eingehenden Untersuchung der Hauptkennzeichen dieser Veränderung des sozialen Lebens einsehen. Daß der demokra-

---

fentlichen Reden noch im Februar 1941 die Erklärung für angebracht hielt: „Nationalsozialismus und Marxismus sind im Grunde dasselbe". (Vgl. The Bulletin of International News, hrsg. vom Royal Institute of International Affairs, Bd. XVIII, Nr. 5, S. 269.)

tische Sozialismus, die große Illusion der letzten Generationen, nicht nur nicht zu verwirklichen ist, sondern daß man nicht einmal versuchen kann, ihn durchzuführen, ohne etwas ganz anderes zu erreichen, so daß nur wenige, die sich jetzt dafür einsetzen, sich mit den Konsequenzen abfinden würden – das ist etwas, was viele erst dann glauben werden, wenn diese Zusammenhänge im einzelnen enthüllt worden sind.

DRITTES KAPITEL

INDIVIDUALISMUS UND KOLLEKTIVISMUS

Die Sozialisten glauben an zwei Dinge, die völlig verschieden voneinander sind und sich vielleicht sogar widersprechen: an Freiheit und Organisation. Elie Halévy

Bevor wir näher auf unser Hauptproblem eingehen können, muß noch eine Schwierigkeit überwunden werden. Wir müssen nämlich eine Verwirrung klären, die weitgehend daran schuld ist, daß wir uns in ungewollte Konsequenzen verstricken.

Diese Verwirrung betrifft nichts weniger als den Begriff Sozialismus selbst. Wir können darunter, wie es tatsächlich oft geschieht, lediglich die Ideale der sozialen Gerechtigkeit, größerer Gleichheit und Sicherheit verstehen, die die letzten Ziele des Sozialismus sind. Aber der Begriff bezeichnet ebenfalls die besondere *Methode,* durch die die meisten Sozialisten dieses Ziel zu erreichen hoffen und die viele zuständige Beurteiler für die alleinige Methode zu seiner völligen und schnellen Verwirklichung halten. In diesem Sinne bedeutet Sozialismus die Abschaffung der Privatunternehmen und des Privateigentums an den Produktionsmitteln und die Schaffung eines Planwirtschaftssystems, in dem an die Stelle des für seinen Gewinn arbeitenden Unternehmers eine zentrale Planwirtschaftsbehörde tritt.

Es gibt viele Menschen, die sich Sozialisten nennen, obwohl ihnen nur die Ideale des Sozialismus am Herzen liegen, Menschen, die aus vollster Seele seine letzten Ziele bejahen, die aber weder begreifen noch zu begreifen für nötig halten, wie man sie verwirklichen kann, und die nur eines sicher wissen, nämlich, daß sie um jeden Preis verwirklicht werden müssen. Aber fast allen jenen, welchen der Sozialismus nicht nur eine Hoffnung bedeutet, sondern für die er Gegenstand der praktischen Politik ist, sind die charakteristischen Methoden des modernen Sozialismus ebenso wesentlich wie seine Ziele. Viele Menschen hingegen, welche die letzten Ziele des Sozialismus ebenso hoch schätzen wie die Sozialisten selber, weigern sich, den Sozialismus zu unterstützen, da sie in den von den Sozialisten vorgeschlagenen Methoden Gefahren für andere Werte sehen. Der Streit um den Sozialismus ist also weitgehend zu einer Auseinandersetzung über die Mittel, nicht über die Ziele geworden – wenn auch die Frage, ob die verschiedenen Ziele des Sozialismus zugleich erreicht werden können, davon mitbetroffen ist.

Schon dies würde genügen, um Verwirrung zu stiften. Sie wird aber noch dadurch gesteigert, daß man von denen, die die Mittel des Sozialismus verwerfen, anzunehmen pflegt, daß sie auch seine Ziele ablehnen. Aber damit nicht genug: die Lage wird weiter kompliziert durch den Umstand, daß man dasselbe Mittel, das das Hauptinstrument der sozialistischen Reform ist, nämlich die „Planwirtschaft", für viele andere Zwecke verwenden kann. Die Wirtschaftstätigkeit muß zentral gelenkt werden, wenn wir die Einkommensverteilung der heutigen Auffassung von sozialer Gerechtigkeit anpassen wollen. Die „Planung" wünschen daher alle diejenigen, die die Ersetzung der „Profitwirtschaft" durch die „Bedarfsdeckungswirtschaft" fordern. Aber die Planwirtschaft ist nicht minder unentbehrlich, wenn die Einkommensverteilung nicht möglichst gerecht, sondern möglichst ungerecht vorgenommen werden soll. Ob wir nun wünschen, daß ein größerer Anteil an den Gütern dieser Welt einer auserwählten Rasse, etwa den nordischen Menschen, oder den Angehörigen einer Partei oder einer Aristokratie zufällt, die Methoden, die angewendet werden müssen, sind dieselben wie diejenigen, welche eine gleichmäßige Verteilung gewährleisten könnten.

Es könnte vielleicht scheinen, als würden wir dem Sozialismus nicht gerecht, wenn wir diesen Begriff auf seine Methoden statt auf seine Ziele anwenden und für eine ganz bestimmte Methode eine Bezeichnung gebrauchen, die für viele ein höchstes Ideal bedeutet. Es dürfte sich statt dessen empfehlen, die Methoden, deren man sich für viele verschiedene Ziele bedienen kann, Kollektivismus zu nennen und den Sozialismus als eine Spezies dieser Gattung aufzufassen. Wenn auch in den Augen der meisten Sozialisten nur eine einzige Spielart des Kollektivismus den echten Sozialismus verkörpert, muß man immer bedenken, daß der Sozialismus eine Unterart des Kollektivismus ist und daß daher alles, was für den Kollektivismus als solchen gilt, auch auf den Sozialismus zutreffen muß. Fast alle Punkte, um die sich Sozialisten und Liberale streiten, betreffen die Methoden, die allen Formen des Kollektivismus gemeinsam sind, und nicht die besonderen Ziele, für welche die Sozialisten sie verwenden möchten, und alle Folgerungen, mit denen wir uns in diesem Buche beschäftigen, ergeben sich aus den Methoden des Kollektivismus, einerlei, für welche Ziele sie verwendet werden. Man muß ferner beachten, daß von allen Varianten des Kollektivismus oder der „Planwirtschaft" dem Sozialismus nicht nur bei weitem die größte Bedeutung zukommt, sondern daß gerade der Sozialismus die liberal Gesinnten dazu gebracht hat, sich aufs neue jener Reglementierung des Wirtschaftslebens zu unterwerfen, der sie ein Ende gemacht hatten, weil sie, um mit Adam Smith zu reden, die Regierungen in eine Lage bringt, „in der sie aus reiner Selbsterhaltung zu Unterdrückung und Tyrannei greifen müssen" [1].

Die Schwierigkeiten, die durch die Vagheit der landläufigen politischen Begriffe heraufbeschworen werden, sind noch nicht beseitigt, wenn wir uns darauf einigen, die Bezeichnung Kollektivismus so zu verwenden, daß sie alle Spielarten der „Planwirtschaft" ohne Rücksicht auf ihr Ziel einschließt. Dieser Begriff gewinnt an Präzision, wenn wir klarstellen, daß wir diejenige Art von Planwirtschaft im Auge haben, die nötig ist, um irgendeine ideale Verteilung durchzuführen. Aber da die Anziehungskraft, die die Idee der zentralen Planwirtschaft ausübt, zum großen Teil gerade auf der Verschwommenheit des Begriffs be-

---

[1] Zitiert bei *Dugald Stewart*, Memoir of Adam Smith, aus einem Memorandum Smith's, das im Jahre 1755 verfaßt wurde.

ruht, müssen wir den Begriff der Planwirtschaft genau definieren, bevor wir ihre Folgen erörtern.

Das Wort „Planung" verdankt seine Beliebtheit zum großen Teil der Tatsache, daß wir natürlich alle unser Leben so rational wie möglich gestalten möchten und daß wir dabei so viel Voraussicht walten lassen, wie uns nur irgend zu Gebote steht. In diesem Sinne ist jeder, der nicht völliger Fatalist ist, ein Planwirtschaftler, ist jeder politische Akt ein Akt der Planung – oder sollte es wenigstens sein –, und dann kann es nur noch Unterschiede zwischen guter und schlechter, zwischen kluger, vorausblickender und törichter, kurzsichtiger Planung geben. Ein Nationalökonom, dessen Lebensaufgabe es ja ist, zu erforschen, wie die Menschen planend handeln und wie sie besser planend handeln könnten, ist der letzte, um gegen die Planung in diesem allgemeinen Sinn etwas einzuwenden. Aber dies ist nicht der Sinn, in dem diejenigen, die sich für eine geplante Gesellschaft begeistern, den Begriff heute verwenden. Ebensowenig meinen sie damit, daß wir planen müßten, wenn wir die Einkommens- und Vermögensverteilung nach irgendeinem bestimmten Schema vornehmen wollen. Für die modernen Planer und ihre Ziele genügt es nicht, ein möglichst rationales System von dauernden Rahmenbedingungen festzulegen, unter denen die einzelnen ihre mannigfaltigen Tätigkeiten gemäß ihren individuellen Plänen durchführen. Dieser liberale Plan ist in ihren Augen überhaupt kein Plan – und gewiß ist er ja auch kein Plan, der bestimmten Ansichten darüber, was jedem einzelnen zukommen soll, Rechnung trägt. Was unsere heutigen Planer verlangen, ist die zentrale Lenkung jeder wirtschaftlichen Tätigkeit nach einem einzigen Gesamtplan, der festlegt, wie die volkswirtschaftlichen Produktivkräfte „bewußt gelenkt" werden sollen, damit die einzelnen Ziele in einer ganz bestimmten Weise erreicht werden.

Die Auseinandersetzung zwischen den modernen Planern und ihren Gegnern geht deshalb nicht um die Frage, ob wir zwischen den verschiedenen Möglichkeiten, die Gesellschaft zu organisieren, eine vernünftige Wahl treffen sollten; es ist nicht eine Auseinandersetzung darüber, ob wir bei der Planung unseres Alltagslebens vorausdenkend und systematisch zu Werke gehen sollten. Es dreht sich also nicht darum, *ob*, sondern *wie* wir am besten planen. Die Frage lautet: ist es für diesen Zweck nicht besser, wenn der Träger der Staatsgewalt sich im allgemeinen darauf beschränkt, die Bedingungen zu schaffen, die dem Wissen und der Initiative der einzelnen den größten Spielraum gewähren, so daß *diese* mit bestem Erfolg selber planen können? Oder erfordert eine rationale Verwendung unserer Produktivkräfte eine *zentrale* Lenkung und Organisation aller unserer Wirtschaftsakte nach einer bewußt ausgeführten „Blaupause"? Die Sozialisten aller Parteien haben sich den Ausdruck Planung für die Planung der letztgenannten Art angeeignet, und das ist auch der Sinn, in dem er heute allgemein verstanden wird. Aber wenn diese Verwendung uns auch suggerieren soll, daß dies der einzige rationale Weg ist, um unser Leben zu regeln, so ist das natürlich noch kein Beweis. Dies bleibt der Punkt, über den die Meinungen der Planer und der Liberalen auseinandergehen.

*

Es ist wichtig, sich zu vergegenwärtigen, daß, wenn man sich gegen diese Art von Planwirtschaft wendet, man damit kein dogmatischer Anhänger des Laissez-faire ist. Der Liberalismus lehrt, daß wir den bestmöglichen Gebrauch von den Kräften des Wettbewerbs machen sollen, um die Wirtschaftsaktivität der Individuen aufeinander abzustimmen, er lehrt aber nicht, daß wir die Dinge sich selber überlassen sollen. Er beruht auf der Überzeugung, daß dort, wo ein echter Leistungswettbewerb möglich ist, diese Methode der Wirtschaftssteuerung jeder anderen überlegen ist. Er leugnet nicht, sondern legt sogar besonderen Nachdruck darauf, daß ein sorgfältig durchdachter rechtlicher Rahmen die Vorbedingung für ein ersprießliches Funktionieren der Konkurrenz ist und daß sowohl die jetzigen wie die früheren Rechtsnormen von Vollkommenheit weit entfernt sind. Der Liberalismus leugnet auch nicht, daß wir dort, wo die

Bedingungen für einen echten Leistungswettbewerb nicht geschaffen werden können, zu anderen Methoden der Wirtschaftssteuerung greifen müssen. Er lehnt es jedoch ab, den Wettbewerb durch schlechtere Methoden der Ordnung des Wirtschaftslebens zu ersetzen. Er hält die Konkurrenz nicht allein deshalb für überlegen, weil sie in den meisten Fällen die wirksamste Methode ist, die wir kennen, sondern vor allem deshalb, weil sie die einzige Methode ist, die uns gestattet, unsere wirtschaftliche Tätigkeit ohne einen zwangsweisen oder willkürlichen Eingriff der Behörden zu koordinieren. In Wahrheit ist es eines der Hauptargumente zugunsten der freien Konkurrenz, daß sie eine bewußte Wirtschaftslenkung überflüssig macht und den Individuen die Entscheidung überläßt, ob die Aussichten in einem besonderen Erwerbszweig groß genug sind, um die damit verbundenen Nachteile und Risiken zu kompensieren.

Die erfolgreiche Anwendung des Wettbewerbs als des Ordnungsprinzips der Gesellschaft ist mit einigen Arten von Zwangseingriffen in das Wirtschaftsleben unvereinbar; es läßt aber andere zu, die seine Wirkung kräftig unterstützen können, ja, es macht sogar bestimmte Arten der staatlichen Aktivität notwendig. Aber wenn man besonderen Nachdruck auf die negativen Erfordernisse gelegt hat, auf die Punkte, in denen Zwangsmaßnahmen sich verbieten, so hat das seinen guten Grund. Einmal ist es notwendig, daß die Wirtschaftspartner zu jedem Preis kaufen und verkaufen dürfen, zu dem sie einen Kontrahenten finden, und daß, wenn irgend etwas überhaupt produziert, verkauft oder gekauft werden darf, dies jedermann erlaubt sein muß. Es ist ferner wesentlich, daß die verschiedenen Erwerbszweige allen zu den gleichen Bedingungen offenstehen und daß das Recht sich jedem Versuch von Individuen oder Gruppen widersetzt, die Gewerbefreiheit durch offene oder verschleierte Gewalt zu beschränken. Jeder Versuch, die Preise oder die Mengen bestimmter Produkte zu regulieren, vereitelt eine befriedigende Abstimmung der Wirtschaftsakte der Individuen durch den Wettbewerb, da Preisänderungen dann nicht mehr alle wesentlichen Datenänderungen registrieren und den einzelnen keinen zuverlässigen Anhaltspunkt für ihre Wirtschaftsakte liefern.

Das gilt jedoch nicht unbedingt für Maßnahmen, die sich darauf beschränken, zu bestimmen, welche Produktionsmethoden erlaubt sind und welche nicht, solange diese Beschränkungen auf alle eventuellen Produzenten gleichmäßig angewandt werden und nicht indirekt zur Beherrschung der Preise und der Produktionsmengen dienen. Obwohl jede derartige Reglementierung der Produktionsmethoden Mehrausgaben verursacht, d. h. zur Erzeugung einer bestimmten Gütermenge einen Mehraufwand an Produktionsmitteln erfordert, so kann sie doch sehr wohl am Platze sein. Das Verbot, gewisse giftige Substanzen zu benutzen, oder die Forderung besonderer Vorsichtsmaßregeln bei ihrer Verwendung, die Beschränkung der Arbeitszeit oder die Forderung bestimmter sanitärer Vorschriften ist mit der Beibehaltung des Leistungswettbewerbs durchaus vereinbar. Es fragt sich in diesem Zusammenhang nur, ob im einzelnen Fall die Vorteile größer sind als die gesellschaftlichen Kosten. Die Aufrechterhaltung des Wettbewerbs ist sehr wohl auch mit einem ausgedehnten System der Sozialfürsorge vereinbar – solange dieses so organisiert ist, daß es den Wettbewerb nicht weitgehend lahmlegt.

Es ist bedauerlich, wenn auch durchaus erklärlich, daß man in der Vergangenheit diesen positiven Erfordernissen für das erfolgreiche Funktionieren des Konkurrenzsystems viel weniger Aufmerksamkeit geschenkt hat als den negativen. Das Funktionieren des Wettbewerbs setzt nicht nur eine zweckmäßige Organisation bestimmter Institutionen wie z. B. des Geldes, der Märkte und der Informationsquellen voraus – wofür wir uns niemals in vollem Umfang auf die Privatinitiative verlassen können –, sondern es hängt vor allem von der Existenz eines entsprechenden Rechtssystems ab, das die doppelte Aufgabe hat, den Wettbewerb aufrechtzuerhalten und ihn mit einem Maximum an Nutzen arbeiten zu lassen. Es genügt keineswegs, daß das Recht das Prinzip des Privateigentums und der Vertragsfreiheit anerkennt. Denn es hängt viel davon ab, welche genaue rechtliche Definition dem Eigentumsrecht je nach den Gegenständen gegeben wird, auf die es sich bezieht. Leider ist die systematische Erforschung der Rechtsformen, die den Leistungswettbewerb sicherstellen, arg vernachlässigt worden. Und es lassen sich gewichtige Gründe dafür anführen, daß ernste Mängel auf diesem Gebiet, besonders im Gesellschafts- und Patentrecht, nicht nur zu einem weit schlechteren Funktionieren des Wettbewerbs geführt haben, als man hätte erwarten dürfen, sondern ihn auf vielen Gebieten sogar vernichtet haben.

Schließlich gibt es unumstrittene Bereiche, in denen das Recht außerstande ist, die Hauptvoraussetzung für die positive Wirksamkeit des freien Wettbewerbs und des Privateigentums zu schaffen, nämlich die, daß der Eigentümer für den Nutzen, den die Verwendung seines Eigentums stiftet, belohnt wird und für den Schaden, den es anderen verursacht, aufkommen muß. Wo es beispielsweise unmöglich ist, den Genuß gewisser Leistungen von der Zahlung eines Preises abhängig zu machen, wird der Wettbewerb diese Leistungen nicht hervorbringen. Das Preissystem wird gleichfalls unwirksam, wenn der durch eine bestimmte Verwendung des Eigentums hervorgerufene Schaden nicht wirksam auf den betreffenden Eigentümer abgewälzt werden kann. In allen diesen Beispielen besteht eine Divergenz zwischen den Posten, die unter die private Kalkulation fallen, und denen, die das Wohl der Gesellschaft betreffen. In jedem Falle, wo die Divergenz ein großes Ausmaß annimmt, muß man eine andere Methode als den Wettbewerb ausfindig machen, um die betreffenden Leistungen hervorzurufen. So können weder die Kosten der Aufstellung von Wegweisern noch in den meisten Fällen die Kosten des Straßenbaues jedem einzelnen Benutzer aufgebürdet werden. Auch gewisse Schäden, die durch Abholzung, bestimmte landwirtschaftliche Anbaumethoden oder den Rauch oder Lärm der Fabriken verursacht werden, können nicht auf den betreffenden Eigentümer beschränkt werden oder auf solche, die bereit sind, sich gegen eine ausbedungene Entschädigung den Schaden gefallen zu lassen. Unter solchen Umständen müssen wir irgendeinen Ersatz für die Regulierung des Preismechanismus finden. Aber die Tatsache, daß wir in Fällen, in denen die Bedingungen für das richtige Funktionieren des Leistungswettbewerbs nicht hergestellt werden können, die automatische Regulierung durch staatliche Lenkung ersetzen müssen, ist durchaus kein Beweis dafür, daß wir den Wettbewerb dort ausschalten sollten, wo er funktionieren kann.

Die Schaffung von Bedingungen, unter denen der Wettbewerb den größtmöglichen Nutzen stiftet, seine Ersetzung in Fällen, in denen kein echter Wettbewerb möglich ist, die Bereitstellung von Leistungen, die, um mit Adam Smith zu reden, „zwar der Gesellschaft als Ganzem höchst nützlich, doch der Art sind, daß sie für einen einzelnen oder eine geringe Zahl von einzelnen nicht rentieren“ – das alles sind Aufgaben, die in der Tat ein weites und unumstrittenes Gebiet für die Betätigung des Staates darstellen. Kein vernünftiger Mensch kann sich ein Wirtschaftssystem vorstellen, in dem der Staat ganz untätig ist. Ein reibungslos arbeitendes Konkurrenzsystem braucht so gut wie jedes andere einen klug durchdachten und seinen Erfordernissen fortlaufend angepaßten rechtlichen Rahmen. Selbst die wesentliche Vorbedingung für das reibungslose Funktionieren des Wettbewerbs, nämlich die Verhütung von Betrug und Vorspiegelung falscher Tatsachen, einschließlich der Ausbeutung von Unwissenheit, setzt der Tätigkeit des Gesetzgebers ein hohes und noch keineswegs restlos erreichtes Ziel.

*

Die Lösung der Aufgabe, einen passenden Rahmen für das ersprießliche Funktionieren der Konkurrenz zu schaffen, war jedoch noch nicht sehr weit gediehen, als die Staaten sich überall von ihr abwandten und an die Stelle der Konkurrenz ein anderes und mit ihr unvereinbares Ziel setzten. Man wollte nun nicht mehr den Wettbewerb wirksam gestalten und ausbauen, sondern ihn ganz ausschalten. Wir müssen uns unbedingt über eine Tatsache im klaren sein: die moderne Planwirtschaftsbewegung ist eine Bewegung gegen die Konkurrenz an sich, ein neues Banner, um das sich alle ihre alten Feinde geschart haben. Und obwohl alle möglichen Interessenten jetzt versuchen, unter dieser Flagge Privilegien wiederherzustellen, mit denen die liberale Aera aufgeräumt hat, hat die sozialistische Propaganda für die Planwirtschaft gerade die Wirkung gehabt, in liberalen Kreisen den Widerstand gegen den Wettbewerb zu rehabilitieren und den früheren gesunden Argwohn gegenüber jedem Versuch der Einschränkung der Konkurrenz einzuschläfern[2]. Was tatsächlich die Sozialisten auf der Linken und auf der Rechten zusammenführt, ist die gemeinsame Feindschaft gegen die Konkurrenz und ihr gemeinsamer Wunsch, sie durch eine gelenkte Wirtschaft zu ersetzen. Wenn auch die Begriffe Kapitalismus und Sozialismus noch im allgemeinen zur Bezeichnung der früheren und der zukünftigen Gesellschaftsordnung verwen-

[2] Unter dem Druck der Kritik und von derselben Furcht vor der Vernichtung der Freiheit in einer zentralen Planwirtschaft getrieben, haben freilich neuerdings einige sozialistische Theoretiker eine neue Art von „Wettbewerbssozialismus" erfunden, der, wie sie hoffen, die Schwierigkeiten und Gefahren der zentralen Planwirtschaft vermeiden und die Abschaffung des Privateigentums mit der vollen Wahrung der individuellen Freiheit vereinigen soll. Obwohl über diese neue Art von Sozialismus in wissenschaftlichen Zeitschriften diskutiert worden ist, dürfte sie für praktische Politiker kaum etwas Verlockendes haben. Andernfalls wäre es nicht schwer, zu zeigen (wie der Verfasser es an anderer Stelle versucht hat, vgl. Economica 1940), daß diese Pläne auf einer gedanklichen Verwirrung beruhen und an einem inneren Widerspruch kranken. Man kann nicht die Verfügung über alle Produktivkräfte voraussetzen, ohne daß gleichzeitig entschieden werden müßte, für und durch wen sie verwendet werden sollen. Obwohl die Planwirtschaft unter diesem sogenannten Wettbewerbssozialismus durch die Zentralbehörde mehr auf Umwegen durchgeführt würde, so vermöchte dies doch an ihren Wirkungen nichts Wesentliches zu ändern, und der Wettbewerbscharakter wäre wenig mehr als eine Fassade.

det werden, so verschleiern sie eher, welcher Art die Wandlung ist, die wir erleben, als daß sie sie erklären.

Zwar zeigen alle Wandlungen, die wir beobachten, die Tendenz zu einer Entwicklung auf eine umfassende Zentrallenkung des Wirtschaftslebens hin, und doch dürfte der allgemeine Kampf gegen den Wettbewerb zunächst eine Lage herbeiführen, die in vieler Beziehung noch schlimmer ist, einen Zustand, der weder die Planwirtschaftler noch die Liberalen befriedigen kann: eine Art von syndikalistischer oder „korporativer" Organisation der Industrie, in der die Konkurrenz mehr oder weniger ausgeschaltet, die Planung aber den unabhängigen Monopolen der einzelnen Industrien überlassen ist. Dies ist das unvermeidliche erste Ergebnis einer Konstellation, in der die Menschen sich zwar in ihrer Feindschaft gegen den Wettbewerb einig, sonst aber kaum in irgendeinem Punkte gleicher Meinung sind. Dadurch, daß die Konkurrenz in einer Industrie nach der andern beseitigt wird, liefert diese Politik den Konsumenten den vereinten Monopolbestrebungen von Unternehmern und Arbeitern in den bestorganisierten Industrien auf Gnade und Ungnade aus. Gewiß ist dies ein Zustand, der auf vielen Gebieten schon seit einiger Zeit besteht, und gewiß ist dies das Ziel eines großen Teiles der konfusen – und des größten Teiles der interessierten – Planwirtschaftsagitation. Indessen kann dieser Zustand kaum von Dauer sein noch mit Vernunftgründen gerechtfertigt werden. Solche selbständige Planung durch die Industriemonopole würde in der Tat Folgen haben, die gerade das Gegenteil dessen sind, was das Planwirtschaftsargument fordert. Ist einmal dieses Stadium erreicht, so bleibt außer der Rückkehr zum Wettbewerb nur noch die Möglichkeit der Monopolüberwachung durch den Staat, und wenn diese Überwachung wirksam gestaltet werden soll, so muß sie allmählich immer umfassender werden und immer mehr ins Einzelne gehen. Diesem Stadium nähern wir uns zusehends. Wenn kurz vor Ausbruch des Krieges eine unserer Wochenschriften darauf hinwies, daß „viele Anzeichen dafür vorhanden sind, daß die führenden Männer Englands sich daran gewöhnten, sich die volkswirtschaftliche Entwicklung so vorzustellen, daß sie in der Hand von staatlich überwachten Monopolen liegt"[3], so traf dies Urteil wahrscheinlich auf die damalige Lage durchaus zu. Dieser Vorgang ist seit jener Zeit durch den Krieg wesentlich beschleunigt worden, und im Laufe der Zeit werden die schweren Mängel und Gefahren, die ihm anhaften, immer mehr zutage treten.

Vor dem Gedanken einer völligen Zentralisierung der Wirtschaftssteuerung schrecken die meisten Menschen immer noch zurück, nicht nur, weil die Aufgabe so ungeheuer schwer ist, sondern weit mehr noch aus dem Grunde, weil sie die Vorstellung verabscheuen, daß alles und jedes von einem einzigen Zentrum aus gelenkt werden solle. Wenn wir trotzdem rasch einem solchen Zustand zutreiben, so zum großen Teil deswegen, weil die meisten Leute immer noch glauben, es müsse möglich sein, irgendeinen „Mittelweg" zwischen „atomistischem" Wettbewerb und zentraler Steuerung zu finden. Nichts erscheint in der Tat auf den ersten Blick einleuchtender und geeigneter, auf durchaus vernünftige Leute eine Anziehungskraft auszuüben, als der Gedanke, unser Ziel dürfe weder die äußerste Dezentralisierung des freien Wettbewerbs sein noch die vollständige Zentralisierung nach einem einzigen Plan, sondern eine wohlbedachte Mischung von beidem. Bloßer gesunder Menschenverstand erweist sich auf diesem Gebiet als ein unzuverlässiger Führer. Das Wettbewerbsprinzip verträgt zwar einen gewissen Zusatz von Reglementierung, aber es kann nicht mit Planwirtschaftsprinzipien in jedem beliebigen Ausmaß kombiniert werden, ohne seine Funktion als bewährter Führer der Produktion zu verlieren. Ebensowenig ist die Planwirtschaft eine Medizin, die, in kleinen Dosen verabreicht, dieselben Wirkungen hervorbringen könnte, die man von ihrer massiven Anwendung erwarten kann. Sowohl das Wettbewerbsprinzip wie das der zentralen Steuerung werden zu schlechten und stumpfen Werkzeugen,

[3] The Spectator, 3. März 1939, S. 337.

wenn sie unvollständig sind. Sie sind einander ausschließende Prinzipien zur Lösung desselben Problems, und eine Mischung aus beiden bedeutet, daß keines von beiden wirklich funktionieren und das Ergebnis schlechter sein wird, als wenn man sich konsequent auf eines von beiden verlassen hätte. Um es anders zu formulieren: Planwirtschafts- und Wettbewerbsprinzip können nur in einer Planung zum Zwecke des Wettbewerbs, nicht aber in einer Planung gegen den Wettbewerb miteinander kombiniert werden.

Es ist für die Beweisführung in diesem Buche von allergrößter Bedeutung, daß der Leser sich eines vergegenwärtigt, nämlich daß die Planung, gegen die sich unsere ganze Kritik richtet, allein die Planung gegen den Wettbewerb ist, die Planung, die an die Stelle des Wettbewerbs treten soll. Dies ist um so wichtiger als wir im Rahmen dieses Buches nicht in eine Diskussion über die äußerst notwendige Planung eintreten können, die erforderlich ist, um den Wettbewerb nach Kräften zu einem segensreichen Leistungswettbewerb zu machen. Aber da im allgemeinen Sprachgebrauch „Planung" beinahe zu einem Synonym der andern Art von Planung geworden ist, werden wir uns oft der Kürze halber einfach diesem Sprachgebrauch anschließen, selbst wenn wir damit unseren Gegnern ein sehr gutes Wort überlassen, welches ein besseres Schicksal verdiente.

VIERTES KAPITEL

DIE ANGEBLICHE ZWANGSLÄUFIGKEIT DER PLANWIRTSCHAFT

Wir waren die ersten, die erklärt haben, daß die Freiheit des Individuums um so mehr beschränkt werden muß, je komplizierter die Zivilisation wird. B. Mussolini

Es ist recht aufschlußreich, daß wenig Planwirtschaftler sich damit begnügen, die zentrale Planwirtschaft als etwas Wünschenswertes hinzustellen. Die meisten von ihnen behaupten, daß wir keine andere Wahl mehr haben, vielmehr durch Umstände, die sich unserer Beeinflussung entziehen, gezwungen werden, den Wettbewerb durch die Planwirtschaft zu ersetzen. Es wird bewußt der Mythos gepflegt, daß wir den neuen Kurs nicht aus eigenem freien Willen einschlagen, sondern deshalb, weil der Wettbewerb von selbst durch Umwälzungen der Technik ausgeschaltet wird, die wir weder rückgängig machen können noch zu verhindern wünschen sollten. Dies Argument wird selten ausführlich dargelegt – es ist eine von jenen Behauptungen, die ein Schriftsteller vom andern übernimmt, bis sie schließlich als ausgemachte Tatsache gelten, nur weil sie so oft wiederholt worden ist, und doch entbehrt sie jeder Begründung. Die Entwicklungstendenz zum Monopolismus und zur Planwirtschaft ist nicht das Resultat irgendwelcher „objektiver Gegebenheiten", auf die wir keinen Einfluß haben, sondern von Ansichten, die ein halbes Jahrhundert lang begünstigt und propagiert wurden, bis sie schließlich für unsere gesamte Politik bestimmend geworden sind.

Von den verschiedenen Begründungen, die die Zwangsläufigkeit der Planwirtschaft dartun sollen, begegnet man am häufigsten derjenigen, die besagt, daß der Fortschritt der Technik den Wettbewerb auf einer beständig wachsenden Anzahl von Gebieten unmöglich gemacht habe und daß uns nichts anderes übrigbleibe, als zwischen der Beherrschung der Produktion durch Privatmonopole und der Steuerung durch den Staat zu wählen. Diese Ansicht geht hauptsächlich auf die marxistische Lehre von der „Konzentration des Kapitals" zurück, wenn man sie auch, wie so manche andere marxistische Ideen, in vielen Kreisen antrifft, die sie aus dritter oder vierter Hand übernommen haben.

Wir wollen natürlich nicht die historische Tatsache des progressiven Anwachsens der Monopole während der letzten fünfzig Jahre bestreiten, ebensowenig wie die zunehmende Einengung des vom Wettbewerb beherrschten Gebietes – wenn auch der Umfang dieses Vorganges oft stark übertrieben wird[1]. Wichtig ist die Frage, ob diese Entwicklung eine notwendige Folge des technischen Fortschrittes oder ob sie nur das Ergebnis der in den meisten Ländern verfolgten Politik ist. Wir werden gleich sehen, daß die wirkliche Geschichte dieser Entwicklung stark für dieses letztere spricht. Aber wir müssen zunächst erörtern, inwiefern die moderne technische Entwicklung Eigenschaften besitzt, die das Anwachsen des Monopolismus auf großen Gebieten unvermeidlich machen.

Die angebliche technische Ursache für das Anwachsen des Monopolismus soll die Überlegenheit des Großbetriebs über den Kleinbetrieb sein, die auf der größeren Ergiebigkeit der modernen Methoden der Massenproduktion beruhe. Man behauptet, daß die modernen Produktionsmethoden es in der Mehrzahl der Industrien ermöglicht hätten, die Produktion des Großbetriebs bei gleichzeitig sinkenden Stückkosten zu steigern, so daß die Großbetriebe die Kleinbetriebe überall unterböten und aus dem Felde schlügen; dieser Vorgang könne nicht eher zum Stillstand kommen, als bis in jedem Industriezweig nur noch ein Riesenbetrieb übrigbleibe oder höchstens einige wenige. Diese Begründung greift nur eine gelegentliche Wirkung des

---

[1] Für eine eingehendere Erörterung dieser Probleme vgl. den Artikel von *L. Robbins* „The Inevitability of Monopoly" in: The Economic Basis of Class Conflict, 1939, S. 45–80.

technischen Fortschritts heraus, dagegen läßt sie andere, die im umgekehrten Sinne wirken, unbeachtet, und eine genaue Prüfung der Tatsachen zeigt, daß das Argument auf schwachen Füßen steht. Wir können auf diese Frage hier nicht im einzelnen eingehen, sondern müssen uns damit begnügen, das beste Zeugnis anzuführen, über das wir heute verfügen. Die umfassendste Untersuchung über diese Tatsachen, die in den letzten Jahren angestellt worden ist, ist die des amerikanischen „Temporary National Economic Committee" unter dem Titel: *Concentration of Economic Power.* Der Schlußbericht dieses Komitees, dem man sicherlich keine übertriebene Vorliebe für den Liberalismus nachsagen kann, gelangt zu der Folgerung, daß die Ansicht, nach der die größere Ergiebigkeit der Massenproduktion die Ursache für das Schwinden des Wettbewerbs sei, „kaum auf irgendwelche Erfahrungen, die uns jetzt zu Gebote stehen, gestützt werden kann"[2]. Die eingehende Monographie über das Problem, die für das Komitee vorbereitet worden war, faßt die Antwort in dem folgenden Urteil zusammen:

„Die größere Ergiebigkeit der Großbetriebe ist nicht erwiesen; die Vorteile, die den Wettbewerb angeblich vernichten, haben sich auf vielen Gebieten nicht gezeigt. Es trifft auch nicht zu, daß die Vorteile der Massenproduktion, wo sie bestehen, immer ein Monopol erfordern ... Das Optimum der Betriebsgröße kann erreicht sein, lange bevor der größere Teil des Angebots monopolistisch zusammengefaßt ist. Die Folgerung, daß der Vorteil der Massenproduktion unweigerlich zur Beseitigung des Wettbewerbs führen müsse, kann nicht akzeptiert werden. Man sollte ferner beachten, daß ein Monopol häufig das Ergebnis anderer Faktoren als der der geringeren Kosten des Großbetriebes ist. Monopole kommen zustande durch Vereinbarungen hinter dem Rücken der Konsumenten und werden durch Regierungs-

---

[2] Final Report and Recommandations of the Temporary National Economic Committee, 77. Kongreß, 1. Sitzung, Senate Document Nr. 35, 1941, S. 89.

maßnahmen gefördert. Wenn diese Abmachungen für ungültig erklärt und die betreffenden wirtschaftspolitischen Maßnahmen rückgängig gemacht werden, können die Voraussetzungen des Wettbewerbs wiederhergestellt werden[3]."

Eine Untersuchung der Verhältnisse in England würde zu sehr ähnlichen Ergebnissen führen. Jeder, der beobachtet hat, wie angehende Monopolisten regelmäßig die Unterstützung der Staatsmacht – oft mit Erfolg – zu gewinnen suchen, um die Marktbeherrschung durchzusetzen, kann kaum daran zweifeln, daß es an dieser Entwicklung nichts Zwangsläufiges gibt.

*

Diese Folgerung findet eine starke Stütze in der zeitlichen Reihenfolge, in der der Niedergang des Wettbewerbs und das Anwachsen des Monopolismus in den verschiedenen Ländern in Erscheinung traten. Wären Monopole das Ergebnis technischer Faktoren oder das unvermeidliche Produkt der Entwicklung des „Kapitalismus", so sollte man eigentlich erwarten, daß sie sich zuerst in den wirtschaftlich fortgeschrittensten Ländern zeigen. Tatsächlich aber traten sie zuerst im letzten Drittel des 19. Jahrhunderts in den damals verhältnismäßig jungen Industrieländern, in den Vereinigten Staaten und in Deutschland, auf. Zumal in Deutschland, das dann als das Musterland für die naturgesetzliche Entwicklung des Kapitalismus angesehen wurde, ist die Ausbreitung von Kartellen und Syndikaten vom Jahre 1878 ab systematisch durch eine bewußte Politik begünstigt worden. Die Regierungen bedienten sich nicht nur des Mittels der Schutzzölle, sondern wandten direkte Prämien und schließlich Zwang an, um die Entstehung von Preis- und Verkaufsmonopolen zu fördern. Hier führte das erste große Expe-

---

[3] C. *Wilcox*, Competition and Monopoly in American Industry, Temporary National Economic Committee, Monographie Nr. 21, 1940, S. 314.

riment „wissenschaftlicher Planung“ und „bewußter Industrieorganisation“ unter Beihilfe des Staates zur Entstehung von Riesenmonopolen, die als zwangsläufige Bildungen hingestellt wurden, genau wie fünfzig Jahre später in Großbritannien. Wenn die Lehre von der zwangsläufigen Entwicklung des Wettbewerbssystems zum „Monopolkapitalismus“ fast überall angenommen wurde, so ist das weitgehend dem Einfluß deutscher sozialistischer Theoretiker, vor allem Sombarts, zuzuschreiben, die die Erfahrungen ihres Landes verallgemeinerten. Der Umstand, daß sich in den Vereinigten Staaten eine ähnliche Entwicklung unter dem Einfluß einer Hochschutzzollpolitik vollzog, schien diese Verallgemeinerung nur zu bestätigen. Die Entwicklung in Deutschland jedoch wurde schließlich noch mehr als die in den Vereinigten Staaten als typisch für eine allgemeine Tendenz angesehen, und es wurde zu einem Gemeinplatz – um eine vielgelesene politische Abhandlung der Gegenwart zu zitieren –, Deutschland als ein Land hinzustellen, „in dem alle sozialen und politischen Kräfte der modernen Zivilisation sich am fortschrittlichsten entwickelt haben“[4].

Wie wenig in alledem von Zwangsläufigkeit die Rede sein kann und wieviel auf das Konto bewußter Politik gesetzt werden muß, wird uns klar, wenn wir die Lage in Großbritannien bis zum Jahre 1931 und die Entwicklung von jenem Zeitpunkt ab betrachten, als unser Land sich auch auf den Weg einer allgemeinen Schutzzollpolitik begab. Noch vor zwölf Jahren war die englische Industrie – von einigen wenigen Industriezweigen, die den Zollschutz früher erlangt hatten, abgesehen – im großen und ganzen nach wie vor dem Wettbewerb unterworfen. Obgleich sie in den zwanziger Jahren unter einer widerspruchsvollen Lohn- und Währungspolitik schwer zu leiden hatte, stechen zum mindesten die Jahre bis 1929, was Beschäftigungsgrad und Wirtschaftsumsatz betrifft, von den dreißiger Jahren nicht unvorteilhaft ab. Erst seit dem Übergang zum Pro-

[4] *R. Niebuhr,* Moral Man and Immoral Society, 1932.

tektionismus und der allgemeinen Umstellung der englischen Wirtschaftspolitik, die mit ihm Hand in Hand ging, ist der Monopolismus in einem geradezu erstaunlichen Tempo angewachsen und hat die britische Industrie in einem Maße umgestaltet, über das die breite Öffentlichkeit sich noch kaum Rechenschaft gibt. Wenn man argumentiert, daß diese Entwicklung etwas mit dem technischen Fortschritt während dieser Zeit zu tun habe, daß technische Notwendigkeiten, die ihren Einfluß in Deutschland in den achtziger und neunziger Jahren des vorigen Jahrhunderts ausübten, sich bei uns in den dreißiger Jahren dieses Jahrhunderts bemerkbar gemacht hätten, so ist das kaum weniger absurd als die in dem Ausspruch Mussolinis, den wir diesem Kapitel vorangestellt haben, enthaltene Behauptung, Italien habe die Freiheit des Individuums eher als andere europäische Länder abschaffen müssen, weil seine Zivilisation die der übriger so weit überflügelt hatte!

Was England betrifft, so kann der Behauptung, daß die Wandlungen der Ansichten und der Politik lediglich eine zwangsläufige faktische Veränderung widerspiegelten, bis zu einem gewissen Grade der Anschein der Wahrheit gegeben werden, gerade weil England der geistigen Entwicklung in andern Ländern nachgehinkt ist. So konnte man argumentieren, daß die Monopolisierung der Industrie sich entwickelte, obwohl die öffentliche Meinung noch immer für den Wettbewerb eintrat, daß aber äußere Ereignisse ihre Wünsche durchkreuzten. Der wahre Zusammenhang zwischen Theorie und Praxis wird uns jedoch klar, sobald wir unsere Blicke auf Deutschland, den Prototyp dieser Entwicklung, richten. Es kann kein Zweifel darüber bestehen, daß in *jenem* Land die Ausschaltung der Konkurrenz eine Maßnahme bewußter Politik war, daß sie um eines Ideales willen, welches wir heute Planung nennen, in die Wege geleitet wurde. Wenn die Deutschen und alle Völker, die ihr Beispiel nachahmen, sich immer mehr einer totalen Planwirtschaft verschreiben, so folgen sie nur der Linie, die einige Denker des 19. Jahrhunderts, vor allem in Deutschland, ihnen vorgezeichnet haben. Die Geistesgeschichte der letzten sechzig oder achtzig Jahre ist in der Tat eine unübertreffliche Illustration der Wahrheit, daß es in der gesellschaftlichen Entwicklung an sich nichts Zwangsläufiges gibt, sondern erst durch uns dazu gemacht wird.

*

Die Behauptung, daß der moderne technische Fortschritt die Planwirtschaft unvermeidlich mache, kann auch noch anders gedeutet werden. Sie kann besagen, daß infolge des verwickelten Charakters der industriellen Zivilisation unserer Zeit neue Probleme entstehen, für deren wirkliche Lösung nur in einer zentralen Planwirtschaft Aussicht bestände. In gewissem Umfang ist das richtig – wenn auch nicht in dem weiten Sinne, in dem die Behauptung gemeint ist. Es ist z. B. eine Binsenwahrheit, daß viele Probleme des modernen Städtewesens wie auch manche andere, die durch enge räumliche Nähe entstehen, durch den Wettbewerb nicht befriedigend gelöst werden. Aber es sind nicht diese Probleme (wie etwa die der Versorgungsbetriebe usw.), an die diejenigen, welche die Verwickeltheit der modernen Zivilisation als Argument für die zentrale Planwirtschaft ins Feld führen, in erster Linie denken. Was ihnen im allgemeinen vorschwebt, ist vielmehr der Umstand, daß die zunehmende Schwierigkeit, sich ein umfassendes Bild des gesamten Wirtschaftsprozesses zu machen, eine Koordinierung der Einzelvorgänge durch eine zentrale Leitung unvermeidlich macht, wenn die Gesellschaftsordnung sich nicht in ein Chaos auflösen soll.

Dies Argument beruht auf einer völligen Verkennung der Rolle des Wettbewerbs. Weit entfernt davon, nur auf relativ einfache Verhältnisse anwendbar zu sein, wird der Wettbewerb gerade durch die Verwickeltheit der modernen Arbeitsteilung zur einzig brauchbaren Koordinierungsmethode. Einer wirksamen Wirtschaftsüberwachung oder Planung würde nichts im Wege stehen, wenn die Verhältnisse so einfach wären, daß eine einzelne Person oder ein einzelner Ausschuß alle bedeutungsvollen Tatsachen wirklich übersehen könnte. Erst in dem Maße, wie die Faktoren, die zu berücksichtigen sind, so zahlreich werden, daß man die Übersicht verliert, wird die Dezentralisierung notwendig. Aber ist einmal die Dezentralisierung geboten, so taucht das Problem der Koordinierung auf, einer Koordinierung, welche es den einzelnen Wirtschaftspartnern erlaubt, ihre Tätigkeit den Gegebenheiten, die nur sie selber kennen können, anzupassen, und welche doch nach allen Seiten zu einer Abstimmung der individuellen Wirtschaftspläne führt. Da die Dezentralisierung notwendig geworden ist, weil niemand verstandesmäßig alle Faktoren abwägen kann, die auf die Entscheidungen so vieler Individuen einwirken, liegt es auf der Hand, daß die Koordinierung nicht durch „bewußte Überwachung" verwirklicht werden kann, sondern nur durch eine Einrichtung, die jedem Glied des Produktionsprozesses die Daten bekanntgibt, die es kennen muß, um seine Entscheidungen auf die anderer abstimmen zu können. Und da niemals alle Einzelumstände, die fortwährend auf die Bedingungen von Angebot und Nachfrage der verschiedenen Waren einwirken, einer einzigen Zentrale bis ins Letzte bekannt sein und die Daten von ihr nicht schnell genug gesammelt und verbreitet werden können, braucht man einen Registrierapparat, der automatisch alle bedeutungsvollen Wirkungen der individuellen Handlungen aufzeichnet, deren Angabe zugleich Wirkung und Ursache aller individuellen Entscheidungen ist.

Das ist genau die Aufgabe, die der Preismechanismus unter dem Wettbewerbssystem löst, welche kein anderer Mechanismus auch nur entfernt bewältigen könnte. Er ermöglicht den Unternehmern, ihre Tätigkeit auf die ihrer Konkurrenten abzustimmen, indem sie die Bewegung von verhältnismäßig wenig Preisen beobachten, so wie der Ingenieur nur einige Zeiger auf dem Schaltbrett zu beobachten braucht. Worauf es in diesem Zusammenhang ankommt, ist die Tatsache, daß das Preissystem diese Funktion nur bei vorherrschendem Wettbewerb erfüllen kann, d. h., wenn der einzelne Produzent sich den Preisänderungen anpassen muß, sie aber nicht beeinflussen kann. Je komplizierter das ganze Getriebe ist, um so mehr sind wir darauf angewiesen, daß sich in den Gesamtüberblick die Individuen teilen, von denen jedes für sich handelt, während der unpersönliche Mechanismus des Preissystems, der die Kenntnis der bedeutungsvollen Wirtschaftsdaten übermittelt, alle Einzelaktionen aufeinander abstimmt.

Ohne zu übertreiben, kann man behaupten, daß, wenn wir für die Entwicklung unserer Wirtschaftsordnung auf bewußte zentrale Planung angewiesen wären, sie niemals diesen Grad der Differenzierung, diese Komplexheit und diese Elastizität erreicht haben würde, die sie heute hat. Verglichen mit dieser Methode, das Wirtschaftsproblem durch Dezentralisierung und automatische Abstimmung zu lösen, ist die an sich näherliegende Methode der zentralen Steuerung unglaublich plump, primitiv und unzureichend. Wenn die Arbeitsteilung den Grad erreichen konnte, der erst die moderne Zivilisation ermöglicht, so verdanken wir dies der Tatsache, daß man sie nicht bewußt schaffen mußte, sondern daß die Menschen auf eine Methode stießen, die die Ausdehnung der Arbeitsteilung über die Grenzen hinaus erlaubte, die ihr in einer Planwirtschaft gesetzt gewesen wären. Wird das Wirtschaftssystem noch komplexer, so wird nicht etwa die zentrale Steuerung zu einer zwingenderen Notwendigkeit, sondern die Anwendung einer Koordinierungsmethode, die nicht auf bewußte Lenkung angewiesen ist, wird geradezu zu einer Lebensfrage.

*

Es gibt noch eine andere Theorie, die das Anwachsen des Monopolismus mit dem technischen Fortschritt in Zusammenhang bringt, die jedoch Argumente verwendet, die den bisher betrachteten beinahe entgegengesetzt sind. Sie ist zwar nur selten klar dargestellt worden, hat aber doch auch beträchtlichen Einfluß ausgeübt. Diese Theorie besagt nicht, daß die moderne Technik den Wettbewerb vernichtet, sondern daß im Gegenteil die Ausnutzung vieler neuer technischer Möglichkeiten unterbleiben müßte, wenn nicht ein Schutz gegen den Wettbewerb gewährt,

d. h. wenn nicht ein Monopol errichtet werde. Diese Art der Beweisführung braucht nicht notwendigerweise ein Täuschungsmanöver zu sein, wie der kritische Leser argwöhnen könnte. Der naheliegende Einwand, daß, wenn eine neue Technik der Deckung unserer Bedürfnisse wirklich besser ist, sie auch imstande sein sollte, es mit dem ganzen Wettbewerb aufzunehmen, wird nicht allen Fällen gerecht, auf die sich dies Argument bezieht. Zweifellos dient es in vielen Fällen nur als Vorwand einer Interessenpolitik Noch öfter beruht es wahrscheinlich darauf, daß man die rein technischen Vorteile mit dem Nutzen für die Gesellschaft als Ganzes verwechselt.

Es bleibt jedoch eine Gruppe von Fällen, in denen diese Theorie nicht ganz unbegründet ist. So wäre es z. B. mindestens denkbar, daß die englische Automobilindustrie, wenn man alle Engländer zwingen würde, dieselbe Marke zu kaufen, einen billigeren und besseren Wagen liefern könnte, als man ihn in Amerika produziert, oder daß Elektrizität für sämtliche Zwecke billiger abgegeben werden könnte als Kohle oder Gas, wenn man jeden einzelnen dazu bringen könnte, ausschließlich Elektrizität zu verwenden. In solchen Fällen wäre es an sich möglich, daß wir alle besser daran wären als vorher und daß wir, wenn wir die Wahl hätten, den neuen Zustand vorziehen würden – nur wird eben keiner vor diese Wahl gestellt, weil sie ja bedeuten würde, daß wir entweder alle den gleichen billigen Wagen benutzen (oder alle ausschließlich Elektrizität verwenden), oder aber, daß wir alle unserem individuellen Geschmack folgen und dann einen sehr viel höheren Preis zahlen. Ich weiß nicht, ob dies für die beiden angeführten Beispiele zutrifft, aber es ist zuzugeben, daß man durch Zwangsstandardisierung oder Beschränkung des Angebots auf wenige Typen den Überfluß auf manchen Gebieten so steigern kann, daß der Konsument für die Begrenztheit der Auswahl mehr als ausreichend entschädigt wird. Es ist sogar denkbar, daß eines Tages eine neue Erfindung gemacht wird, deren Auswertung ohne Frage vorteilhaft erscheinen würde, die aber nur angewendet werden könnte, wenn man viele oder alle

Menschen zu veranlassen vermöchte, sich ihrer gleichzeitig zu bedienen.

Ob nun solchen Fällen große oder dauernde Bedeutung zukommt oder nicht, so sind sie sicherlich nicht solche, in denen man berechtigterweise behaupten könnte, die zentrale Steuerung werde durch den technischen Fortschritt unvermeidlich. Diese Fälle würden es nur notwendig machen, daß man sich entscheidet, ob man einen bestimmten Vorteil durch Zwang erlangen oder auf ihn verzichten will – bzw. ihn in der Regel etwas später erlangen will, wenn ein weiterer technischer Fortschritt die besonderen Schwierigkeiten überwunden hat. Wir müssen allerdings in einer solchen Lage damit rechnen, unsere Freiheit mit dem Verzicht auf einen möglichen materiellen Vorteil in der Gegenwart zu erkaufen – andererseits aber vermeiden wir es, daß zukünftige technische Fortschritte notwendigerweise von einem Verfahren abhängen, das jetzt nur wenigen bevorzugten Personen zugänglich ist. Durch den Verzicht auf solche möglichen Vorteile in der Gegenwart bleibt ein mächtiger Anreiz für den weiteren Fortschritt erhalten. Zwar mag der Preis, den wir für eine große Auswahl und die Freiheit der Wahl zu zahlen haben, auf kurze Sicht betrachtet, manchmal hoch sein, aber auf lange Sicht wird sogar der materielle Fortschritt gerade durch diese Mannigfaltigkeit bedingt werden; denn es ist nie vorauszusehen, aus welcher der vielen Formen, in der eine Ware geliefert oder ein Dienst geleistet werden kann, sich eine Verbesserung entwikkeln wird. Man kann natürlich nicht behaupten, daß die Wahrung der Freiheit auf Kosten einer zusätzlichen materiellen Bequemlichkeit in der Gegenwart sich in allen Fällen in dieser Weise belohnt macht. Aber das Argument zugunsten der Freiheit ist gerade dies, daß wir einen gewissen Spielraum für das nicht vorauszusehende spontane Wachstum reservieren sollten. Es trifft daher auch dann zu, wenn wir auf der Grundlage unseres heutigen technischen Wissens von Zwangsmethoden anscheinend nur Vorteile erwarten können, von Zwangsmethoden, die hier und da sogar harmlos sein mögen.

In einem großen Teil der heutigen Diskussion über die Folgen des technischen Fortschrittes wird dieser hingestellt, als ob er eine äußere Macht wäre, die uns zwingen könne, das neue technische Wissen in einer bestimmten Weise anzuwenden. Es trifft natürlich zu, daß die Erfindungen uns mit ungeheurer Macht ausgestattet haben, aber der Gedanke ist widersinnig, daß wir gezwungen seien, diese Macht zur Vernichtung unseres kostbarsten Erbes, nämlich der Freiheit, zu benutzen. Das bedeutet jedoch, daß wir, wenn wir sie bewahren wollen, eifersüchtiger als je über sie wachen und daß wir bereit sein müssen, Opfer für sie zu bringen. Es haftet der modernen technischen Entwicklung zwar nichts an, was uns auf den Weg einer lückenlosen Planwirtschaft treibt, aber sie hat eine Reihe von Eigenschaften, die die Macht einer Planwirtschaftsbehörde unendlich gefährlicher machen würde.

*

Es kann also kaum bezweifelt werden, daß die Entwicklung zur Planwirtschaft das Ergebnis bewußten Handelns ist und daß uns nicht äußere Notwendigkeiten dazu zwingen. Aber warum finden wir unter den Planwirtschaftlern an prominenter Stelle einen so verhältnismäßig hohen Prozentsatz von technischen Sachverständigen? Dieser Umstand ist wohl einer Untersuchung wert. Die Erklärung hängt eng mit einer wichtigen Tatsache zusammen, die die Kritiker der Planwirtschaftler niemals aus den Augen verlieren sollten, nämlich, daß fraglos fast jedes einzelne der technischen Ideale unserer Fachleute in verhältnismäßig kurzer Zeit verwirklicht werden könnte, wenn seine Verwirklichung zum einzigen Ziele der Menschheit erklärt würde. Es gibt eine Unmenge von guten Dingen, die wir alle uns sehnlichst wünschen und auch für möglich halten, aber wir wissen nur allzu gut, daß wir sie in unserem Leben nicht alle oder aber nur unvollkommen zustande bringen können. Der Spezialist revoltiert gegen die bestehende Ordnung, weil er seine ehrgeizigen Pläne auf seinem Fachgebiet vereitelt sieht. Wir alle finden uns schwer damit ab, Dinge unausgeführt zu sehen, die, wie jeder zugeben muß, wünschenswert und ausführbar sind. Daß diese Projekte nicht alle gleichzeitig durchgeführt werden können, daß jedes einzelne nur auf Kosten anderer verwirklicht werden kann, um das zu sehen, muß man Faktoren berücksichtigen, die außerhalb jedes Spezialistentums liegen und die man nur bei angestrengtem Nachdenken würdigen kann. Diese Denkarbeit ist um so schwerer, als sie uns zwingt, die Gegenstände unserer Berufstätigkeit in einem weiteren Zusammenhang zu sehen und sie gegen andere abzuwägen, die außerhalb unseres unmittelbaren Interessenbereichs liegen und die uns daher gleichgültiger sind.

Jedes einzelne der vielen Ziele, das – wenn man es isoliert betrachtet – in einer Planwirtschaft erreichbar sein würde, ruft begeisterte Anhänger der dirigierten Wirtschaft auf den Plan, die davon überzeugt sind, daß es ihnen gelingen wird, die Leiter einer solchen Gesellschaft von der Wichtigkeit zu überzeugen, die sie selber ihrem Lieblingsprojekt beimessen. Einige dieser Enthusiasten würden ihre Hoffnungen zweifellos erfüllt sehen, da eine Planwirtschaft sicherlich einige Ziele mehr fördern würde, als es jetzt der Fall ist. Es wäre töricht, zu leugnen, daß die uns bekannten Beispiele von kollektivistischen oder halbkollektivistischen Gesellschaften Belege dafür liefern, daß es gewiß begehrenswerte Dinge gibt, die die Bewohner dieser Länder ausschließlich der Planwirtschaft verdanken. Die herrlichen Autostraßen in Deutschland und Italien sind ein oft zitiertes Beispiel – obwohl sie keineswegs eine Art von Planung bedeuten, die nicht auch in einer liberalen Gesellschaft möglich wäre. Aber es ist ebenso töricht, solche Beispiele technischer Vollkommenheit auf Spezialgebieten für die allgemeine Überlegenheit des Systems anzuführen. Es wäre zutreffender, zu sagen, daß solche auf die Spitze getriebene technische Vollkommenheit, die zu den allgemeinen Lebensbedingungen in Widerspruch steht, nur die Fehlleitung der Produktionsmittel beweist. Jeder, der einmal die berühmten deutschen Autostraßen entlanggefahren ist und festgestellt hat, daß der Verkehr auf ihnen geringer ist als auf manch einer Nebenstraße in England, wird ziemlich sicher sein, daß sie für Friedenszwecke kaum zu rechtfertigen waren. Ob es nicht ein Fall war, in dem die Planwirtschaftler sich für „Kanonen" statt für „Butter" entschieden, ist eine andere Sache[5]. Aber nach unsern Maßstäben ist hier wenig Grund für Enthusiasmus vorhanden.

Die Illusion des Spezialisten, daß er in einer Planwirtschaft eher die Ziele, die ihm am Herzen liegen, durchsetzen würde, ist weiter verbreitet als der Begriff Spezialist zunächst vermuten läßt. In unseren Neigungen und Interessen sind wir in gewissem Maße alle Spezialisten, und wir alle glauben, daß unsere persönliche Wertskala nicht rein persönlich ist, sondern daß wir in einer freien Diskussion unter vernünftigen Menschen die andern davon überzeugen könnten, daß unsere die richtige ist. Sowohl derjenige, der das Land liebt und vor allem möchte, daß es in seiner ursprünglichen Gestalt erhalten bleibt und daß die Verschandelungen, die die Industrie im Landschaftsbild bereits angerichtet hat, wieder beseitigt werden, wie auch der Gesundheitsfanatiker, der alle malerischen, aber unhygienischen alten Häuschen niederreißen lassen will, sowohl der Kraftfahrer, der es gern sähe, wenn große Autostraßen quer durch das Land liefen, wie der Rationalisierungsfanatiker, der das Maximum an Spezialisierung und Mechanisierung wünscht, ebenso wie der Idealist, der um der Entwicklung der Persönlichkeit willen die Existenz möglichst vieler selbständiger Handwerker erhalten sehen möchte – sie alle wissen, daß sie ihr Ziel ausschließlich durch die Planwirtschaft hundertprozentig erreichen können, und sie alle wünschen die Planwirtschaft aus diesem Grunde. Aber die Einführung der Planwirtschaft, die sie fordern, kann natürlich nur den in ihren Zielen enthaltenen verborgenen Widerspruch ans Tageslicht bringen.

---

[5] Aber beim Lesen der Korrekturen trifft die Nachricht ein, daß die Unterhaltungsarbeiten an den deutschen Autostraßen eingestellt worden sind!

Die unglaubliche Stärke der Planwirtschaftsbewegung beruht weitgehend darauf, daß sie, solange Planwirtschaft in der Hauptsache erst ein bloßes Ideal ist, fast alle idealistischen Einzelgänger um ihre Fahne schart, alle Männer und Frauen, die ihr Leben einer einzigen Aufgabe gewidmet haben. Die Hoffnungen, die sie auf die Planwirtschaft setzen, sind jedoch nicht das Ergebnis eines umfassenden Überblickes über die Gesellschaft, sondern im Gegenteil das eines sehr beschränkten, und oft sind sie verursacht durch die übertriebene Bedeutung, die sie ihren Lieblingszielen beimessen. Wir wollen damit nicht etwa den großen tatsächlichen Wert dieses Typus von Menschen in einer liberalen Gesellschaftsordnung wie der unsrigen unterschätzen, die ihnen mit Recht Bewunderung zollt. Aber gerade die Menschen, denen am meisten an der Planwirtschaft liegt, würden, wenn man sie gewähren ließe, zur größten Gefahr werden – und zu den intolerantesten Gegnern der Planwirtschaft anderer. Von der Hingabe und Einseitigkeit des Idealisten zum Fanatismus ist oft nur ein einziger Schritt. Obwohl die Planwirtschaft den stärksten Auftrieb von der Verbitterung des enttäuschten Spezialisten empfängt, kann man sich doch kaum etwas Unerträglicheres – und etwas Irrationaleres – vorstellen als eine Welt, in der die bedeutendsten Spezialisten auf jedem Gebiet ungehindert zur Verwirklichung ihrer Ideale übergehen könnten. Aber auch die „Koordinierung" kann nicht, wie sich das manche Planwirtschaftler vorzustellen scheinen, ein neues Spezialfach werden. Der Nationalökonom ist der letzte, der behaupten würde, das für einen „Koordinator" nötige Wissen zu besitzen. Er tritt für eine Methode ein, die diese Koordinierung ohne einen allwissenden Diktator bewirkt. Aber gerade das bedeutet die Beibehaltung einiger jener unpersönlichen und oft nicht ohne weiteres einleuchtenden Einschränkungen des individuellen Tätigkeitsbereichs, gegen die sich alle Spezialisten auflehnen.

FÜNFTES KAPITEL

PLANWIRTSCHAFT UND DEMOKRATIE

Ein Staatsmann, der es sich einfallen ließe, Privatleuten darüber Vorschriften zu machen, auf welche Weise sie ihre Kapitalien verwenden sollen, würde sich nicht allein eine höchst unnötige Sorge aufladen, sondern sich auch eine Autorität anmaßen, die keinem Senat oder Staatsrate, geschweige denn einem einzelnen Manne, ruhig anvertraut werden könnte und die nirgends so gefährlich sein würde wie in der Hand eines Mannes, der töricht und dünkelhaft genug wäre, um sich für fähig zu halten, sie auszuüben. *Adam Smith*

Die allen kollektivistischen Systemen gemeinsamen Merkmale können mit einer Formel, die sich bei den Sozialisten aller Richtungen großer Beliebtheit erfreut, als die bewußte Organisierung der Arbeit in einem Gesellschaftssystem zu einem bestimmten sozialen Zweck definiert werden. Es war immer einer der Hauptpunkte der sozialistischen Kritik, daß unserer heutigen Gesellschaftsordnung solch eine „bewußte" Ausrichtung auf ein einziges Ziel fehle und daß die Wirtschaftsakte von den vielfachen Launen verantwortungsloser Individuen abhingen.

Damit ist das Problem in vieler Hinsicht sehr klar gestellt, und wir werden geradeswegs zu dem Punkt geführt, an dem die individuelle Freiheit und der Kollektivismus aufeinanderstoßen. Die verschiedenen Spielarten des Kollektivismus, wie Kommunismus, Faschismus u. a., unterscheiden sich voneinander durch das Ziel, auf das sie die Produktionstätigkeit der Gesellschaft richten wollen, aber sie haben das miteinander gemeinsam, daß sie im Gegensatz zum Liberalismus und Individualismus die Gesellschaft als Ganzes und alle ihre Produktivkräfte für jenes einzige Ziel organisieren und keine autonomen Sphären anerkennen wollen, in denen die Wünsche der Individuen ausschlaggebend sind. Kurz, sie sind totalitär im wahrsten Sinne dieses neuen Wortes, das wir übernommen haben, um die unerwarteten, aber nichtsdestoweniger systemnotwendigen Auswirkungen des in der Theorie so genannten Kollektivismus zu bezeichnen.

Das „soziale Ziel“ oder der „Gesamtzweck der Volkswirtschaft“, für den die Gesellschaft organisiert werden soll, wird für gewöhnlich unbestimmt umschrieben als das „gemeine Beste“ oder „Gemeinwohl“ oder „Gemeininteresse“. Man braucht nicht viel nachzudenken, um zu sehen, daß diese Ausdrücke viel zu allgemein gehalten sind, um einen bestimmten wirtschaftspolitischen Kurs zu bezeichnen. Die Wohlfahrt und das Glück von Millionen können nicht nach einer einzigen Wertskala bemessen werden. Die Wohlfahrt eines Volkes hängt wie das Glück eines Menschen von sehr vielen Dingen ab, für die unendlich viele Variationsmöglichkeiten bestehen. Sie kann nicht als ein einziges Ziel angemessen bezeichnet werden, sondern nur als eine Stufenfolge von Zielen, eine umfassende Wertskala, auf der jedes Bedürfnis jedes einzelnen seinen Platz erhält. Wollen wir alle unsere Handlungen nach einem einzigen Plan vornehmen, so muß die Vorbedingung erfüllt sein, daß jedem einzelnen unserer Bedürfnisse sein Platz in einer Wertordnung angewiesen wird, die so vollständig ist, daß sie eine Entscheidung zwischen den verschiedenen Möglichkeiten eines wirtschaftspolitischen Kurses erlaubt, zwischen denen der Planwirtschaftler wählen muß. Kurz gesagt, dies setzt das Vorhandensein eines vollständigen Moralkodex voraus, in dem alle die verschiedenen menschlichen Werte den ihnen gebührenden Platz erhalten.

Der Begriff eines lückenlosen Moralkodex ist fremdartig, und wir müssen unsere Phantasie ein wenig anstrengen, um zu verstehen, was er umfaßt. Wir stellen uns einen Moralkodex gewöhnlich nicht als etwas mehr oder weniger Lückenloses vor. Es ist nicht überraschend, daß wir fortgesetzt unsere Wahl zwischen verschiedenen Werten treffen, ohne daß uns ein Sozialkodex vorschriebe, wie wir zu wählen haben, und wir kommen nicht auf den Gedanken, unser Moralkodex sei unvollständig. In unserer Gesellschaft gibt es weder Anlaß noch Grund dafür, daß sich die Menschen übereinstimmende Ansichten darüber bilden, was man in der oder jener Lage tun soll. Aber dort, wo alle Produktionsmittel Kollektiveigentum sind und im Namen der Allgemeinheit nach einem einheitlichen Plan verwendet werden sollen, muß eine „kollektive" Orientierung der wirtschaftlichen Aktivität alle Entscheidungen bestimmen. In einer solchen Welt würden wir bald feststellen, daß unser Moralkodex voller Lücken ist.

In diesem Zusammenhang kommt es nicht auf die Frage an, ob es wünschenswert wäre, solch einen vollständigen Moralkodex zu haben. Es mag nur darauf hingewiesen werden, daß bis jetzt mit der Entwicklung der Zivilisation eine fortgesetzte Einengung der Sphäre einhergegangen ist, in der die Handlungen des Individuums festen Regeln unterliegen. Die Vorschriften, aus denen unser gemeinsamer Moralkodex besteht, sind immer mehr zusammengeschmolzen, und ihr Charakter ist immer allgemeiner geworden. Ausgehend vom primitiven Menschen, der in fast jeder Handlung seines Alltagslebens durch einen minutiösen Ritus gebunden war, dessen Freiheit durch unzählige Tabus beherrscht war und der kaum auf den Gedanken kam, irgendetwas anders zu machen als seine Stammesgenossen, sind die Moralvorschriften immer mehr zu bloßen Grenzen der Sphäre geworden, innerhalb deren das Individuum sich verhalten konnte, wie es ihm beliebte. Jedoch die Einführung eines allgemeinverbindlichen Moralkodex, der umfassend genug wäre, um einen einheitlichen Wirtschaftsplan zu bestimmen, würde eine vollkommene Umkehrung dieser Tendenz bedeuten.

Der Punkt, der für uns wesentlich ist, ist der, daß es keinen solchen vollständigen Moralkodex gibt. Der Versuch, alle Wirtschaftsakte nach einem einheitlichen Plan zu lenken, würde unzählige Fragen aufwerfen, die nur ein Moralkodex zu beantworten vermöchte, während unser heutiges Moralsystem darauf die Antwort schuldig bleibt, so daß keine allgemeine Übereinstimmung über die Produktionsziele besteht. Die Menschen haben in solchen Fragen entweder keine bestimmten oder einander widersprechende Ansichten, weil in der freien Gesellschaft, in der wir bis jetzt gelebt haben, keine Veranlassung bestand, darüber nachzudenken, und noch weniger, eine gemeinsame Auffassung zu entwickeln.

Wir besitzen nicht nur keine solche allumfassende Wertskala – nein, es überstiege Menschenkraft, die unendliche Mannigfaltigkeit der verschiedenen Bedürfnisse der verschiedenen Menschen, die sich in die zur Verfügung stehenden Produktionsmittel teilen müssen, zu erfassen und jedem die ihm zukommende Bedeutung zuzuweisen. Für unser Problem ist es weniger wichtig, ob die Ziele, die irgendjemand am Herzen liegen, nur seine eigenen, individuellen Wünsche umfassen oder ob sie die Bedürfnisse der ihm Näher- oder Fernerstehenden einschließen – das heißt, ob er egoistisch oder altruistisch in dem landläufigen Sinne ist. Das Entscheidende liegt darin, daß niemand mehr als einen begrenzten Bereich überblicken und sich der Dringlichkeit von mehr als einer beschränkten Anzahl von Bedürfnissen bewußt sein kann. Ob nun seine Interessen um seine eigenen leiblichen Bedürfnisse kreisen oder ob er sich um die Wohlfahrt seiner Mitmenschen bemüht, die Ziele, um die er sich kümmern kann, werden immer nur einen verschwindend kleinen Bruchteil der Bedürfnisse der Gesamtheit ausmachen.

Dies ist die grundlegende Tatsache, auf der die ganze Philosophie des Individualismus beruht. Sie macht nicht – wie oft behauptet wird – die Annahme, daß der Mensch egoistisch ist oder es sein sollte. Sie geht nur davon aus, daß unsere begrenzte Phantasie uns nicht erlaubt, in unsere Wertskala mehr als einen kleinen Sektor der Bedürfnisse der gesamten Gesellschaft aufzunehmen. Ebenso unbestreitbar ist es daher, daß Wertskalen streng genommen nur im Kopfe jedes einzelnen existieren können, Skalen, die unvermeidlicherweise voneinander abweichen und sich oft gegenseitig widersprechen. Daraus zieht der Individualist den Schluß, daß es den Individuen freistehen sollte, innerhalb bestimmter Grenzen nach ihren Wertvorstellungen und Neigungen zu leben, statt nach denen anderer, daß innerhalb dieses Bereiches die persönlichen Wünsche des einzelnen ausschlaggebend sein sollten und nicht das Diktat anderer. Diese Anerkennung des Individuums als des obersten Richters über seine Ziele, die Überzeugung, daß es, soweit nur irgend angängig, in seinen Handlungen seinen eigenen Anschauungen folgen solle, bildet den Wesensgehalt des Individualismus.

Diese Anschauung schließt natürlich die Anerkennung sozialer Ziele oder vielmehr ein Zusammentreffen vieler individueller Ziele nicht aus, zu deren Erreichung die Menschen sich zweckmäßigerweise vereinigen. Aber nach dieser Auffassung ist ein solches gemeinsames Handeln auf Fälle beschränkt, in denen die individuellen Meinungen die gleichen sind; danach sind die „sozialen Ziele" lediglich identische Ziele vieler Individuen – oder Ziele, zu deren Erreichung die Individuen im Austausch gegen die Unterstützung, die sie bei der Befriedigung ihrer eigenen Wünsche empfangen, beizutragen bereit sind. Gemeinsames Handeln ist also auf die Gebiete beschränkt, auf denen die Menschen sich über gemeinsame Ziele einig sind. Sehr oft werden diese gemeinsamen Ziele nicht Endziele für die Individuen sein, sondern nur Mittel, die verschiedene Personen verschiedenen Zwecken dienstbar machen können. Tatsächlich werden die Menschen dann am ehesten sich zu gemeinsamer Aktion zusammenfinden, wenn das gemeinsame Ziel für sie kein Endzweck, sondern nur ein Mittel zur Erreichung vieler verschiedener Zwecke ist.

Wenn Individuen sich vereinigen, um gemeinsame Ziele zu erreichen, so werden die zu diesem Zwecke geschaffenen Organisationen, wie z. B. der Staat, mit ihrem eigenen Zielsystem und ihren eigenen Mitteln ausgestattet. Aber jede so geschaffene Organisation bleibt eine „Person" neben anderen, die im Falle des Staates zwar weit mehr Macht hat als jede andere, aber doch ihre besondere und begrenzte Sphäre besitzt, in der allein ihre Ziele ausschlaggebend sind. Die Grenzen dieser Sphäre bestimmen sich danach, inwieweit die Individuen sich über besondere Ziele einigen, und die Wahrscheinlichkeit, daß sie sich über ein besonderes Aktionsprogramm verständigen, nimmt notwendigerweise um so mehr ab, je umfassender dieses wird. Es gibt bestimmte Funktionen des Staates, deren Ausübung von den Bürgern so gut wie einstimmig gebilligt werden wird; es wird andere geben, über die bei einer starken Mehrheit Übereinstimmung besteht usw., bis wir in den Bereich kommen, in dem es über die vom Staat zu ergreifenden Maßnahmen fast so viele Meinungen wie Köpfe gibt, obwohl jedes Individuum durchaus dafür sein mag, daß der Staat etwas unternimmt.

Daß die freiwillige Übereinstimmung das Handeln des Staates bestimmt, können wir nur erwarten, solange es sich auf die Gebiete beschränkt, auf denen die Menschen einig sind. Wenn der Staat direkt eingreift auf Gebieten, wo eine solche Übereinstimmung nicht besteht, ist es unausbleiblich, daß er die individuelle Freiheit unterdrückt. Aber nicht genug damit: wir können leider die Sphäre gemeinsamer Aktion nicht unbegrenzt ausdehnen und trotzdem dem Individuum die Freiheit in seinem eigenen Bereich lassen. Überschreitet der gemeinwirtschaftliche Sektor, in dem der Staat alle Bedarfsmittel in Händen hat, erst einmal einen bestimmten Umfang, dann werden die Auswirkungen der Staatsaktivität für das ganze Wirtschaftssystem bestimmend. Obwohl der Staat direkt nur die Verwendung eines großen Teiles der vorhandenen Produktionsmittel beherrscht, so wirken sich seine Entscheidungen auf den verbleibenden Teil des Wirtschaftssystems so stark aus, daß er indirekt fast die ganze Wirtschaft überwacht. Wo, wie dies z. B. auf Deutschland bereits im Jahre 1928 zutraf, den zentralen und den lokalen Behörden die Verwendung von mehr als der Hälfte des Volkseinkommens untersteht (nach einer offiziellen deutschen Schätzung waren es 53 %), sind diese indirekt die Herren über fast das ganze Wirtschaftsleben der Nation. Dann gibt es kaum ein individuelles Ziel, dessen Erreichung nicht vom Handeln des Staates abhinge, und die „soziale Wertskala", die die Handlungen des Staates bestimmt, muß so gut wie alle individuellen Ziele umfassen.

*

Man erkennt leicht, welche Folgen eintreten müssen, wenn die Demokratie den Kurs der Planwirtschaft einschlägt, der mehr Übereinstimmung voraussetzt als in Wirklichkeit besteht. Es kann sein, daß ein Volk beschlossen hat, zu einem System der Wirtschaftssteuerung überzugehen, da man ihm eingeredet hat, daß dies den Wohlstand heben würde. In den entscheidenden Diskussionen wird das Ziel der Planwirtschaft mit einem Ausdruck wie „Gemeinwohl" umschrieben worden sein, der das Fehlen einer wirklichen Übereinstimmung über die planwirtschaftlichen Ziele nur verschleiert. Übereinstimmung wird tatsächlich allein über den Mechanismus bestehen, dessen man sich bedienen muß. Aber dieser Mechanismus ist nur für ein gemeinsames Ziel brauchbar, und die Frage, auf welches genaue Ziel sich denn eigentlich die gesamte Tätigkeit konzentrieren soll, wird sich stellen, sobald die Exekutivgewalt die Theorie eines einzigen umfassenden Planes in die Praxis eines konkreten Planes umsetzen muß. Dann wird sich ergeben, daß die Übereinstimmung darüber, daß Planwirtschaft erwünscht ist, keine Stütze findet an einer Übereinstimmung über die Ziele, denen sie dienen soll. Wenn Menschen dahin übereinkommen, daß es eine zentrale Planwirtschaft geben muß, aber über die Ziele verschiedener Ansicht sind, so läuft das ungefähr auf dasselbe hinaus, wie wenn eine Gruppe von Personen sich zu einer gemeinsamen Reise entschließen würde, ohne sich jedoch über das Reiseziel einig zu sein, was zur Folge hat, daß sie alle eine Reise unternehmen müssen, die die meisten ganz und gar nicht machen wollen. Daß die Planwirtschaft zu einer Situation führt, in der wir uns über weit mehr Punkte einigen müssen, als wir gewohnt sind, und daß wir in einem planwirtschaftlichen System die gemeinsame Aktion nicht auf Aufgaben beschränken können, in denen Übereinstimmung erzielt werden kann, sondern daß wir genötigt sind, sie in allem und jedem zu erzwingen, damit überhaupt eine Aktion unternommen werden kann – das ist eines der Merkmale der Planwirtschaft, das mehr als alle andern ihr Wesen bestimmt.

Es mag der einmütige Wunsch des Volkes gewesen sein, daß das Parlament einen umfassenden Wirtschaftsplan vorbereitet, und doch ist es durchaus möglich, daß weder das Volk noch seine Vertreter sich über einen bestimmten Plan einigen können. Die Unfähigkeit demokratischer Körperschaften, einen anscheinend eindeutigen Auftrag des Volkes auszuführen, wird unvermeidlicherweise Unzufriedenheit mit den demokratischen Einrichtungen wachrufen. Parlamente werden dann als nutzlose „Schwatzbuden" betrachtet, die unfähig oder unzuständig sind, die Aufgaben durchzuführen, für die sie gewählt worden sind. Dann gewinnt die Überzeugung Boden, daß, wenn Planwirtschaft durchgreifend sein soll, die Steuerung aus den Händen der Politiker in die von Sachverständigen gelegt werden müsse, in die Hand von Berufsbeamten oder selbständigen Körperschaften.

Den Sozialisten ist diese Schwierigkeit wohlbekannt. Nachdem vor bald fünfzig Jahren das Ehepaar Webb über die zunehmende Arbeitsunfähigkeit des Unterhauses zu klagen begonnen hatte[1], hat kürzlich Professor Laski sich darüber folgendermaßen ausgesprochen:

„Jeder weiß, daß unser heutiger Parlamentsbetrieb völlig ungeeignet ist, eine große Menge von komplizierten Gesetzesvorlagen schnell durchzubringen. Die Regierung der Nationalen Koalition hat diesen Tatbestand stillschweigend dadurch zugegeben, daß sie sich die Instrumente ihrer Wirtschafts- und Zollpolitik nicht durch eingehende Debatten im Unterhaus, sondern durch ein En-bloc-System der Ermächtigungsgesetzgebung geschmiedet hat. Eine Labourregierung würde wohl von diesem

---

[1] *S. u. B. Webb*, Industrial Democracy, 1897, S. 800, Fußnote.

Präzedenzfall in vollem Umfang Gebrauch machen. Sie würde das Unterhaus auf die beiden Funktionen beschränken, die es angemessen erfüllen kann, nämlich auf die Vorbringung von Beschwerden und die Diskussion über die allgemeinen Grundsätze der Regierungsverordnungen. Die Gesetze einer solchen Regierung würden nichts anderes als allgemeine Formeln sein, die den zuständigen Ressorts umfassende Vollmachten geben; diese Vollmachten würden auf Grund von Verordnungen ausgeübt werden, die gegebenenfalls im Parlament mittels eines Mißtrauensvotums angegriffen werden könnten. Die Notwendigkeit und die Bedeutung der Ermächtigungsgesetzgebung sind kürzlich vom Donoughmore Committee stark unterstrichen worden; ihre Ausdehnung ist unvermeidlich, wenn der Prozeß der Sozialisierung nicht durch die gewöhnlichen Obstruktionsmethoden sabotiert werden soll, die die heutige Geschäftsordnung des Parlaments zuläßt."

Um den letzten Zweifel darüber zu beseitigen, daß eine sozialistische Regierung sich durch eine demokratische Regierungspraxis nicht zu viele Fesseln anlegen lassen darf, warf Laski am Ende dieses Aufsatzes die Frage auf, „ob eine Labourregierung sich in der Periode des Übergangs zum Sozialismus der Gefahr aussetzen darf, daß ihre Maßnahmen durch die nächsten Parlamentswahlen über den Haufen geworfen werden" – und blieb bezeichnenderweise die Antwort schuldig[2].

*

Es ist wichtig, sich klarzumachen, warum ein Parlament zugegebenermaßen unzulänglich ist, wenn es sich darum handelt,

---

[2] *H. J. Laski*, „Labour and the Constitution", The New Statesman and Nation, Nr. 81 (Neue Folge), 10. September 1932, S. 277. In einem späteren Buche (Democracy in Crisis, 1933, insbesondere S. 87), in dem Laski diese Gedanken ausführte, findet sein Standpunkt, daß die parlamentarische Demokratie kein Hindernis für die Verwirklichung des Sozialismus bilden dürfe, noch klareren Ausdruck. Danach würde nicht nur die sozialistische Regierung „sich umfassende Voll-

das Wirtschaftsleben einer Nation in allen Einzelheiten zu einer Regierungsangelegenheit zu machen. Die Schuld liegt weder bei den einzelnen Volksvertretern noch bei den parlamentarischen Einrichtungen als solchen, sondern in der widerspruchsvollen Aufgabe, die man ihnen aufgebürdet hat. Man verlangt von ihnen, nicht, daß sie in Fällen handeln, in denen sie sich einigen können, sondern daß sie eine Übereinstimmung über schlechthin alles erzielen – nämlich über die gesamte Lenkung der volkswirtschaftlichen Produktivkräfte. Für eine solche Aufgabe ist das System des Mehrheitsentscheides jedoch nicht geeignet. Mehrheiten sind möglich, wo man nur zwischen wenigen Dingen die Wahl hat; es ist jedoch ein Irrtum, zu glauben, daß sich für die Entscheidung einer jeden Frage eine Mehrheit finden müsse. Es ist nicht einzusehen, warum es eine Majorität für jede einzelne Möglichkeit einer positiven Politik geben soll, wenn ihre Zahl Legion ist. Jedes Mitglied der Legislative mag zwar lieber einen bestimmten Plan für die Lenkung der Volkswirtschaft als überhaupt keinen sehen, aber es ist durchaus möglich, daß keinem einzigen Plan von einer Majorität der Vorzug vor der völligen Planlosigkeit gegeben wird.

Man kann auch nicht einen zusammenhängenden Plan durchführen, indem man ihn in einzelne Teile zerlegt und über Sonderprobleme abstimmt. Eine demokratische Versammlung, die einen umfassenden Wirtschaftsplan wie eine gewöhnliche Ge-

---

machten geben lassen und mit ihnen durch Verordnungen und Verfügungen regieren" und „die klassischen Gepflogenheiten regulärer Opposition beseitigen", vielmehr würde die „Fortführung der parlamentarischen Regierungsform davon abhängen, daß die Labourregierung von der konservativen Partei eine Garantie dafür erhält, daß ihr Reformwerk nicht im Falle einer Wahlniederlage unterbrochen würde"!

Da Laski sich auf die Autorität des Donoughmore Committee bezieht, ist es nützlich, sich daran zu erinnern, daß er ihm als Mitglied angehörte und vermutlich einer der Verfasser des Kommissionsberichtes war.

setzesvorlage paragraphenweise mit Zusatzanträgen zur Abstimmung bringt, ist ein Unding. Ein Wirtschaftsplan, der diesen Namen verdienen soll, muß aus einem Guß sein. Selbst wenn das Parlament Schritt für Schritt zu einer Einigung über einen Plan gelangen würde, so würde dies im Endeffekt niemand befriedigen. Man kann nicht ein komplexes Ganzes zustandebringen, in dem alle Teile aufs sorgfältigste aufeinander abgestimmt sein müssen, wenn man einen Kompromiß zwischen widersprechenden Ansichten schließt. Einen Wirtschaftsplan in dieser Weise aufzustellen, ist noch weniger möglich, als z. B. einen Feldzugsplan nach dem demokratischen Verfahren erfolgreich zu entwerfen. Es würde wie in der Kriegskunst zu einem Gebot der Notwendigkeit werden, die Aufgabe den Sachverständigen zu übertragen.

Es besteht jedoch ein grundlegender Unterschied: während dem General, dem der Oberbefehl in einem Feldzug anvertraut worden ist, ein einziges Ziel gegeben ist, für das während der Kriegsdauer alle in seinen Händen vereinten Machtmittel ausschließlich reserviert werden müssen, kann dem Wirtschaftsplan kein solch alleiniges Ziel gesetzt werden, und es können ihm nicht ähnliche einschränkende Vorschriften über die Verwendung der Mittel gemacht werden. Der General hat auch nicht verschiedene selbständige Ziele gegeneinander abzuwägen; für ihn gibt es nur ein einziges Endziel. Aber die Ziele eines Wirtschaftsplanes oder eines seiner Teile können nur im Zusammenhang mit dem besonderen Plan definiert werden. Das Wesen des ökonomischen Problems besteht darin, daß wir, wenn wir einen Wirtschaftsplan entwerfen, zwischen einander widersprechenden oder miteinander konkurrierenden Zielen wählen müssen – den verschiedenen Bedürfnissen der verschiedenen Menschen. Aber welche Ziele einander zuwiderlaufen, welche zugunsten anderer geopfert werden müssen, kurz, welches die Möglichkeiten sind, zwischen denen wir unsere Wahl treffen müssen, das können nur diejenigen wissen, denen alle Tatsachen bekannt sind. Nur sie, die Sachverständigen, können entscheiden, welche von den verschiedenen Zielen in erster Linie berücksichtigt werden sollen. Dabei ist es unvermeidlich, daß sie der Gemeinschaft, für die sie planen, ihre eigene Wertskala aufzwingen.

Dies wird nicht immer klar erkannt, und es wird versucht, die Ermächtigungsgesetzgebung durch den technischen Charakter der Aufgabe zu rechtfertigen. Aber das bedeutet nicht, daß nur Fragen über technische Details im Wege der Ermächtigung erledigt werden und erst recht nicht, daß die Inkompetenz der Parlamente in technischen Details die eigentliche Schwierigkeit darstellt[3]. Änderungen in der Struktur des Zivilrechts sind ge-

---

[3] Es ist in diesem Zusammenhang ungemein lehrreich, kurz auf die Regierungsdrucksache einzugehen, in der diese Probleme vor einigen Jahren erörtert worden sind. Bereits vor dreizehn Jahren, zu einer Zeit also, in der England sich noch nicht endgültig vom Wirtschaftsliberalismus losgesagt hatte, war die Praxis der Ermächtigungsgesetzgebung schon so ausgedehnt worden, daß man die Ernennung eines Komitees für nötig hielt, das die Aufgabe hatte, zu erforschen, „welche Sicherungsmaßnahmen wünschenswert oder notwendig seien, um die uneingeschränkte Geltung des Gesetzes zu wahren". In seinem Bericht zeigte das Donoughmore Committee (Report of the [Lord Chancellor's] Committee on Ministers' Powers, Cmd. 4060, 1932), daß das Parlament bereits damals seine Zuflucht zu der Praxis „wahlloser En-bloc-Ermächtigung" genommen hatte, dies aber (es war noch, bevor wir wirklich in den Abgrund des Totalitarismus hineingesehen hatten!) als eine unvermeidliche und verhältnismäßig harmlose Entwicklung ansah. Wahrscheinlich ist es zutreffend, daß die Ermächtigungsgesetzgebung an sich die Freiheit nicht zu gefährden braucht. Was uns interessiert, ist, warum Regierung durch Ermächtigung in solchem Umfang notwendig geworden war. An erster Stelle unter den im Bericht aufgezählten Ursachen wird die Tatsache genannt, „daß das Parlament jetzt jedes Jahr so viele Gesetze erläßt" und daß „diese so weit in technische Einzelheiten gehen, daß sie für die Diskussion im Parlament ungeeignet sind". Aber wenn die Dinge sich darauf beschränkten, so wäre nicht einzusehen, warum die Details nicht besser vor Erlassung des Gesetzes statt nachher ausgearbeitet werden soll-

nau so technisch und ebenso schwer in ihren Folgen zu beurteilen, und doch hat noch niemand ernsthaft den Vorschlag gemacht, daß die Gesetzgebung in diesem Punkte einer Expertenkommission überwiesen werden solle. Nur steht es eben so, daß die Gesetzgebung auf diesem Gebiet nicht über allgemeine Normen hinausgeht, über die eine Majorität sich wirklich verständigen kann, während die Interessen, die in der Planwirtschaft miteinander versöhnt werden müssen, so divergieren, daß in einer demokratischen Körperschaft keine tatsächliche Übereinstimmung zu erzielen sein wird.

Es ist indessen zuzugeben, daß die Bedenken sich nicht gegen die Übertragung von gesetzgeberischen Funktionen als solche richten. Die Ermächtigung an sich ablehnen, hieße ein Symptom statt der Ursache bekämpfen und, da sie aus andern Gründen notwendig sein könnte, unsere Position schwächen. Solange im Wege der Ermächtigung nur allgemeine Verordnungen erlassen werden, mögen gute Gründe dafür sprechen, daß dies vorzugsweise durch die Lokal- statt durch die Zentralbehörden geschieht. Was verurteilt werden muß, ist die Tatsache, daß man so oft zur Ermächtigungsgesetzgebung greift, weil die in Frage stehende Angelegenheit nicht nach allgemeinen Normen geregelt werden kann, sondern nur nach freiem Ermessen von Fall zu Fall. Die Ermächtigung läuft hier darauf hinaus, daß irgendeine Amtsstelle die Befugnis erhält, auf Grund des Gesetzes praktisch

---

ten. Was wahrscheinlich in vielen Fällen als weit wichtigerer Grund dafür gelten muß, daß, „wenn das Parlament nicht zur Ermächtigungsgesetzgebung bereit wäre, es nicht die Gesetze erlassen könnte, die die öffentliche Meinung nach Art und Umfang fordert", wird unfreiwillig in dem kleinen Satz enthüllt, daß „viele Gesetze so tief in das Privatleben eingreifen, daß eine gewisse Elastizität erforderlich ist"! Was heißt das anderes als Übertragung von diktatorischer Macht, die durch keine festen Grundsätze begrenzt ist und nach der Meinung des Parlaments auch nicht durch bestimmte und unzweideutige Regeln begrenzt werden kann?

willkürliche Entscheidungen zu treffen, was man als Erledigung auf dem Verwaltungswege zu bezeichnen pflegt.

Die Übertragung bestimmter technischer Aufgaben an selbständige Instanzen ist eine gewohnte Erscheinung, und doch ist sie schon der erste Schritt auf dem Wege, auf dem eine zur Planwirtschaft übergehende Demokratie ihre Macht Stück für Stück aufgibt. Dieser Ausweg der Delegierung kann die Ursachen, die alle Befürworter der umfassenden Planwirtschaft gegenüber der Unzulänglichkeit der Demokratie so ungeduldig machen, nicht wirklich aus der Welt schaffen. Die Bevollmächtigung selbständiger Instanzen schafft ein neues Hindernis für die Verwirklichung eines einzigen wohlabgestimmten Planes. Selbst wenn es einer Demokratie durch diesen Notbehelf gelingen sollte, jeden einzelnen Sektor des Wirtschaftslebens zu planen, so stände sie noch immer vor dem Problem, diese einzelnen Pläne zu einem einheitlichen Ganzen zusammenzufügen. Viele Einzelpläne ergeben noch keinen Gesamtplan – im Gegenteil, es mag schlimmer sein, als wenn es gar keinen Plan gäbe, wie die Planwirtschaftler als die ersten zugeben müßten. Aber die Gesetzgebung der Demokratie wird sich lange sträuben, die Entscheidung über wirklich lebenswichtige Fragen aus der Hand zu geben, und solange sie sich so verhält, macht sie es überhaupt unmöglich, einen umfassenden Plan aufzustellen. Und doch wird die einmütige Überzeugung von der Notwendigkeit der Planwirtschaft im Verein mit der Tatsache, daß demokratische Körperschaften zur Aufstellung eines Planes ungeeignet sind, immer mehr zu der Forderung führen, daß die Regierung oder eine Einzelperson die Vollmacht erhalten müsse, auf eigene Verantwortung zu handeln. Immer mehr greift die Meinung um sich, daß die verantwortlichen Behörden von den Fesseln des demokratischen Verfahrens befreit werden müssen, wenn irgendetwas durchgesetzt werden solle.

Der Ruf nach einem Wirtschaftsdiktator bezeichnet ein charakteristisches Stadium in der Entwicklung zur Planwirtschaft, das auch bei uns nicht unbekannt ist. Es ist schon einige Jahre her, daß einer der scharfsinnigsten ausländischen Beobachter Englands, der verstorbene Elie Halévy, den folgenden Gedanken äußerte: „Wenn man Lord Eustace Percy, Sir Oswald Mosley und Sir Stafford Cripps übereinander photographiert, dann würde man vermutlich einen Durchschnittstypus erhalten, der sagt: ‚Wir leben in einem wirtschaftlichen Chaos, aus dem wir nur durch eine Art von diktatorischer Führung herauskommen können'"[4]. Die Zahl einflußreicher Persönlichkeiten des öffentlichen Lebens, die man ruhig mitphotographieren könnte, ohne daß das Porträt sich wesentlich ändert, hat seitdem beträchtlich zugenommen.

In Deutschland war die Entwicklung selbst vor der Machtergreifung durch Hitler schon viel weiter fortgeschritten. Man darf nicht vergessen, daß Deutschland schon einige Zeit vor 1933 ein Stadium erreicht hatte, in dem es in der Tat diktatorisch regiert werden mußte. Es stand damals außer Zweifel, daß die Demokratie auf absehbare Zeit zusammengebrochen war und daß aufrichtige Demokraten wie Brüning ebensowenig imstande waren, demokratisch zu regieren, wie Schleicher oder von Papen. Hitler brauchte die Demokratie nicht zu vernichten; er nutzte nur ihren Zerfall aus und erhielt im kritischen Augenblick die Unterstützung vieler, denen er, wenn sie ihn auch verabscheuten, doch als der einzige Mann erschien, der stark genug war, um durchzugreifen.

*

Das Argument, durch das die Planwirtschaftler uns in der Regel mit dieser Entwicklung auszusöhnen suchen, lautet dahin, daß, solange die Demokratie letzte Überwachungsinstanz bleibt, ihr Wesen nicht beeinträchtigt wird. So schreibt Karl Mannheim:

„Der einzige [sic] Unterschied zwischen einer kollektivistischen Gesellschaftsordnung und der des 19. Jahrhunderts besteht darin, daß die Staatsgewalt auf immer mehr Bereiche der

---

4 „Socialism and the Problems of Democratic Parlamentarism", International Affairs, Bd. XIII, S. 501.

Gesellschaft und schließlich auf alle ausgedehnt wird. Aber wenn die parlamentarische Regierung ihre Oberhoheit gegenüber einigen wenigen Planeingriffen behaupten kann, so kann sie es auch gegenüber vielen ... In einem demokratischen Staate gibt es keine Grenze für eine Stärkung der Staatsgewalt durch Ermächtigungsgesetze, ohne daß dadurch das Überwachungsrecht des Volkes beeinträchtigt wird" [5].

Diese Auffassung übersieht einen wesentlichen Unterschied. Das Parlament kann natürlich die Durchführung solcher Aufgaben überwachen, für die es genaue Anweisungen geben kann und deren Zielen es im voraus zugestimmt hat, wobei es lediglich ihre Detailausführung aus der Hand gibt. Ganz anders aber ist die Lage, wenn der Grund für die Machtdelegierung darin liegt, daß das Parlament und die Exekutive sich keineswegs über die Ziele geeinigt haben, wenn die mit der Planung beauftragte Behörde zwischen Zielen wählen muß, über deren Unvereinbarkeit das Parlament sich nicht einmal klar ist, und wenn man im allerbesten Falle dem Parlament einen Plan vorlegen kann, der nur en bloc angenommen oder abgelehnt werden muß. Kritik ist möglich und vielleicht sogar wahrscheinlich; aber da keine Majorität für einen andern Plan zustande kommen kann und die kritisierten Teile des Projektes so gut wie immer als wesentlich hingestellt werden können, wird die Kritik nutzlos sein. Die Diskussion im Parlament mag auch weiterhin als ein nützliches Sicherheitsventil, ja noch mehr, als ein bequemes Mittel beibehalten werden, um der Öffentlichkeit die offiziellen Antworten der Regierung auf die Beschwerden bekanntzugeben. Das Parlament kann sogar einige schreiende Mißstände abstellen und mit Erfolg dafür eintreten, daß einzelne Unzulänglichkeiten behoben werden. Aber es kann nicht regieren. Seine Funktionen werden sich bestenfalls auf die Wahl der Personen beschränken, welche die so gut wie absolute

---

[5] *K. Mannheim*, Man and Society in an Age of Reconstruction, 1940, S. 340.

Gewalt in Händen haben sollen. Das ganze System wird sich auf eine plebiszitäre Diktatur hin entwickeln, in der das Oberhaupt der Regierung von Zeit zu Zeit durch eine Volksabstimmung in seiner Stellung bestätigt wird, in der ihm aber alle Machtmittel zur Verfügung stehen, die ihm das gewünschte Abstimmungsergebnis sichern.

Demokratie ist nur um den Preis zu haben, daß allein solche Gebiete einer bewußten Lenkung unterworfen werden können, auf denen eine wirkliche Übereinstimmung über die Ziele besteht, während man andere Bereiche sich selber überlassen muß. Aber in einer Gesellschaft, die durch eine zentrale Planwirtschaft reguliert wird, ist es unmöglich, zu warten, bis sich eine Majorität findet, die sich auf die Ziele einigen kann. Vielmehr wird es oft notwendig sein, dem Volk den Willen einer kleinen Minorität aufzuzwingen, weil diese Minorität das äußerste Maximum von Leuten darstellt, die sich über die betreffenden Fragen einigen können. Die Regierungsform der Demokratie hat sich überall bewährt, wenn und solange die Staatsaufgaben entsprechend einer herrschenden Auffassung auf Gebiete begrenzt wurden, auf denen sich im Wege freier Diskussion eine Majorität zusammenfinden konnte, und es ist das große Verdienst des Liberalismus, daß er die Zahl der Fragen, über die man sich im Staate einigen mußte, auf solche beschränkte, für die eine solche Übereinstimmung in einer Gesellschaft freier Menschen als wahrscheinlich vorausgesetzt werden konnte. Man kann heute oft hören, daß die Demokratie den „Kapitalismus" nicht länger dulden will. Wenn „Kapitalismus" hier ein auf Wettbewerb und Privateigentum beruhendes Wirtschaftssystem bedeuten soll, so ist es weit wichtiger, sich darüber klar zu sein, daß nur im Rahmen eines solchen Systems die Demokratie möglich ist. Läßt sie sich dagegen von einer kollektivistischen Ideologie überwältigen, so gräbt sie damit unweigerlich ihr eigenes Grab.

*

Nun kommt es uns ganz gewiß nicht in den Sinn, aus der Demokratie einen Fetisch zu machen. Es kann sehr wohl sein, daß unsere Generation die Demokratie zu viel im Munde führt, ohne genügend die Werte im Auge zu haben, denen sie dienen soll. Von der Demokratie gilt nicht, was Lord Acton mit Recht von der Freiheit gesagt hat, nämlich daß sie kein Mittel zu einem höheren politischen Zweck sei, sondern höchster politischer Selbstzweck, daß sie nicht im Interesse einer guten öffentlichen Verwaltung erforderlich sei, sondern dafür, die Erreichung der höchsten Ziele der bürgerlichen Gesellschaft und des Privatlebens zu sichern. Die Demokratie ist vielmehr wesentlich ein Mittel und ein von der Nützlichkeit diktiertes Instrument für die Wahrung des inneren Friedens und der individuellen Freiheit. In dieser Eigenschaft ist sie keineswegs unfehlbar oder von absolut sicherer Wirkung. Wir dürfen auch nicht vergessen, daß es unter einem autokratischen Regiment oft mehr kulturelle und geistige Freiheit gegeben hat als in einzelnen Demokratien, während wir uns zum mindesten vorstellen können, daß eine demokratische Regierung unter der Herrschaft einer sehr homogenen und doktrinären Majorität die Menschen ebenso verknechten könnte wie die schlimmste Diktatur. In diesem Zusammenhang kommt es uns aber nicht darauf an, daß die Diktatur notwendigerweise die Freiheit vernichten muß, sondern vielmehr darauf, daß Planwirtschaft zur Diktatur führt, weil diese das wirksamste Instrument der Gewaltanwendung und der Aufzwingung von Idealen ist und als solches unvermeidlich wird, wenn eine zentrale Planung großen Stiles durchgeführt werden soll. Der Konflikt zwischen Planwirtschaft und Demokratie ergibt sich einfach aus der Tatsache, daß die letztere der Unterdrükkung der Freiheit im Wege steht, welche die bewußte Leitung des Wirtschaftslebens erfordert. Aber soweit die Demokratie darauf verzichtet, die individuelle Freiheit zu garantieren, mag sie auch unter einem totalitären Regime in irgendeiner Form weiterexistieren. Eine wirkliche „Diktatur des Proletariats", die die zentrale Leitung des Wirtschaftslebens in die Hand nimmt, würde ungeachtet etwaiger demokratischer Formen die persönliche Freiheit wahrscheinlich ebenso restlos austilgen wie je die schlimmste Autokratie.

Die heutige Mode, die Demokratie als den bedrohten Eckpfeiler unserer Zivilisation hinzustellen, hat ihre Gefahren. Sie ist weitgehend für den irreführenden und unbegründeten Glauben verantwortlich, daß keine Willkürherrschaft möglich ist, solange der Wille der Majorität für die Ausübung der Macht maßgebend ist. Die trügerische Sicherheit, in die sich viele Leute durch diesen Glauben wiegen lassen, ist eine Hauptursache der allgemeinen Sorglosigkeit gegenüber den uns drohenden Gefahren. Der Glaube, daß keine Regierung eine Willkürherrschaft sein kann, wenn sie nur ein Produkt des demokratischen Wahlverfahrens ist, ist ganz unbegründet und die darin liegende Gegenüberstellung vollkommen falsch: nicht der Ursprung, sondern die Begrenzung der Regierungsgewalt bewahrt sie vor Willkür. Es ist möglich, daß das demokratische Kontrollrecht eine Willkürherrschaft verhindert, aber dann nicht durch seine bloße Existenz. Wenn die Demokratie sich zu einer Aufgabe entschließt, die notwendigerweise eine Anwendung der Staatsgewalt voraussetzt, die sich nicht an festen Normen orientieren kann, muß sie zur Willkürherrschaft werden.

SECHSTES KAPITEL

PLANWIRTSCHAFT UND RECHTSSTAAT

Neuere rechtsphilosophische Untersuchungen haben abermals bestätigt, daß das Grundprinzip des formalen Rechts, nach welchem jeder Fall nach allgemeinen logischen Richtlinien beurteilt werden soll, die möglichst wenig Ausnahmen zulassen und die auf logischen Subsumtionen beruhen, nur für die liberale Phase des Konkurrenzkapitalismus Gültigkeit hat. Karl Mannheim

In keinem Punkte unterscheiden sich die Verhältnisse in einem freien Lande von denen in einem willkürlich regierten deutlicher als darin, daß man sich in dem ersteren an jene Grundsätze hält, die wir unter dem Begriff des Rechtsstaates zusammenfassen. Wenn man von allen technischen Einzelheiten absieht, so bedeutet dies, daß die Regierung in allen ihren Handlungen an Normen gebunden ist, die im voraus festgelegt und bekanntgegeben sind – Normen, nach denen man mit ziemlicher Sicherheit voraussehen kann, in welcher Weise die Obrigkeit unter bestimmten Umständen von ihrer Macht Gebrauch machen wird und die es dem einzelnen erlauben, sein persönliches Verhalten danach einzurichten[1]. Obwohl dies Ideal niemals vollkommen

---

[1] Nach der klassischen Darlegung von *A. V. Dicey* in The Law of the Constitution (8. Aufl., S. 198) bedeutet der Rechtsstaat „zunächst den absoluten Vorrang oder das Übergewicht des gemeinen Rechts gegenüber dem Einfluß der Willkür. Er schließt Willkür, Absolutismus und sogar weitgehendes freies Ermessen der Regierung aus". In England jedoch hat der Begriff großenteils dank der Arbeit Diceys eine engere technische Bedeutung angenommen, die uns hier nichts angeht. Die umfassendere und ältere Bedeutung des Begriffes der „rule of law" – eines Begriffes, der zu einer feststehenden Tradition geworden war, welche nicht diskutiert, sondern als selbstverständlich hin-

erreicht werden kann, da sowohl die Gesetzgeber wie auch die ausführenden Organe fehlbare Menschen sind, so ist es doch klar, wie sehr es darauf ankommt, daß der Ermessensspielraum der Exekutivorgane so klein wie möglich gehalten wird. Während jedes Gesetz die Freiheit des Individuums bis zu einem gewissen Grade dadurch beschränkt, daß es die Mittel ändert, deren man sich zur Erreichung seiner Ziele bedienen darf, wird in einem Rechtsstaat die Regierung daran gehindert, die Bestrebungen der Individuen durch Maßnahmen zu durchkreuzen, die auf den betreffenden Fall zugeschnitten sind. Innerhalb der bestehenden Spielregeln kann das Individuum seine persönlichen Ziele und Wünsche verfolgen, ohne fürchten zu müssen, daß die Regierung ihre Macht dazu benutzt, seine Pläne absichtlich zu vereiteln.

Die Unterscheidung, die wir vorher zwischen der Schaffung eines rechtlichen Dauerrahmens, innerhalb dessen das Individuum seine Entscheidungen über seine Wirtschaftsakte trifft, und der Lenkung der Wirtschaftstätigkeit durch eine zentrale Behörde gemacht haben, ist also in Wahrheit ein Sonderfall der allgemeineren Unterscheidung zwischen Rechtsstaat und Willkürherrschaft. Im ersten Falle beschränkt die Regierung sich auf die Festsetzung von Richtlinien, die die Bedingungen bestimmen, unter denen die vorhandenen Produktionskräfte verwendet werden dürfen, wobei sie den Individuen die Entscheidung darüber, für welche Zwecke sie sie verwenden wollen, überläßt. Im zweiten Falle schreibt die Regierung die Verwendung der Produktionskräfte für bestimmte Ziele vor. Die Richtlinien des erstgenannten Typus können im voraus in Gestalt von formalen Rechtsnormen festgelegt werden, die nicht auf die Wünsche und Bedürfnisse bestimmter Menschen zugeschnitten sind. Sie sollen

---

genommen wurde, – ist in den Diskussionen zu Beginn des 19. Jahrhunderts über die Natur des Rechtsstaates in Deutschland in allen Einzelheiten erörtert worden, gerade weil er Probleme aufwarf, die für jenes Land neu waren.

den Menschen, wenn sie ihre verschiedenen individuellen Ziele verfolgen, nur als Werkzeuge dienen, und sie sind für so lange Zeiträume gedacht – oder sollten es wenigstens sein –, daß man unmöglich wissen kann, ob sie bestimmten Menschen mehr nützen als anderen. Man könnte sie fast eher als eine Art von Produktionsmitteln bezeichnen, mit deren Hilfe die Menschen das Verhalten ihrer Wirtschaftspartner im voraus abzuschätzen vermögen, denn als Mittel zur Befriedigung bestimmter Bedürfnisse.

Die Wirtschaftsplanung des Kollektivismus jedoch führt mit Notwendigkeit zum genauen Gegenteil. Die Planwirtschaftsbehörde kann sich nicht darauf beschränken, beliebigen Menschen Mittel zur beliebigen Verwendung zur Verfügung zu stellen. Sie kann sich nicht im voraus an allgemeine und formale Normen binden, welche die Willkür ausschließen. Sie muß in jedem Augenblick für die konkreten Bedürfnisse der Menschen sorgen und bewußt zwischen ihnen wählen. Sie muß unausgesetzt Fragen entscheiden, die nicht nur nach formalen Grundsätzen beantwortet werden können, und in diesen Entscheidungen muß sie den Bedürfnissen verschiedener Menschen einen unterschiedlichen Wert beimessen. Wenn die Regierung bestimmen muß, wieviel Schweine aufzuziehen sind oder wieviel Autobusse verkehren sollen, welche Kohlenbergwerke arbeiten oder zu welchem Preise Schuhe verkauft werden sollen, so können diese Entscheidungen nicht nach formalen Prinzipien und nicht für lange Zeit im voraus getroffen werden. Sie hängen notwendigerweise von der jeweiligen Situation ab, und bei solchen Entscheidungen wird man immer die Interessen verschiedener Personen und Gruppen gegeneinander abwägen müssen. Schließlich wird die Privatmeinung eines einzelnen darüber entscheiden, wessen Interessen wichtiger sind, und diese Meinungen werden Teil des Landesrechts werden und zu einer neuen Rangabstufung führen müssen, die der Zwangsapparat der Regierung dem Volke auferlegt.

*

Die Unterscheidung zwischen den formalen und den materiellen Rechtsnormen, deren wir uns soeben bedient haben, ist sehr wichtig, und gleichzeitig ist es höchst schwierig, sie in der Praxis immer genau durchzuführen. Indessen ist das zugrundeliegende Prinzip sehr einfach. Der Unterschied zwischen den beiden Arten von Normen ist derselbe wie der zwischen dem Erlaß einer Verkehrsordnung und der polizeilichen Regulierung des Fußgängerverkehrs oder, noch besser, wie zwischen der Aufstellung von Wegweisern und der Anordnung, daß wir diesen oder jenen Weg nehmen müssen. Die formalen Rechtsnormen künden uns im voraus an, wie der Staat in bestimmten typischen Situationen handeln wird, die in allgemeinen Begriffen und ohne Bezug auf Zeit, Ort oder bestimmte Menschen definiert werden. Sie beziehen sich auf typische Situationen, in die jedermann geraten kann und in denen es für die verschiedensten individuellen Zwecke nützlich ist, daß solche Normen existieren. Die Gewißheit, daß der Staat in solchen Situationen in einer bestimmten Weise handeln oder den Menschen ein bestimmtes Verhalten vorschreiben wird, wird geschaffen, damit wir von ihr bei der Aufstellung unserer eigenen Wirtschaftspläne Gebrauch machen können. Daher sind die formalen Rechtsnormen lediglich Hilfsmittel in dem Sinne, daß sie einem im voraus unbekannten Publikum von Nutzen sein sollen, und zwar für Ziele, für die diese Menschen sie verwenden wollen und unter Umständen, die im einzelnen nicht vorausgesehen werden können. Gerade der Umstand, daß wir die konkrete Wirkung dieser Normen nicht kennen, daß wir nicht wissen, welchen Einzelzwecken oder welchen einzelnen Menschen sie dienen werden, und daß sie mit Rücksicht auf den größtmöglichen Nutzen aller davon Betroffenen formuliert werden, ist das wichtigste Kennzeichen jener Normen, die wir als formale Rechtsnormen bezeichnen. Durch sie werden nicht konkrete Ziele oder konkrete Personen ins Auge gefaßt, einfach weil wir nicht im voraus wissen können, wie und durch wen von ihnen Gebrauch gemacht werden wird.

Unserer Zeit, die sich für die bewußte Lenkung von allem

und jedem begeistert, mag es paradox erscheinen, wenn wir es als einen Vorzug bezeichnen, daß wir unter einem bestimmten Gesellschaftssystem über die individuellen Wirkungen der Staatsmaßnahmen weniger wissen als unter den meisten anderen Gesellschaftssystemen, und wenn wir eine bestimmte Methode der Gesellschaftsordnung deshalb für überlegen halten, weil wir über ihre genauen konkreten Auswirkungen im voraus nichts wissen können. Und doch liegt gerade hier die tiefere Begründung des großen liberalen Prinzips des Rechtsstaates. Das, was als paradox erscheint, leuchtet sofort ein, wenn wir noch eine weitere Erwägung anstellen.

*

Diese Erwägung ist doppelter Art. Zum ersten ist sie eine ökonomische, die hier nur kurz umschrieben werden kann. Der Staat sollte sich auf die Setzung von Normen beschränken, die sich auf allgemeine typische Situationen beziehen und sollte den Individuen Freiheit in allem lassen, was von den räumlichen und zeitlichen Umständen abhängt, weil nur die jeweils in Frage kommenden Individuen volle Kenntnis dieser Umstände haben und ihnen ihre Akte anpassen können. Wenn die Individuen imstande sein sollen, ihre Kenntnis wirksam in Pläne umzusetzen, dann müssen sie die Maßnahmen des Staates, die für diese Pläne bedeutungsvoll werden können, vorauszusehen vermögen. Aber wenn die Staatsmaßnahmen im voraus bestimmbar sein sollen, dann müssen sie an Rechtsnormen gebunden sein, die unabhängig von den unvorhersehbaren und unberechenbaren Umständen aufgestellt wurden, wobei eine Voraussage darüber, wie solche Maßnahmen im einzelnen wirken werden, nicht möglich ist. Wenn aber andererseits der Staat die Akte der Individuen lenken sollte, um so konkrete Ziele zu erreichen, dann müßten seine Maßnahmen mit Rücksicht auf alle Umstände des jeweiligen Augenblicks getroffen, daher aber auch unbestimmbar werden. Daraus erklärt sich die bekannte Tatsache, daß, je mehr der Staat „plant", das Planen für den einzelnen um so schwieriger wird.

Unsere zweite Erwägung, die moralischer und politischer Art ist, ist für unser Problem sogar noch bedeutungsvoller. Wenn der Staat imstande sein soll, genau vorauszusehen, wen seine Maßnahmen treffen, so heißt das, daß er den Betroffenen keine Wahl lassen kann. Überall dort, wo der Staat genau voraussehen kann, wie diese oder jene Richtung seiner Politik auf bestimmte Individuen wirkt, ist es auch der Staat, der die Wahl zwischen den verschiedenen Zielen trifft. Wenn wir neue Möglichkeiten schaffen wollen, die allen offenstehen, oder Chancen eröffnen und es den Menschen freistellen, welchen Gebrauch sie davon machen wollen, so können die Ergebnisse nicht genau vorausgesehen werden. Generelle Normen, d. h. echte Gesetze im Gegensatz zu speziellen Verfügungen, müssen daher im Hinblick auf Umstände erlassen werden, die man im einzelnen nicht voraussehen kann, und daher kann man ihre Wirkung auf bestimmte Ziele oder bestimmte Menschen nicht im voraus kennen. Nur in diesem Sinne ist es dem Gesetzgeber überhaupt möglich, unparteiisch zu sein. Unparteiisch sein heißt nämlich, bestimmte Fragen unbeantwortet lassen – jene Art von Fragen, die wir gegebenenfalls durch Abzählen an den Knöpfen entscheiden. In einer Welt, in der alles genau im voraus bestimmt sein soll, kann der Staat kaum irgendetwas tun, ohne seine Unparteilichkeit zu verlieren. Aber wenn die genauen Wirkungen der Staatspolitik auf bestimmte einzelne bekannt sind und wenn die Regierung solche individuellen Wirkungen direkt ins Auge faßt, muß sie diese kennen, und daher kann sie nicht unparteiisch sein. Sie muß mit Notwendigkeit Partei ergreifen, ihre Wertskala dem Volke aufzwingen und, statt den Menschen in der Verfolgung ihrer eigenen Ziele zu helfen, diese für sie auswählen. Sobald die individuellen Wirkungen zu der Zeit, da das Gesetz erlassen wird, vorausgesehen werden, hört dieses auf, ein bloßes Hilfsmittel für den Gebrauch des Volkes zu sein, und wird dafür ein Instrument in der Hand des Gesetzgebers gegenüber dem Volke und für seine eigenen Ziele. Der Staat ist dann nicht mehr eine Art Maschinerie, die auf Zweckmäßigkeitserwägungen beruht und den Individuen eine Hilfe zur vollsten Entfaltung ihrer Persönlichkeit sein soll, sondern er wird jetzt eine „moralische" Anstalt - moralisch nicht im Gegensatz zu unmoralisch, sondern zur Kennzeichnung einer Anstalt, die ihre eigenen Ansichten über alle Fragen der Moral den Staatsbürgern aufzwingt, mögen diese Ansichten nun moralisch oder höchst unmoralisch sein. In diesem Sinne ist der nationalsozialistische oder irgendein anderer kollektivistischer Staat „moralisch", während der liberale Staat es nicht ist.

Vielleicht wird man einwenden, daß all dies kein ernsthaftes Problem bedeutet, weil der Wirtschaftsplaner in den von ihm zu entscheidenden Fragen nicht durch seine individuellen Vorurteile geleitet werden sollte oder müßte, sondern sich auf die allgemeine Vorstellung davon, was billig und vernünftig ist, stützen könnte. Dieser Einwand pflegt Leuten naheznuliegen, die Planungserfahrung in einer bestimmten Industrie haben und konstatieren, daß es keine unüberwindlichen Schwierigkeiten macht, eine Entscheidung zu fällen, die alle unmittelbar Betroffenen als billig akzeptieren werden. Der Grund, warum diese Erfahrung ohne Beweiskraft ist, liegt natürlich darin, daß, wenn die Planung auf eine bestimmte Industrie beschränkt wird, bereits eine Auswahl der „Interessen" stattgefunden hat; diejenigen aber, die in einer Frage am unmittelbarsten interessiert sind, sind nicht notwendigerweise die besten Richter, wenn es sich um die Gesellschaft als Ganzes handelt. Nehmen wir nur den bezeichnendsten Fall: wenn Arbeit und Kapital in einer Industrie sich über irgendeine Restriktionspolitik verständigen und so die Konsumenten ausbeuten, so pflegt es nicht schwierig zu sein, die Beute im Verhältnis der früheren Erträgnisse oder nach einem ähnlichen Schlüssel zu teilen. Der Verlust, der sich auf Tausende oder Millionen verteilt, pflegt entweder einfach ignoriert oder leichthin abgetan zu werden. Wenn wir die Brauchbarkeit des Prinzips der Billigkeit für die Entscheidung der Fragen prüfen wollen, die sich in einer Planwirtschaft stellen, dann müssen wir es auf einen Fall anwenden, wo die Gewinne und die Verluste mit gleicher Klarheit hervortreten. In solchen Fällen aber springt es in die Augen, daß kein solch allgemeines Prinzip wie das der Billigkeit das Problem lösen kann. Wenn wir wählen müssen zwischen höheren Löhnen für Pflegerinnen oder Ärzte und ausgedehnterer Krankenfürsorge, zwischen mehr Milch für Kinder und höheren Löhnen für Landarbeiter oder zwischen Beschäftigung für Arbeitslose und Lohnsteigerung für die bereits Beschäftigten, so kann die Antwort nur in einem vollkommenen Koordinatensystem der Werte gefunden werden, in dem jedes Bedürfnis jeder Person oder Gruppe seinen bestimmten Platz hat.

Mit zunehmender Ausdehnung der Planwirtschaft pflegt es in der Tat notwendig zu werden, in den Gesetzesbestimmungen in wachsendem Maße darauf hinzuweisen, was „billig" oder „vernünftig" ist. Das bedeutet, daß es unvermeidlich wird, die Entscheidung eines konkreten Falles mehr und mehr dem Ermessen des betreffenden Richters oder Amtes zu überlassen. Man könnte eine Geschichte des Unterganges des Rechtsstaates unter dem Gesichtspunkt des zunehmenden Eindringens dieser Kautschukparagraphen in die Gesetzgebung und Rechtsprechung, der wachsenden Willkür und Unsicherheit des Rechts und der Rechtspflege und ihres dadurch verschuldeten sinkenden Ansehens schreiben, des Rechts und der Rechtspflege, die unter diesen Umständen zu einem bloßen Instrument der Politik werden. In diesem Zusammenhang ist es wichtig, noch einmal darauf hinzuweisen, daß der Prozeß des Verfalls des Rechtsstaates in Deutschland schon geraume Zeit vor dem Machtantritt Hitlers immer weiter fortgeschritten war und daß dort eine Politik, die sich bereits auf gutem Wege zur totalitären Planwirtschaft befand, schon einen großen Teil der Arbeit geleistet hatte, die Hitler dann vollendete.

Es unterliegt keinem Zweifel, daß Planwirtschaft notwendigerweise zu einer bewußt unterschiedlichen Behandlung der konkreten Bedürfnisse der verschiedenen Menschen führt und dem einen erlaubt, was sie dem andern verbieten muß. Sie muß gesetzlich festlegen, welchen Lebensstandard die einzelnen haben sollen und was diese und jene haben und tun dürfen. Sie läuft darauf hinaus, daß man zum Ständesystem zurückkehrt und die „Marschrichtung fortschrittlicher Gesellschaften" umkehrt, die nach der berühmten Wendung von Sir Henry Maine „bisher ein Marsch von der Ständeverfassung zu einem Regime der Vertragsfreiheit" gewesen ist. In der Tat sollte wahrscheinlich der Rechtsstaat mehr noch als das System der Vertragsfreiheit als der wirkliche Gegenpol der Ständeverfassung angesehen werden. Der Rechtsstaat in dem Sinne der Herrschaft der formalen Rechtsnorm, die keine gesetzlichen Vorrechte für bestimmte von der Regierung ausgewählte Einzelpersonen kennt, sichert allein jene Gleichheit vor dem Gesetz, die das Gegenteil der Willkürherrschaft ist.

*

Eine notwendige und nur scheinbar paradoxe Schlußfolgerung aus dem Vorstehenden ist, daß die formale Gleichheit vor dem Gesetz sich im Widerstreit befindet, ja unvereinbar ist mit einer Politik, die bewußt die materielle oder substantielle Gleichheit verschiedener Individuen anstrebt und daß irgendeine Politik, die sich direkt das substantielle Ideal der Verteilungsgerechtigkeit zum Ziel setzt, zur Zerstörung des Rechtsstaates führen muß. Wenn man verschiedene Individuen in dieselbe Lage bringen will, so muß man sie notwendigerweise verschieden behandeln. Verschiedenen Individuen dieselben objektiven Lebensbedingungen verschaffen, heißt nicht, daß man jedem einzelnen genau die gleichen Chancen gibt. Es ist nicht zu leugnen, daß das Prinzip des Rechtsstaates wirtschaftliche Ungleichheit hervorbringt; alles, was man zu seinen Gunsten geltend machen kann, ist, daß es nicht im Wesen dieser Ungleichheit liegt, bestimmte Menschen in einer bestimmten Weise zu treffen. Es ist von weittragender Bedeutung und sehr charakteristisch, daß die Sozialisten (und die Nationalsozialisten) von jeher gegen die „bloß" formale Gerechtigkeit protestiert haben, daß sie sich stets gegen ein Rechtssystem aufgelehnt haben, das sich nicht darüber ausspricht, welchen Lebensstandard bestimmte Individuen haben sollten[2], daß sie immer wieder eine „Sozialisierung des Rechts" verlangt, die Unabhängigkeit der Richter angegriffen und gleichzeitig alle Bewegungen unterstützt haben, die, wie die Freirechtsschule, das Prinzip des Rechtsstaates unterminiert haben.

Man kann sogar sagen, daß für einen echten Rechtsstaat die Existenz einer Norm, die immer ohne Ansehung der Person angewandt wird, wichtiger ist als die Art dieser Norm selbst. In der Tat ist oft der Inhalt der Norm von untergeordneter Bedeutung, sofern sie nur nach allen Seiten hin gleichmäßig angewandt wird. Um ein früheres Beispiel wiederaufzunehmen: es ist gleichgültig, ob wir alle die rechte oder die linke Straßenseite benutzen, solange wir nur alle auf derselben Seite fahren. Das Wichtige ist eben, daß die Norm uns erlaubt, das Verhalten anderer richtig vorherzusehen, was voraussetzt, daß sie auf alle Fälle Anwendung findet, – selbst wenn wir sie in einem Spezialfall als ungerecht empfinden.

Der Konflikt zwischen dem formalen Recht und der formalen Gleichheit vor dem Gesetz einerseits und den Versuchen zur Verwirklichung verschiedener Ideale materieller Gerechtigkeit und Gleichheit andererseits ist auch für die weitverbreitete Konfusion über den Begriff des „Privilegs" und für den damit fortgesetzt getriebenen Mißbrauch verantwortlich zu machen. Als wichtigsten Fall dieses Mißbrauches wollen wir nur die Tatsache herausgreifen, daß der Begriff des Privilegs sogar auf das Eigentum als solches ausgedehnt worden ist. Eigentum wäre ein wirkliches Privileg, wenn z. B. Landeigentum, wie oft in der Vergangenheit, den Mitgliedern des Adels vorbehalten wäre.

---

[2] Es ist daher nicht ganz falsch, wenn der Rechtstheoretiker des Nationalsozialismus, Carl Schmitt, dem liberalen Rechtsstaat das nationalsozialistische Ideal des „gerechten Staates" gegenüberstellt, nur führt dasjenige Recht, das im Gegensatz zum formalen Recht steht, notwendigerweise zur unterschiedlichen Behandlung der Individuen.

Und Eigentum ist ein Privileg, wenn, wie in unserer Zeit, das Recht, bestimmte Dinge zu erzeugen oder zu verkaufen, bestimmten behördlich bestellten Leuten reserviert ist. Aber man nimmt dem Wort Privileg jeden Sinn, wenn man das Privateigentum als solches, das alle unter den gleichen Rechtsnormen erwerben können, deshalb Privileg nennt, weil nur einige es zu Eigentum bringen.

Die Unbestimmbarkeit der konkreten Einzelwirkungen, die das charakteristische Merkmal des formalen Rechtssystems einer liberalen Gesellschaft ist, hat die weitere Bedeutung, daß sie uns eine andere Konfusion über die Natur dieser Gesellschaft klären hilft: nämlich den Glauben, daß die Inaktivität des Staates zu ihrem Charakter gehöre. Ob der Staat „handeln", ob er „eingreifen" soll oder nicht, ist eine ganz falsche Fragestellung, und der Begriff des Laissez-faire ist eine höchst zweideutige und irreführende Bezeichnung der Grundsätze, auf denen eine liberale Politik beruht. Natürlich muß jeder Staat handeln, und jedes Handeln des Staates bedeutet irgendwo einen Eingriff. Aber das ist nicht der springende Punkt. Wichtig ist vielmehr allein, ob das Individuum die Aktion des Staates voraussehen und diese Voraussicht als Gegebenheit in seine eigenen Pläne einsetzen kann, so daß der Staat keinen Einfluß darauf hat, wie man sich seines Apparates bedient, und das Individuum genau weiß, wie weit es vor Übergriffen anderer geschützt wird, oder aber, ob der Staat in der Lage ist, die Aktionen der Individuen zu durchkreuzen. Der Staat, der das Maß- und Gewichtswesen überwacht (oder sonstwie Täuschung und Betrug verhindert), ist sicherlich ein tätiger Staat, während derjenige, der die Anwendung von Gewalt, z. B. durch Streikposten, erlaubt, ein untätiger Staat ist. Und doch ist es so, daß der Staat im ersten Falle liberale Grundsätze befolgt, im zweiten aber nicht. Ähnlich steht es mit den meisten allgemeinen Dauernormen, die der Staat für die Produktion aufstellen kann, wie z. B. den Bauvorschriften oder Fabrikgesetzen: sie mögen im Einzelfalle klug sein oder nicht, aber sie widersprechen den liberalen Grundsätzen so lange nicht, als sie auf Dauer angelegt sind und nicht dazu verwandt werden, bestimmten Individuen zu nützen oder zu schaden. Zwar werden sich in diesen Fällen neben den unbestimmbaren Dauerwirkungen auch klar bestimmbare kurzfristige Wirkungen für bestimmte einzelne ergeben; aber die kurzfristigen Wirkungen sind im Falle dieser Normen im allgemeinen nicht der leitende Gesichtspunkt (oder zum mindesten sollten sie es nicht sein). In dem Maße, wie diese unmittelbaren und im voraus bestimmbaren Wirkungen gegenüber den Dauerwirkungen an Bedeutung gewinnen, nähern wir uns der Grenze, wo die Unterscheidung, so klar sie auch grundsätzlich ist, in der Praxis doch verschwommen wird.

*

Die Idee des Rechtsstaates ist erst während des liberalen Zeitalters bewußt entwickelt worden und stellt eine seiner größten Errungenschaften dar, nicht nur als Schutzwehr, sondern darüber hinaus als die rechtliche Verkörperung der Freiheit. Wie es Kant formuliert und Voltaire es vor ihm mit nahezu den gleichen Worten ausgedrückt hat: „Der Mensch ist frei, wenn er keiner Person, sondern nur den Gesetzen zu gehorchen braucht." Indessen hat die Idee des Rechtsstaates in einer vagen Form mindestens seit der römischen Antike bestanden, und während der letzten Jahrhunderte ist sie niemals so bedroht gewesen wie heute. Die Vorstellung, daß es für die Machtbefugnisse des Gesetzgebers keine Grenzen gibt, ist zum Teil ein Ergebnis der Lehre von der Volkssouveränität und des Demokratismus. Sie ist durch den Glauben gefördert worden, daß der Rechtsstaat erhalten bleibt, solange alle Staatsakte in der Gesetzgebung ihre ordnungsmäßige Grundlage haben. Aber das bedeutet eine vollkommene Verkennung des Wesens des Rechtsstaates. Dieses Prinzip hat wenig zu schaffen mit der Frage, ob alle Regierungsakte juristisch legal sind. Ein Regierungsakt kann juristisch legal sein und doch dem Rechtsstaat widersprechen. Die Tatsache, daß jemand zu einem bestimmten Vorgehen die volle legale Befugnis hat, ist keine Antwort auf die Frage, ob das Gesetz ihn zu willkürlichem Vorgehen befugt oder ob es ihm eindeutig vorschreibt, wie er vorzugehen hat. Möglicherweise hat Hitler seine unbeschränkten Vollmachten in einer streng verfassungsmäßigen Weise erlangt, so daß alle seine Handlungen daher in juristischem Sinne legal sind. Aber wer wollte daraus schließen, daß in Deutschland noch immer das Prinzip des Rechtsstaates herrscht?

Wenn wir also sagen, daß in einer kollektivistischen Gesellschaft das Prinzip des Rechtsstaates nicht länger aufrechterhalten werden kann, so behaupten wir nicht, daß die Akte einer solchen Regierung nicht legal seien oder daß eine solche Gesellschaft notwendigerweise gesetzlos sein müsse. Es heißt nur, daß jetzt der Anwendung der staatlichen Zwangsgewalt keine Grenze mehr gesetzt ist und sie nicht länger durch im voraus festgelegte Normen bestimmt wird. Das Gesetz kann alles legalisieren, auch das, was im Grunde nur reine Willkürakte sind, und wenn eine zentrale Leitung des Wirtschaftsprozesses möglich sein soll, so bleibt ihm gar nichts anderes übrig. Wenn das Gesetz sagt, daß diese oder jene Behörde nach Belieben handeln darf, so ist alles, was diese Behörde tut, legal, aber ihre Akte entsprechen sicherlich nicht mehr dem Prinzip des Rechtsstaates. Durch die Ausstattung der Regierung mit unbeschränkten Vollmachten kann die größte Willkürherrschaft legal gemacht werden: das ist der Weg, auf dem eine Demokratie den denkbar vollkommensten Despotismus aufrichten kann[3].

---

[3] Im Gegensatz zu einem Mißverständnis in den Diskussionen des 19. Jahrhunderts handelt es sich also nicht um einen Konflikt zwischen Freiheit und Gesetz. Wie schon John Locke klargemacht hat, kann es keine Freiheit ohne Gesetz geben. Es handelt sich vielmehr um einen Konflikt zwischen verschiedenen Arten von Gesetzen, so verschiedenen, daß sie kaum mit demselben Wort bezeichnet werden können. Die eine Art ist das Gesetz des Rechtsstaates, das soll heißen, allgemeine Grundsätze, die im voraus aufgestellt werden, die „Spielregeln", die dem Individuum eine Voraussage darüber ermöglichen, wie unter bestimmten Umständen der Zwangsapparat des Staates ver-

Wenn hingegen das Gesetz der öffentlichen Hand die Möglichkeit bieten soll, den Wirtschaftsprozeß zu lenken, so muß es ihr die Befugnis geben, Entscheidungen unter nicht vorauszusehenden Umständen und nach Grundsätzen zu treffen und durchzusetzen, die sich nicht allgemein formulieren lassen. Die Folge ist, daß die Ausstattung verschiedener Behörden mit dem Verordnungsrecht bei wachsender Planwirtschaft immer mehr um sich greift. Vor dem ersten Weltkrieg machte der Richter Darling in einem Falle, auf den der verstorbene Lord Hewart kürzlich hingewiesen hat, die Feststellung, daß „das Parlament zum ersten Male im vergangenen Jahre gesetzlich bestimmt hat, daß das Landwirtschaftsministerium in seiner Tätigkeit ebenso immun sein solle wie das Parlament selbst". Damals war das noch eine Ausnahme, aber inzwischen ist es fast zur Alltäglichkeit geworden. Fortgesetzt werden die ausgedehntesten Vollmachten neuen Behörden übertragen, die, ungebunden durch feste Normen, fast unbeschränkte Ermessensfreiheit haben, um diese oder jene Betätigung zu regulieren.

Das Prinzip des Rechtsstaates ist daher gleichbedeutend mit einer Einschränkung des Bereiches der Gesetzgebung: es beschränkt sie auf jene Art allgemeiner Normen, die wir als formales Recht bezeichnen, während es eine Gesetzgebung ausschließt, die direkt bestimmte Individuen treffen oder einer Behörde die Befugnis zum Gebrauch der Staatsgewalt für eine solche unterschiedliche Behandlung geben soll. Es bedeutet nicht, daß alles gesetzlich geregelt wird, sondern im Gegenteil, daß die staatliche Zwangsgewalt nur in gesetzlich vorher definierten Fällen und in einer solchen Weise ausgeübt werden kann,

---

wendet werden wird oder was es und seine Mitbürger tun dürfen oder sollen. Die andere Art von Gesetzen aber gibt dem Staate im Grunde die Befugnis, zu tun, was er für richtig hält. Daher kann der Rechtsstaat offensichtlich nicht länger in einer Demokratie aufrechterhalten werden, die es auf sich nähme, jeden Interessenkonflikt nicht nach vorher genau bestimmten Normen, sondern „von Fall zu Fall" zu entscheiden.

daß die Art ihrer Anwendung von vornherein feststeht. Ein bestimmtes Gesetz kann daher eine Verletzung des Prinzips des Rechtsstaates bedeuten. Wer das leugnen wollte, müßte behaupten, daß die Frage, ob es heute noch in Deutschland, Italien oder Rußland den Rechtsstaat gibt, sich danach beantwortet, ob die Diktatoren ihre absolute Macht mit verfassungsmäßigen Mitteln erlangt haben[4].

Es kommt verhältnismäßig wenig darauf an, ob die Hauptanwendungsfälle des Rechtsstaatsprinzips, wie in einzelnen

---

[4] Ein anderes Beispiel für die Verletzung des Prinzips des Rechtsstaates durch die Gesetzgebung ist das aus der englischen Geschichte bekannte Gesetz über die Nebenfolgen der Todesstrafe (Bill of Attainder). Im Strafrecht nimmt das Prinzip des Rechtsstaates jene Form an, die wir gewöhnlich mit der lateinischen Wendung nulla poena sine lege bezeichnen, wonach keine Bestrafung möglich ist ohne ein bestehendes Gesetz, das sie vorschreibt. Der Sinn dieser Bestimmung ist, daß das Gesetz als allgemeine Norm existiert haben muß, bevor sich der individuelle Anwendungsfall ergibt. Niemand wird behaupten wollen, daß es dem Rechtsstaat entsprach, wenn das Parlament unter Heinrich VIII. in einem berühmten Fall über den Koch des Bischofs von Rochester den Beschluß faßte, „daß der besagte Richard Rose zu Tode gesotten werden soll ohne Ansehung seines geistlichen Standes". Aber während das Rechtsstaatsprinzip in allen liberalen Ländern zum integrierenden Bestandteil der Strafprozeßordnung geworden ist, kann es in totalitären Ländern nicht gewahrt werden. Das liberale Prinzip des Strafprozesses wird dort nach dem treffenden Ausdruck von E. B. Ashton durch den Grundsatz: nullum crimen sine poena ersetzt, wonach kein „Verbrechen" straflos bleiben soll, ohne Rücksicht darauf, ob das Gesetz es ausdrücklich vorschreibt oder nicht. „Die Rechte des Staates enden nicht mit der Bestrafung der Rechtsbrecher. Die Volksgemeinschaft ist zu allem berechtigt, was zum Schutze ihrer Interessen notwendig erscheint, wobei die Befolgung der geschriebenen Gesetze nur eine von den geläufigeren Voraussetzungen ist" (*E. B. Ashton*, The Fascist, His State and Mind, 1937, S. 119). Was eine Verletzung der „Interessen der Volksgemeinschaft" ist, wird natürlich von der Obrigkeit entschieden.

Ländern, in einer Liste der Grundrechte (Bill of Rights) oder in einer Verfassungsakte niedergelegt sind oder ob es lediglich eine fest eingewurzelte Tradition ist. Aber es ist leicht einzusehen, daß jede solche anerkannte Beschränkung der Gesetzgebungsbefugnisse, einerlei welcher Form, die Anerkennung der unveräußerlichen Individualrechte, mit einem Wort, der unverletzlichen Menschenrechte einschließt.

Daß ein führender Verfechter der vollständigen Zentralplanung wie H. G. Wells gleichzeitig eine glühende Verteidigung der Menschenrechte verfaßt, ist rührend, aber charakteristisch für die geistige Verwirrung, in die so viele unserer Intellektuellen durch den Konflikt der von ihnen vertretenen Ideale geführt worden sind. Die Persönlichkeitsrechte, die Wells zu konservieren hofft, würden unweigerlich die von ihm ersehnte Planwirtschaft blockieren. Er scheint sich dieses Dilemmas bis zu einem gewissen Grade bewußt zu sein, und so sehen wir denn, wie die Bestimmungen der von ihm vorgeschlagenen „Erklärung der Menschenrechte" so verklausuliert sind, daß sie ihren Sinn verlieren. Während z. B. sein Manifest erklärt, daß jedermann „das Recht haben soll, ohne Ansehung der Person alles zu kaufen und zu verkaufen, was nach den Gesetzen gekauft und verkauft werden kann", was gewiß ausgezeichnet ist, so geht er sofort dazu über, die ganze Bestimmung durch den Zusatz wertlos zu machen, daß sie nur insoweit Anwendung findet, als es sich um Käufe und Verkäufe „in den Mengen und unter den Bedingungen handelt, die mit dem Gemeinwohl vereinbar sind". Aber da natürlich alle jemals verfügten Umsatzbeschränkungen als im Interesse des „Gemeinwohls" notwendig hingestellt wurden, so gibt es in Wahrheit keine Beschränkung, die durch diese Klausel wirksam ausgeschlossen wäre, und auch kein Persönlichkeitsrecht, das durch sie geschützt würde. Oder nehmen wir einen anderen grundlegenden Satz dieses Manifests, wonach jedermann „irgendeiner gesetzlich zulässigen Beschäftigung nachgehen kann" und daß er „auf eine bezahlte Arbeitsstelle und auf eine freie Wahl der Beschäftigung Anspruch hat, soweit immer ihm verschiedene Beschäftigungsmöglichkeiten offenstehen". Indessen wird nicht gesagt, wer nun entscheiden soll, ob eine bestimmte Beschäftigung einer bestimmten Person „offensteht", und der Zusatz, daß „er eine Beschäftigung für sich selbst in Vorschlag bringen und seinen Anspruch öffentlicher Prüfung, Annahme oder Ablehnung unterbreiten kann", zeigt, daß Wells an eine Obrigkeit denkt, die darüber entscheidet, ob jemand auf eine bestimmte Stelle „Anspruch" hat, was gewiß das Gegenteil freier Berufswahl bedeutet. Wie schließlich in einer planwirtschaftlichen Welt die „Reise- und Wanderfreiheit" gesichert werden soll, wenn nicht nur die Verkehrsmittel und Währungen der Zwangswirtschaft unterliegen, sondern auch der Standort der Industrien kommandiert wird, oder wie die Pressefreiheit gewahrt werden soll, wenn die Papierbelieferung und der ganze Vertriebsapparat in der Hand der Planbehörde liegen, – das alles sind Fragen, die Wells so wenig wie irgendein anderer Planwirtschaftler beantwortet.

Viel konsequenter sind in dieser Beziehung die zahlreichen Reformer, die von den ersten Tagen der sozialistischen Bewegung an die „metaphysische" Idee angegriffen und betont haben, daß es in einer rational geordneten Welt keine Menschenrechte, sondern nur Pflichten geben wird. Eine solche Haltung ist in der Tat viel bezeichnender für unsere sogenannten Fortschrittlichen geworden, und es gibt kaum etwas, was einem sicherer den Vorwurf, ein Reaktionär zu sein, einträgt, als wenn man gegen eine Maßnahme deshalb protestiert, weil sie eine Verletzung der Persönlichkeitsrechte bedeutet. Selbst ein liberales Organ wie der „Economist" hielt uns vor einigen Jahren ausgerechnet das Beispiel der Franzosen vor, die sich die Lektion zu Herzen genommen hätten,

„daß die Demokratie so gut wie die Diktatur immer [sic] die Möglichkeit der Vollmachten haben müsse, ohne deswegen ihren demokratischen und repräsentativen Charakter aufzugeben. Es gibt keinen Schutzwall von Persönlichkeitsrechten, die von einer Regierung in ihrer Verwaltungstätigkeit unter keinen Umständen angetastet werden dürfen. Es gibt keine Grenze für die Herrschgewalt, die zu beanspruchen das Recht und die Pflicht einer frei vom Volke gewählten Regierung ist und die der vollen und offenen Kritik einer Opposition untersteht."

Dies mag unvermeidlich sein in Kriegszeiten, in denen natürlich sogar die freie und offene Kritik beschränkt werden muß. Aber das „immer" in der zitierten Feststellung legt den Gedanken nahe, daß der „Economist" hierin keine bedauerliche Kriegsnotwendigkeit sieht. Doch für die Friedenszeit handelt es sich hier sicher um etwas, was mit der Wahrung des Rechtsstaatsprinzips unvereinbar ist und geradeswegs zum totalitären Staat führt. Indessen haben wir es hier mit einer Anschauung zu tun, die alle akzeptieren müßten, welche die Leitung des Wirtschaftsprozesses durch den Staat fordern.

Die Erfahrungen der verschiedenen Länder Mitteleuropas haben zur Genüge gezeigt, wie selbst eine formale Anerkennung der Persönlichkeitsrechte oder der Gleichberechtigung von Minoritäten jede Bedeutung in einem Staate verliert, der die vollkommene Überwachung des Wirtschaftslebens auf sich nimmt. Es hat sich erwiesen, daß es möglich ist, eine Politik rücksichtsloser Unterdrückung von Minoritäten mit Hilfe der allgemein akzeptierten Mittel der Wirtschaftspolitik durchzuführen, ohne jemals den gesetzlichen Minderheitenschutz dem Buchstaben nach zu verletzen. Diese Unterdrückung mit Hilfe der Wirtschaftspolitik wurde bedeutend dadurch erleichtert, daß bestimmte Industrien oder Berufszweige weitgehend in der Hand einer völkischen Minderheit waren, so daß viele Maßnahmen, die anscheinend gegen eine Industrie oder eine Klasse gerichtet waren, sich in Wahrheit gegen eine ethnische Minderheit richteten. Aber die nahezu unbegrenzten Möglichkeiten einer Politik der Schlechterbehandlung und Unterdrückung, die durch solche scheinbar harmlosen Grundsätze wie „öffentliche Überwachung der Industrieentwicklung" geliefert wurden, haben allen, die sehen wollen, zur Genüge gezeigt, wie die politischen Folgen der Planwirtschaft in der Praxis aussehen.

SIEBENTES KAPITEL

PLANWIRTSCHAFT UND TOTALITARISMUS

Das Kommando über die Güterproduktion ist das Kommando über das menschliche Leben schlechthin. Hilaire Belloc

Die meisten Planwirtschaftler, die sich ernsthaft mit der praktischen Seite ihrer Aufgabe beschäftigt haben, geben sich keinen Illusionen darüber hin, daß eine Planwirtschaft mehr oder weniger nach den Prinzipien der Diktatur betrieben werden muß. Das komplexe System der ineinandergreifenden Wirtschaftsakte muß, wenn überhaupt von einer bewußten Lenkung die Rede sein soll, von einem einzigen Stab von Fachleuten gesteuert werden, und die letzte Verantwortung und die ganze Macht müssen in der Hand eines Oberbefehlshabers liegen, dessen Handlungsfreiheit nicht durch das demokratische Verfahren eingeengt werden darf, – dies ergibt sich so klar aus dem Prinzip zentraler Planwirtschaft, daß kaum jemand widersprechen wird. Die Planwirtschaftler suchen uns damit zu trösten, daß diese autoritäre Lenkung „nur" auf wirtschaftliche Fragen Anwendung finden wird. Einer der führenden amerikanischen Planwirtschaftler, Stuart Chase, versichert uns z. B., daß in einer kollektivistischen Gesellschaft „die politische Demokratie bestehen bleiben kann, wenn sie sich auf nichtökonomische Dinge beschränkt." Im gleichen Atemzug möchte man uns gewöhnlich den Gedanken suggerieren, daß wir durch den Verzicht auf die Freiheit in Fragen, die für unser Leben von untergeordneter Bedeutung sind oder sein sollten, mehr Freiheit für die Verfolgung höherer Ziele erlangen werden. Daher rufen Leute, denen der Gedanke einer politischen Diktatur verhaßt ist, oft nach einem Diktator auf wirtschaftlichem Gebiet.

Solche Argumente wenden sich an unsere besten Instinkte und ziehen oft die feinsinnigsten Geister an. Wenn die Planwirtschaft uns wirklich die unwichtigeren Sorgen abnähme und so dazu beitrüge, unser Dasein zu einem Leben in Einfachheit und Weisheit zu machen, wer wollte ein solches Ideal geringschätzig abtun? Erstreckte unsere Wirtschaftstätigkeit sich in der Tat nur auf die niedrigen und sogar häßlichen Seiten des Lebens, so müßten wir natürlich auf jede Weise ein Mittel zu finden suchen, um uns von der übermäßigen Inanspruchnahme durch materielle Dinge zu befreien und diese irgendeiner Art von Zweckapparat zu überlassen, so daß wir unsere Gedanken auf die höheren Lebenswerte richten könnten.

Es ist leider vollkommen unbegründet, wenn Leute sich von dem Glauben in Sicherheit wiegen lassen, daß die Beherrschung des Wirtschaftssektors nur von untergeordneter Bedeutung sei, einem Glauben, der sie die Gefährdung unserer wirtschaftlichen Freiheit leicht nehmen läßt. Er ist weitgehend auf die irrtümliche Meinung zurückzuführen, daß es rein ökonomische Ziele gibt, die von den übrigen völlig zu trennen sind. Doch so etwas existiert nur in dem pathologischen Fall des Geizhalses. Die letzten Ziele, die vernunftbegabte Wesen durch ihre Tätigkeit zu erreichen suchen, sind niemals ökonomischer Art. Streng genommen gibt es kein „wirtschaftliches Motiv", sondern nur wirtschaftliche Faktoren, die die Voraussetzungen für unser Streben nach anderen Zielen schaffen. Was gemeinhin in irreführender Weise das „wirtschaftliche Motiv" genannt wird, bedeutet nichts anderes als das Verlangen nach allgemeiner Bewegungsfreiheit, den Wunsch nach der Möglichkeit, beliebige Ziele zu verwirklichen[1]. Wenn wir nach dem Besitz von Geld streben, so deshalb, weil es uns die meisten Möglichkeiten bietet, die Frucht unserer Arbeit zu genießen. Da wir in der modernen Gesellschaft die Beschränkungen, die uns unsere relative Armut noch immer auferlegt, an unserm begrenzten Geldeinkommen spüren, haben sich viele dazu verleiten lassen, das Geld als das Symbol dieser Beschränkungen zu hassen. Das heißt aber soviel, wie das Mittel, durch das eine Kraft sich bemerkbar

---

[1] Vgl. *L. Robbins*, The Economic Causes of War, 1939, Anhang.

macht, für ihre Ursache halten. Dem wahren Sachverhalt jedoch entspräche es weit mehr, wenn man das Geld als eines der großartigsten Werkzeuge der Freiheit, die der Mensch je erfunden hat, bezeichnen würde. Das Geld eröffnet in unserer heutigen Gesellschaft den Armen eine erstaunliche Fülle von Möglichkeiten, die größer ist als die, über welche vor wenigen Generationen die Reichen verfügten. Wir werden die Tragweite dieser Funktion des Geldes besser verstehen, wenn wir uns überlegen, was die weitgehende Ersetzung des „Gewinnmotivs" durch „nichtökonomische Anreize", wie so viele Sozialisten dies charakteristischerweise vorschlagen, in Wahrheit bedeuten würde. Wenn alle Belohnungen, statt in Geld, in Form von öffentlichen Auszeichnungen oder Vorrechten, von Machtstellungen über andere oder besseren Wohnbedingungen oder besserer Ernährung, in Form von Reise- und Bildungsmöglichkeiten ausgeteilt würden, so würde dies nichts anderes heißen, als daß der Empfänger nicht mehr wählen darf und daß derjenige, der die Belohnung festsetzt, nicht nur über ihre Höhe entscheidet, sondern auch über ihre konkrete Form.

*

Wir müssen uns also darüber klar sein, daß ein isoliertes wirtschaftliches Motiv nicht existiert und daß wirtschaftliche Gewinne oder Verluste lediglich Gewinne oder Verluste sind, die uns immer noch die Entscheidung darüber lassen, welche unserer Bedürfnisse oder Wünsche davon betroffen werden sollen. Dann erkennen wir auch leichter den wichtigen Wahrheitskern in der weitverbreiteten Auffassung, daß wirtschaftliche Dinge sich nur auf die Lebensziele von untergeordneter Bedeutung auswirken. Gleichzeitig erleichtert dies das Verständnis dafür, warum „bloß" ökonomische Erwägungen so oft geringschätzig abgetan werden. In gewissem Sinn ist dies in einer Marktwirtschaft ganz berechtigt – aber eben nur in einer solchen freien Wirtschaft. Solange wir über unser Einkommen und unsern gesamten Besitz frei verfügen können, wird ein wirtschaftlicher

Verlust uns immer nur die Möglichkeit nehmen, unsere am wenigsten dringlich empfundenen Bedürfnisse zu befriedigen. Ein „bloß“ wirtschaftlicher Verlust ist also ein Verlust, dessen Auswirkungen wir noch auf unsere weniger wichtigen Bedürfnisse ablenken können, während unsere Feststellung, daß der Wert eines Verlustes seinen wirtschaftlichen Wert bei weitem übersteigt und nicht einmal in wirtschaftlichen Wertbegriffen ausgedrückt werden kann, bedeutet, daß wir den Verlust dort hinnehmen müssen, wo er uns trifft. Ähnlich verhält es sich bei einem wirtschaftlichen Gewinn. Mit andern Worten: Änderungen in unserer wirtschaftlichen Lage wirken sich in der Regel nur auf unsere marginalen Bedürfnisse aus. Es gibt viele Dinge, die wichtiger sind als die, welche durch wirtschaftliche Gewinne oder Verluste beeinflußt werden können und die wir weit höherstellen als die Annehmlichkeiten und selbst als viele der Lebensnotwendigkeiten, die beide durch die wirtschaftlichen Wechselfälle betroffen werden. Im Vergleich damit erscheint uns der „schmutzige Mammon“, die Frage, ob wir ein bißchen besser oder schlechter daran sind, von untergeordneter Bedeutung. Dies verleitet viele Leute zu dem Glauben, daß alles, was sich, wie die Planwirtschaft, nur auf unsere wirtschaftlichen Interessen auswirkt, die höheren Lebenswerte nicht ernstlich in Mitleidenschaft ziehen könne.

Diese Schlußfolgerung ist jedoch falsch. Wir messen wirtschaftlichen Werten weniger Bedeutung bei als vielen anderen, gerade weil wir in ökonomischen Fragen entscheiden können, was uns wichtiger und was uns weniger wichtig ist – oder, wie wir auch sagen könnten, weil unter der bestehenden Gesellschaftsordnung *wir* selber es sind, die die wirtschaftlichen Probleme in unserem Leben zu lösen haben. Die Gängelung in unserer wirtschaftlichen Betätigung bedeutet, daß wir immer gegängelt werden, solange wir nicht genau sagen, was wir vorhaben. Aber da wir unser Vorhaben ja auch noch genehmigen lassen müssen, würden wir in Wahrheit in allem und jedem gegängelt sein.

Die durch die Planwirtschaft aufgeworfene Frage lautet also nicht nur, ob wir in der Lage sein werden, die von uns als mehr oder weniger wichtig empfundenen Bedürfnisse in der von uns bevorzugten Weise zu befriedigen. Sie lautet vielmehr, ob wir es sein werden, die entscheiden, was für uns wichtiger und was weniger wichtig ist, oder ob dies von der Planwirtschaftsbehörde entschieden werden soll. Die Planwirtschaft würde sich nicht nur auf jene unserer marginalen Bedürfnisse auswirken, die wir geringschätzig als bloß wirtschaftliche bezeichnen. Es würde tatsächlich bedeuten, daß es uns als Individuen nicht freistünde zu entscheiden, was in unseren Augen marginal ist.

Die oberste Planwirtschaftsbehörde würde uns nicht nur in der niedrigeren Sphäre unseres Lebens gängeln, nein, sie würde auch die Zuteilung der begrenzten Mittel für alle unsere Zwecke in die Hand nehmen. Wer also die gesamte Wirtschaftstätigkeit lenkt, verfügt über die Mittel zur Erfüllung aller Wünsche und muß daher entscheiden, welche befriedigt werden sollen und welche nicht. Dies ist in der Tat der wunde Punkt. Wirtschaftliches Kommando ist nicht nur das Kommando über einen Sektor des menschlichen Lebens, der von den übrigen getrennt werden kann; es ist die Herrschaft über die Mittel für alle unsere Ziele. Wer die alleinige Verfügung über die Mittel hat, muß auch bestimmen, welchen Zielen sie dienen sollen, welche Werte höher und welche niedriger veranschlagt werden müssen, kurz, was die Menschen glauben und wonach sie streben sollen. Zentrale Planwirtschaft bedeutet die Lösung des Wirtschaftsproblems durch die Gesellschaft statt durch den einzelnen; das führt aber dazu, daß auch die Gesellschaft – oder vielmehr ihre Vertreter – über die relative Wichtigkeit der verschiedenen Bedürfnisse entscheiden muß.

Die sogenannte wirtschaftliche Befreiung, die die Planwirtschaftler uns versprechen, läuft also genau darauf hinaus, daß wir von der Notwendigkeit, unsere eigenen wirtschaftlichen Probleme zu lösen, befreit werden und daß die bittere Wahl, die oft damit verbunden ist, für uns getroffen wird. Da wir unter den heutigen Lebensbedingungen für fast alles auf Mittel angewiesen sind, die unsere Mitmenschen liefern, würde die Planwirtschaft zur Lenkung fast unseres gesamten Lebens führen. Von unseren elementarsten Bedürfnissen bis zu unseren Familien- und Freundschaftsbeziehungen, von der Art unserer Arbeit bis zur Verwendung unserer Muße gibt es kaum eine Seite unseres Lebens, die nicht vom Wirtschaftsdiktator zum Gegenstand seiner bewußten Lenkung gemacht werden würde[2].

*

Die Macht des Leiters der Planwirtschaft über unser Privatleben würde nicht weniger unumschränkt sein, wenn er sie nicht durch die direkte Lenkung unserer Konsumtion ausübte. Wenn eine kollektivistische Gesellschaft auch wohl in gewissem Um-

---

[2] Die beste Illustration dafür, daß die Kommandowirtschaft schließlich zur Kommandierung des Gesamtlebens führt, liefert die Devisenwirtschaft. Auf den ersten Blick würde man meinen, daß nichts das Privatleben so wenig beeinflußt wie eine staatliche Überwachung der Devisengeschäfte, und die meisten Menschen werden ihre Einführung völlig gleichgültig hinnehmen. Doch wer nachdenkt, hat aus der Erfahrung der meisten Staaten des Kontinents gelernt, diesen Schritt als eine entscheidende Etappe auf dem Wege zum Totalitarismus und zur Unterdrückung der Freiheit des Individuums anzusehen. Dieser Schritt bedeutet tatsächlich die Auslieferung des Individuums an die Despotie des Staates, die endgültige Sperrung aller Auswege des Entrinnens – nicht nur für die Reichen, sondern für jedermann. Ist es erst einmal so weit gekommen, daß der einzelne nicht mehr frei reisen und keine ausländischen Bücher oder Zeitungen mehr frei kaufen darf, und ist es dahin gekommen, daß die Möglichkeiten der Fühlungnahme mit dem Ausland auf diejenigen Personen beschränkt werden können, die sich des behördlichen Wohlwollens erfreuen oder die auf den Kontakt angewiesen scheinen, dann können die Gedanken weit wirksamer überwacht werden als das jemals irgendeine absolutistische Regierung des 17. oder 18. Jahrhunderts vermochte.

fange zur Rationierung und ähnlichen Maßnahmen greifen würde, so hängt die Macht der Planwirtschaftsbehörde über unser Privatleben doch nicht davon ab. Sie würde kaum weniger wirksam sein, wenn es dem Konsumenten dem Namen nach freistünde, sein Einkommen nach seinem Belieben auszugeben. Die Herrschaft, die die Regierung in einer kollektivistischen Gesellschaft über die ganze Konsumtion ausüben würde, würde auf der Herrschaft über die Produktion beruhen.

Unsere Bewegungsfreiheit in einer auf dem Wettbewerb beruhenden Gesellschaft steht und fällt damit, daß, wenn eine Person die Befriedigung unserer Wünsche ablehnt, wir uns an eine andere wenden können. Haben wir es aber mit dem Besitzer eines Monopols zu tun, so sind wir ihm auf Gnade und Ungnade ausgeliefert, und eine Planwirtschaftsbehörde, die die gesamte Volkswirtschaft lenkt, würde der mächtigste Monopolist sein, den man sich vorstellen kann. Wir brauchten zwar wahrscheinlich nicht zu befürchten, daß eine solche Planwirtschaftsbehörde diese Macht in derselben Weise ausbeuten würde wie der Inhaber eines privaten Monopols, und sie würde vermutlich zwar nicht auf die Herauswirtschaftung eines möglichst großen finanziellen Profits ausgehen, aber sie hätte die unumschränkte Entscheidung darüber, was wir erhalten sollen und zu welchen Bedingungen. Sie würde nicht nur bestimmen, welche Güter und Leistungen produziert werden sollen und in welchen Mengen, sondern sie wäre in der Lage, die Güterverteilung auf die verschiedenen Regionen und Gruppen vorzunehmen und, wenn es ihr paßte, eine beliebige unterschiedliche Behandlung der Personen durchzuführen. Wenn man sich vergegenwärtigt, aus welchem Grunde die meisten Menschen für die Planwirtschaft eintreten, kann man dann noch im geringsten daran zweifeln, daß diese Macht zur Förderung derjenigen Ziele verwandt würde, die der Staat billigt, und zur Vereitelung derjenigen Ziele, die er mißbilligt?

Die mit der Überwachung der Produktion und der Preise verbundene Macht ist fast unbegrenzt. In einer auf dem Wettbewerb beruhenden Gesellschaftsordnung sind die Preise, die wir für ein Gut zahlen müssen, d. h. das Austauschverhältnis der Güter, abhängig von der Menge der übrigen Güter, von denen wir keines in Anspruch nehmen können, ohne es den andern Mitgliedern der Gesellschaft zu entziehen. Dieser Preis wird nicht durch den bewußten Willen irgendeines Menschen bestimmt, und wenn der eine Weg zur Erreichung unserer Ziele sich als zu kostspielig erweist, steht es uns frei, andere zu versuchen. Die Hindernisse stellen sich uns nicht deshalb entgegen, weil jemand unsere Ziele ablehnt, sondern deshalb, weil dieselben Güter auch an anderer Stelle benötigt werden. Es ist sicher, daß in einer gelenkten Wirtschaft die oberste Instanz, die die Ziele der Wirtschaftstätigkeit überwacht, ihre Machtbefugnisse dazu benutzen würde, um die Erreichung einiger Ziele zu erleichtern und die anderer zu verhindern. Nicht unsere Ansicht über unsere Neigungen und Abneigungen wäre maßgebend für das, was wir erhalten würden, sondern die Privatansicht eines anderen. Da die Obrigkeit mächtig genug wäre, um jeden Versuch, sich ihrer Führung zu entziehen, zu vereiteln, würde sie unsern Konsum beinahe ebenso wirksam überwachen wie durch direkte Vorschriften über die Verwendung unseres Einkommens.

*

Doch der Wille der Obrigkeit würde uns in unserm täglichen Leben nicht allein, ja nicht einmal hauptsächlich, als Konsumenten „steuern". In unserer Stellung als Produzenten würde dies noch weit mehr der Fall sein. Diese beiden Seiten unseres Lebens lassen sich nicht voneinander trennen, und da für die meisten von uns die Zeit, die wir auf unsere Arbeit verwenden, einen großen Teil unseres ganzen Lebens ausmacht und da sich nach unserer Arbeit in der Regel auch unser Wohnort und unser Bekanntenkreis richtet, ist eine gewisse Freiheit in der Berufswahl für unser Glück vielleicht noch wichtiger als die Freiheit, unser Einkommen während unserer Mußestunden auszugeben.

Es ist sicher wahr, daß selbst in der besten aller Welten diese Freiheit außerordentlich beschränkt sein wird. Nur wenig Menschen stehen in der Berufswahl jemals vor unbegrenzten Möglichkeiten. Der springende Punkt ist, daß wir eine gewisse Wahl haben, daß wir nicht unbedingt an eine bestimmte Arbeit gebunden sind, die andere für uns ausgesucht oder die wir früher einmal selbst gewählt haben, und daß sich dem Tüchtigen, dem eine Stellung zuwider wird oder der sich für einen andern Beruf begeistert, fast immer eine Möglichkeit bietet, irgendein Ausweg, um – wenn auch unter Opfern – sein Ziel zu erreichen. Nichts macht eine Lage so unerträglich wie das Bewußtsein, daß trotz aller Anstrengungen doch nichts an ihr zu ändern ist. Selbst wenn wir gar nicht die Charakterstärke besäßen, um die nötigen Opfer zu bringen, würde manche sonst unhaltbare Lage allein schon durch das Bewußtsein erträglich, daß es ein Entrinnen gibt, wenn wir nur alle Kräfte anspannen.

Das soll nicht etwa heißen, daß in dieser Hinsicht in der Welt gegenwärtig alles zum Besten stehe oder daß dies auf dem Höhepunkt des Liberalismus der Fall gewesen wäre und daß nicht noch vieles zur Erweiterung des Spielraumes in der Berufswahl getan werden könnte. Hier wie auf anderen Gebieten vermag der Staat viel dazu beizutragen, um Berufsbildung und Überblick zu fördern und die Beweglichkeit zu erhöhen. Aber das Wesentliche ist, daß eine solche Politik des Staates, die die Freiheit der Berufswahl wirklich vermehrt, fast das genaue Gegenteil der jetzt allgemein befürworteten und praktizierten Planwirtschaft darstellt. Die meisten Planwirtschaftler versprechen uns zwar, daß die Freiheit der Berufswahl in der neuen kollektivistischen Gesellschaft gewissenhaft beibehalten oder sogar noch ausgedehnt werden wird. Aber in dieser Beziehung versprechen sie mehr, als sie beim besten Willen halten können. Wollen sie Planwirtschaft treiben, so müssen sie entweder den Zustrom zu den verschiedenen Erwerbszweigen und Berufen überwachen oder die Lohnbedingungen oder beides. Bei fast allen planwirtschaftlichen Experimenten, die wir kennen, bestand eine der ersten

Maßnahmen in der Einführung solcher Überwachungen und Beschränkungen. Es braucht nicht viel Phantasie, um sich vorzustellen, was aus der versprochenen Freiheit der Berufswahl werden würde, wenn eine solche Überwachung allgemein angewandt und von einer einzigen Planwirtschaftsbehörde ausgeübt würde. Die „Freiheit der Berufswahl" würde eine reine Fiktion sein, ein leeres Versprechen, keine ungleiche Behandlung vorzunehmen, wo sie doch durch die Natur der Sache gefordert wird und wo wir schon zufrieden sein müssen, wenn die Auswahl durch die oberste Instanz nach Gesichtspunkten erfolgt, die sie für objektiv hält.

Es würde ungefähr auf dasselbe hinauslaufen, wenn die Planwirtschaftsbehörde sich darauf beschränkte, die Arbeitsbedingungen festzusetzen, und versuchte, den Zustrom zu einem Beruf durch Regulierung dieser Bedingungen zu lenken. Durch Festsetzung der Entlohnung würde sie bestimmte Gruppen ebenso wirksam von vielen Erwerbszweigen fernhalten wie durch ausdrückliche Ausschließung. Ein etwas unansehnliches Mädchen, das gern Verkäuferin werden möchte, ein zarter Knabe, dessen Herz an einem Beruf hängt, in dem seine Schwächlichkeit ihn behindert, sind in einer auf dem Wettbewerb beruhenden Gesellschaft nicht notwendigerweise ausgeschlossen, wie überhaupt alle diejenigen, die weniger tüchtig oder weniger geeignet erscheinen; wenn ihnen nur genügend an der Stellung liegt, dann wird es ihnen häufig möglich sein, durch bescheidene Ansprüche in den Beruf hineinzukommen und später einen Ausgleich durch Eigenschaften zu schaffen, die zunächst nicht so in die Augen fallen. Wenn aber die Planwirtschaftsbehörde den Lohn für eine ganze Kategorie festsetzt und die Auswahl der Bewerber nach einem objektiven Test erfolgt, so zählt ihr mehr oder minder großer Wunsch, die Stelle zu erhalten, so gut wie gar nicht. Ein Mensch, dessen Befähigung nicht dem standardisierten Typus entspricht oder der ein ungewöhnliches Temperament besitzt, wird nicht mehr Spezialabmachungen mit einem Unternehmer treffen können, der seinen besonderen Wünschen entgegenkommen würde. Jemand, der einer regulären Routinearbeit eine unregelmäßige Arbeitszeit oder sogar ein schlecht bezahltes und vielleicht unsicheres Bohemeleben vorzieht, wird nicht mehr die Wahl haben. Die Arbeitsbedingungen werden ausnahmslos so sein, wie sie in einem gewissen Grade unvermeidlicherweise in einer großen Organisation sein müssen, da es jetzt keine Möglichkeit des Entrinnens gibt. Es wird uns nicht mehr erlaubt sein, nur dann und dort nüchtern zu kalkulieren oder gründlich zu sein, wenn es uns der Mühe wert scheint, wir alle müssen uns dem Standard anpassen, den die Planwirtschaftsbehörde zur Vereinfachung ihrer Aufgabe festlegen muß. Um diese ungeheure Aufgabe zu bewältigen, muß sie die vielfältigen Fähigkeiten und Neigungen der Menschen auf ein paar Kategorien von leicht vertauschbaren Einheiten reduzieren und über geringere Unterschiede der Persönlichkeiten bewußt hinwegsehen. Es ist zwar das laut verkündete Ziel der Planwirtschaft, den Mißbrauch des Menschen als eines bloßen Mittels abzustellen, in Wahrheit aber würde das Individuum – da es unmöglich wäre, in dem Plan persönliche Neigungen und Abneigungen zu berücksichtigen – mehr denn je zu einem bloßen Mittel werden, um vom Staat im Dienste solcher Abstraktionen wie der „Wohlfahrt der Gesellschaft" oder des „Gemeinnutzens" eingesetzt zu werden.

*

Die Bedeutung der Tatsache, daß in einer auf dem Wettbewerb beruhenden Gesellschaft die meisten Dinge zu einem bestimmten – wenn auch oft schmerzlich hohen – Preis zu haben sind, kann kaum überschätzt werden. Die einzige andere Möglichkeit, die uns dem gegenüber bleibt, ist nicht das Schlaraffenland, sondern nur ein System von Befehlen und Verboten, denen wir zu gehorchen haben, und letzten Endes die Launen der Machthaber.

Es ist bezeichnend für die Unklarheit, die über all diese Probleme besteht, daß man es der auf dem Wettbewerb beruhenden Gesellschaftsordnung zum Vorwurf macht, fast alles zu irgendeinem Preise zu bieten. Wenn die Leute, die dagegen protestieren, daß die höheren Lebenswerte von der „Barzahlung" abhängen, nicht länger dulden wollen, daß wir unsere weniger wichtigen Bedürfnisse den höheren Werten opfern und statt dessen verlangen, die Wahl müsse von andern für uns getroffen werden, so ist das eine recht eigenartige Forderung und zeugt nicht gerade von einer hohen Achtung vor der Würde des Individuums. Daß Leben und Gesundheit, Schönheit und Tugend, Ehre und Seelenfrieden oft nur unter beträchtlichen materiellen Opfern erhalten werden können und daß jemand die Wahl treffen muß, ist ebensowenig zu leugnen wie die Tatsache, daß wir alle nicht immer bereit sind, die notwendigen Opfer für die Wahrung dieser höheren Werte zu bringen. Um nur ein einziges Beispiel zu nennen: wir könnten natürlich die Zahl der Autounfälle auf Null reduzieren, wenn wir bereit wären, die Kosten zu tragen – nötigenfalls durch Abschaffung der Automobile. Dasselbe gilt von Tausenden von andern Beispielen, in denen wir fortgesetzt Leben und Gesundheit und hohe geistige Werte, unsere eigenen wie die unserer Mitmenschen, aufs Spiel setzen, nur zur Erhöhung unseres materiellen Wohlbefindens, wie wir es im selben Atem geringschätzig bezeichnen. Es kann auch gar nicht anders sein, da ja alle unsere Ziele um dieselben Mittel zu ihrer Befriedigung rivalisieren, und wenn jene absoluten Werte unter gar keinen Umständen aufs Spiel gesetzt werden sollen, so müssen wir alles andere hinter ihnen zurückstellen.

Der Wunsch der Menschen, daß ihnen die bittere Wahl, vor welche die rauhe Wirklichkeit sie oft stellt, erspart bleiben möge, ist durchaus nicht erstaunlich. Aber wenige wollen auf die Weise von ihr befreit werden, daß andere ihnen die Wahl abnehmen. Sie wünschen einfach, daß die Wahl unnötig gemacht wird. Und sie neigen nur allzusehr zu dem Glauben, daß die Wahl nicht wirklich notwendig ist und daß sie ihnen nur durch das besondere Wirtschaftssystem, unter dem wir leben, aufgezwungen wird. Was sie in Wirklichkeit nicht verwinden können, ist, daß es überhaupt ein wirtschaftliches Problem gibt.

In ihrem Wunschtraum, daß in Wahrheit kein wirtschaftliches Problem mehr bestehe, sind die Menschen durch das unverantwortliche Gerede über den „möglichen Güterüberfluß" bestärkt worden. Gäbe es diesen wirklich, so würde das in der Tat bedeuten, daß das wirtschaftliche Problem, welches es uns unmöglich macht, alle unsere Bedürfnisse zu befriedigen, nicht mehr existiert. Aber obwohl die sozialistische Propaganda sich dieser Fata Morgana von Anbeginn an unter verschiedenen Namen bedient hat, ist sie noch genau so eine offensichtliche Chimäre wie vor über hundert Jahren, als sie zum ersten Male auftauchte. Während dieser ganzen Zeit hat von all den vielen Leuten, die dieses Lockmittel benutzt haben, nicht ein einziger einen brauchbaren Plan aufgestellt, wie die Produktion so gesteigert werden könne, daß sie auch nur in Westeuropa das, was wir unter Armut verstehen, beseitigte – von der übrigen Welt ganz zu schweigen. Der Leser kann sich darauf verlassen, daß jeder, der vom möglichen Güterüberfluß spricht, entweder unehrlich ist oder nicht weiß, was er redet [3]. Und doch ist es gerade diese

[3] Zur Rechtfertigung dieser starken Worte zitieren wir die Schlußfolgerungen, zu denen *Colin Clark*, einer der bekanntesten unter den jüngeren Wirtschaftsstatistikern und ein Mann von unzweifelhaft fortschrittlichen Anschauungen und von streng wissenschaftlicher Betrachtungsweise, in seinem Buch „Conditions of Economic Progress" (1940, S. 3–4) gelangt: „Die oft wiederholten Phrasen von Armut inmitten des Überflusses und die Phrasen, daß das Produktionsproblem bereits gelöst wäre, wenn wir nur imstande wären, das Verteilungsproblem zu meistern, erweisen sich als die verlogensten aller modernen Schlagworte ... Die Frage der Nichtausnutzung der Produktionskapazität ist nur für die Vereinigten Staaten von beträchtlicher Bedeutung, wenn sie auch in bestimmten Jahren in Großbritannien, Deutschland und Frankreich eine gewisse Rolle gespielt hat; aber für den größten Teil der Welt tritt sie völlig zurück hinter der viel wichtigeren Tatsache, daß die Länder auch bei Vollbeschäftigung so wenig produzieren können. Das Zeitalter des Überflusses dürfte noch lange auf sich warten lassen ... Könnte man die vermeid-

falsche Hoffnung, die uns mehr als alles andere auf den Weg zur Planwirtschaft treibt.

Während infolge dieses falschen Glaubens die Planwirtschaftsbewegung beim Volk noch an Boden gewinnt, verliert die Behauptung, eine kollektivistische Wirtschaft würde eine weit größere Produktion hervorbringen als das Wettbewerbssystem, unter den Fachleuten einen Anhänger nach dem andern. Sogar recht viele sozialistische Nationalökonomen, die die Probleme der zentralen Planwirtschaft ernsthaft untersucht haben, begnügen sich jetzt schon mit der Hoffnung, daß die Ergiebigkeit in einer Planwirtschaft ebenso groß sein wird wie unter dem Wettbewerbssystem. Sie treten nicht mehr wegen der größeren Produktivität für die Planwirtschaft ein, sondern deshalb, weil diese es uns erlauben würde, eine gerechtere und gleichmäßigere Güterverteilung vorzunehmen. Dies ist tatsächlich das einzige Argument zugunsten der Planwirtschaft, mit dem man ernsthaft operieren kann. Wenn wir eine Güterverteilung sichern wollen, die sich nach einem im voraus festgelegten Standard richtet, wenn wir bewußt entscheiden wollen, wer etwas haben soll und was er haben soll, so läßt sich nicht leugnen, daß wir das gesamte Wirtschaftssystem planen müssen. Und trotzdem bleibt es fraglich, ob der Preis, den wir für die Verwirklichung des Gerechtigkeitsideals eines beliebigen Menschen zahlen müßten, nicht letzten Endes mehr Unzufriedenheit und Unfreiheit hervorrufen würde als selbst im schlimmsten Falle das viel geschmähte freie Spiel der Kräfte.

*

---

bare Arbeitslosigkeit in allen Konjunkturphasen ausschalten, so würde das für die Bevölkerung der Vereinigten Staaten eine wesentliche Verbesserung des Lebensstandards bedeuten; zieht man aber die Welt als Ganzes in Betracht, so wäre dies nur ein winziger Beitrag zu dem viel größeren Problem, wie man das Realeinkommen des Gros der Weltbevölkerung auf einen einigermaßen zivilisierten Standard heben kann."

Wir würden uns einer schweren Täuschung hingeben, wenn wir uns gegenüber diesen Befürchtungen damit trösten wollten, daß, nachdem wir einen kurzen Rausch der Wirtschaftsfreiheit erlebt haben, der Übergang zur Planwirtschaft weiter nichts bedeuten würde als eine Rückkehr zu den Bindungen und Reglementierungen, denen die Wirtschaftstätigkeit zu fast allen Zeiten unterworfen war, und daß infolgedessen die Beschränkungen der persönlichen Freiheit nicht einschneidender zu sein brauchten als vor der Ära des Laissez-faire. Dies ist eine gefährliche Illusion. Sogar während der Zeiten der europäischen Geschichte, in denen die Reglementierung des Wirtschaftslebens am weitesten ging, bedeutete sie kaum mehr als die Schaffung eines allgemeinen und einigermaßen dauerhaften Rahmens von Vorschriften, innerhalb dessen dem Individuum sehr viel Bewegungsfreiheit blieb. Der Zwangsapparat, über den man damals verfügte, hätte nicht ausgereicht, um mehr als sehr allgemeine Richtlinien durchzusetzen. Selbst dort, wo die Zwangswirtschaft den größten Umfang annahm, erstreckte sie sich nur auf die Tätigkeit eines Menschen, durch die er sich in die Arbeitsteilung der Gesellschaft einordnete. In dem viel größeren Bereich, in dem er damals noch als Selbstversorger lebte, konnte er tun und lassen, was er wollte.

Heute sind die Verhältnisse völlig anders. Während der liberalen Ära hat die zunehmende Arbeitsteilung zu einer Lage geführt, in der fast alle unsere Betätigungen Teil eines gesellschaftlichen Prozesses sind. Diese Entwicklung können wir nicht rückgängig machen, da es allein ihr zu verdanken ist, daß wir die ungeheuer angewachsene Bevölkerung einigermaßen auf dem heutigen Lebensstandard erhalten können. Folglich würde aber die Ersetzung des Wettbewerbs durch die Planwirtschaft die zentrale Lenkung eines weit größeren Teiles unseres Lebens erfordern, als man früher je versucht hat. Sie könnte nicht bei unserer Wirtschaftstätigkeit im engeren Sinne haltmachen, da wir jetzt in unserm Leben in fast jeder Beziehung auf die Wirtschaftstätigkeit eines anderen Menschen angewiesen sind[4]. Die Begeisterung für die „Kollektivbefriedigung unserer Bedürfnisse", durch die unsere Sozialisten dem Totalitarismus den Weg so ausgezeichnet geebnet haben und nach der wir zur vorgeschriebenen Zeit in der vorgeschriebenen Weise sowohl unser Unterhaltungsbedürfnis wie auch unsere notwendigen Lebensbedürfnisse befriedigen sollen, muß zum Teil als ein Mittel der politischen Erziehung verstanden werden. Aber wir haben es hier wiederum mit einem notwendigen Ergebnis der Planwirtschaft zu tun, deren Wesen ja darin besteht, daß sie uns die Freiheit der Wahl nimmt, um uns das zuzuteilen, was gerade am besten in den Plan hineinpaßt, und zwar zu einer Zeit, die gleichfalls im Plan vorgesehen ist.

Wir hören oft, daß politische Freiheit ohne wirtschaftliche Freiheit sinnlos ist. Das trifft durchaus zu, aber in einem Sinn, der ungefähr das genaue Gegenteil dessen ist, in dem diese Phrase von unseren Planern gebraucht wird. Die wirtschaftliche Freiheit, die die Vorbedingung für jede andere Freiheit ist, kann nicht die Befreiung von wirtschaftlicher Sorge sein, die die Sozialisten uns versprechen und die man nur dadurch erreichen kann, daß man gleichzeitig dem Individuum die Notwendigkeit und die Möglichkeit der freien Wahl abnimmt. Es muß vielmehr die Freiheit unserer Wirtschaftsbetätigung sein, die uns zwar das Recht der Wahl gibt, aber uns auch notwendigerweise das Risiko und die Verantwortung für dieses Recht aufbürdet.

---

[4] Es ist kein Zufall, daß in den totalitären Staaten, sei es nun Rußland, Deutschland oder Italien, die Frage der Verwendung der Muße der Menschen zu einem Problem der Planung geworden ist. Die Deutschen haben dafür sogar den schrecklichen und widerspruchsvollen Ausdruck „Freizeitgestaltung" geprägt, als ob es noch eine „Freizeit" geben könne, wenn die Menschen sie in der von den Behörden vorgeschriebenen Weise verbringen müssen.

ACHTES KAPITEL

WER REGIERT WEN?

Niemals war der Welt eine bessere Gelegenheit geboten, aber sie warf sie von sich, weil das leidenschaftliche Verlangen nach Gleichheit die Hoffnung auf Freiheit zunichte machte. *Lord Acton*

Bezeichnenderweise ist einer der häufigsten Vorwürfe, die dem Wettbewerbssystem gemacht werden, der, daß es „blind" sei. Es ist kein Zufall, daß im Altertum die Blindheit ein Attribut der Göttin der Gerechtigkeit war. Konkurrenz und Gerechtigkeit mögen zwar sonst wenig gemeinsam haben, aber es empfiehlt die eine ebensosehr wie die andere, daß beide ohne Ansehung der Person vorgehen. Es ist wichtig, daß eine Voraussage darüber unmöglich sein muß, wer Erfolg und wer Mißerfolg haben wird, und daß Belohnungen und Strafen sich nicht nach der Privatansicht eines einzelnen über Würdigkeit und Unwürdigkeit der verschiedenen Personen richten, sondern von dem Können und dem Glück der Betreffenden abhängen müssen. Und ebenso wichtig ist es, daß man bei der Aufstellung rechtlicher Normen außerstande sein muß, vorauszusagen, welche bestimmte Person einen Prozeß gewinnen und welche ihn verlieren wird. Und daran ändert auch der Umstand nichts, daß unter dem Wettbewerbssystem Zufall und Glück für das Schicksal der verschiedenen Individuen oft eine ebenso wichtige Rolle spielen wie Geschick und Voraussicht.

Wir haben die Wahl nicht zwischen einem System, in dem jeder erhält, was ihm nach irgendeinem absoluten und allgemein gültigen Maßstab zusteht, und einem System, in dem die Anteile der Individuen zum Teil vom Zufall oder vom Glück oder Unglück bestimmt werden sollen. Vielmehr bleibt uns nur die Wahl zwischen einem System, in dem der Wille einiger Personen darüber entscheidet, wer etwas bekommt und was er erhält, und einem solchen, in dem dies mindestens zum Teil von der Fähigkeit und dem Unternehmungsgeist der Betreffenden abhängt und zum andern Teil von unvorhersehbaren Umständen. Daran ändert auch die Tatsache nichts, daß in einer freien Marktwirtschaft die Chancen ungleich sind, da ein solches System notwendigerweise auf dem Privateigentum und (dies freilich nicht mit gleich unbedingter Notwendigkeit) auf dem Erbrecht beruht und auf der dadurch hervorgerufenen Ungleichheit der Startbedingungen. Das spricht in der Tat in hohem Grade dafür, diese zu vermindern, soweit das möglich ist, ohne den unpersönlichen Charakter jenes Prozesses aufzuheben, in dem jeder seines Glückes Schmied ist und in dem keine Privatansicht über das, was recht und wünschenswert ist, andere tyrannisiert.

Die Tatsache, daß die Chancen, die dem Unbegüterten in einer Marktwirtschaft offenstehen, weit geringer sind als die des Reichen, hat nicht den geringsten Einfluß darauf, daß der Arme in einer solchen Gesellschaft viel freier ist als ein Reicherer unter einem andern Gesellschaftstypus. Gewiß ist in der Marktwirtschaft die Wahrscheinlichkeit des Reichwerdens für einen Armen weit geringer als für jemanden, der Vermögen geerbt hat. Abgesehen davon aber, daß auch der Arme reich werden kann, ist die Marktwirtschaft das einzige Wirtschaftssystem, in dem dies lediglich von ihm und nicht von der Gunst der Mächtigen abhängt und in dem niemand ihn an dem Versuch hindern kann, reich zu werden. Nur weil wir nicht mehr wissen, was Unfreiheit ist, übersehen wir häufig die offenkundige Tatsache, daß ein schlecht bezahlter ungelernter Arbeiter in England in jeder Beziehung, auf die es ankommt, mehr Freiheit hat, sein Leben selbst zu gestalten, als mancher kleine Unternehmer in Deutschland oder ein weit besser bezahlter Ingenieur oder Fabrikdirektor in Rußland. Ob es sich für ihn darum handelt, seine Arbeitsstelle oder seinen Wohnsitz zu wechseln, sich zu gewissen Anschauungen zu bekennen oder seine Freizeit in einer bestimmten Weise zu verbringen, so ist vielleicht zuweilen der Preis, den er zahlen muß, um seinen Neigungen zu folgen, hoch, und vielen mag er sogar zu hoch erscheinen; indessen gibt es keine absoluten Hindernisse, keine Gefahren für seine Sicherheit und Freiheit, die ihn durch rohe Gewalt an seine Arbeit und seine Umgebung fesselten, die ihm von einem Vorgesetzten zugewiesen sind.

Es ist wahr, daß dem Gerechtigkeitsideal der meisten Sozialisten bereits Genüge getan wäre, wenn lediglich das private Kapitaleinkommen abgeschafft würde, ohne daß sich an den Unterschieden zwischen den Arbeitseinkommen etwas ändert[1]. Diese Leute vergessen nur, daß sie durch Übertragung des gesamten Eigentums an den Produktionsmitteln auf den Staat diesen in eine Lage versetzen, in der seine Politik tatsächlich alle andern Einkommen bestimmen muß. Die dem Staat überantwortete Macht und die Forderung ihrer „plangemäßen“ Verwendung bedeutet nichts anderes, als daß er sie im vollen Bewußtsein all dieser Wirkungen einsetzen soll.

---

[1] Wahrscheinlich überschätzen wir in der Regel den Umfang, in dem die Ungleichheit der Einkommen in der Hauptsache auf Kapitaleinkommen zurückzuführen ist, und damit den Umfang, in dem die größten Ungleichheiten durch Abschaffung des Kapitaleinkommens beseitigt werden würden. Die wenigen Informationen, die wir über die Einkommensverteilung in Sowjetrußland besitzen, lassen nicht gerade darauf schließen, daß die Ungleichheit dort wesentlich geringer ist als in einer kapitalistischen Gesellschaft. Max Eastman (The End of Socialism in Russia, 1937, S. 30–34) macht Angaben nach offiziellen russischen Quellen, die vermuten lassen, daß der Unterschied zwischen den höchsten und den niedrigsten in Rußland gezahlten Gehältern sich in derselben Größenordnung bewegt (ungefähr 50 : 1) wie in den Vereinigten Staaten; und nach einem von *James Burnham* zitierten Artikel (The Managerial Revolution, 1941, S. 43) schätzte Trotzki noch 1939, daß „die obersten 11 oder 12 % der Sowjetbevölkerung jetzt etwa 50 % des Nationaleinkommens erhalten. Die Spanne ist größer als in den Vereinigten Staaten, wo auf die oberen 10 % der Bevölkerung ungefähr 35 % des Volkseinkommens entfallen.“

Es wäre falsch, anzunehmen, daß es sich um eine bloße Verschiebung der Macht vom Individuum auf den Staat handelt. Es ist vielmehr Macht, die neu geschaffen wird und die in der Marktwirtschaft niemand besitzt. Solange das Eigentum sich auf viele Besitzer verteilt, hat – da jeder für sich handelt – keiner von ihnen die ausschließliche Macht, das Einkommen und die Stellung konkreter Individuen zu bestimmen; man ist nur insoweit an ihn gebunden, als er vielleicht bessere Löhne zahlt als ein anderer Arbeitgeber.

Unsere Generation hat eben vergessen, daß das System des Privateigentums die wichtigste Garantie für die Freiheit ist, und zwar nicht nur für diejenigen, die Eigentum besitzen, sondern auch fast ebensosehr für die, die keines haben. Allein aus dem Grunde, weil die Herrschaft über die Produktionsmittel sich auf viele Menschen verteilt, die unabhängig voneinander handeln, sind wir niemand ausgeliefert, so daß wir als Individuen entscheiden können, was wir tun und lassen wollen. Befänden sich sämtliche Produktionsmittel in einer einzigen Hand – mag dies nun dem Namen nach die „Gesellschaft" als Ganzes oder mag dies ein Diktator sein –, dann hätte derjenige, der gerade diese Herrschaft ausübt, uns vollständig in seiner Gewalt. Wer kann im Ernst daran zweifeln, daß ein Angehöriger einer kleinen ethnischen oder konfessionellen Minderheit auch ohne Eigentum dann, wenn die übrigen Mitglieder seiner Gemeinschaft Eigentum besitzen und daher in der Lage sind, ihn zu beschäftigen, freier sein würde als dann, wenn das Privateigentum abgeschafft und er Eigentümer einer nominellen Quote des Gesamteigentums wäre? Und wer würde nicht einsehen, daß ein Multimillionär, der mein Nachbar und vielleicht mein Arbeitgeber ist, weit weniger Macht über mich hat als der kleinste Funktionär, der die Zwangsgewalt des Staates ausübt und von dessen Belieben es abhängt, ob und unter welchen Bedingungen man mir zu leben und zu arbeiten erlaubt? Und wer wird leugnen wollen, daß die Welt, in der die Reichen mächtig sind, immer noch besser ist als eine, in der allein die bereits Mächtigen zu Reichtum gelangen können?

Es ist rührend und doch tröstlich zugleich, wenn man sieht, wie ein so prominenter Exkommunist wie Max Eastman die folgende Wahrheit wiederentdeckt:

„Wenn ich auch lange gebraucht habe, um zu diesem Schluß zu kommen, so ist es mir doch heute klar, daß die Institution des Privateigentums eine der Hauptvoraussetzungen für jenes begrenzte Maß von Freiheit und Gleichheit ist, die Marx gerade durch Abschaffung dieser Einrichtung ins Ungemessene zu steigern hoffte. Seltsamerweise hat Marx dies am klarsten gesehen. Gerade er ist es, der uns im Hinblick auf die Vergangenheit darauf aufmerksam gemacht hat, daß die Entwicklung des Privatkapitalismus und der freien Marktwirtschaft eine Vorbedingung für die Entwicklung aller unserer demokratischen Freiheiten gewesen ist. Es ist ihm, wenn er seinen Blick auf die Zukunft lenkte, jedoch nie in den Sinn gekommen, daß unter diesen Umständen jene anderen Freiheiten mit der Abschaffung des freien Marktes verschwinden könnten“[2].

*

Auf solche Befürchtungen erwidern manche, es sei nicht einzusehen, warum der Planwirtschaftler das Einkommen der Individuen bestimmen sollte. Die sozialen und politischen Schwierigkeiten, zu denen die Feststellung des Anteiles der einzelnen am Volkseinkommen führen muß, sind so klar, daß selbst der eingefleischteste Planwirtschaftler sich zweimal besinnen wird, ehe er diese Aufgabe irgendeiner Behörde aufbürdet. Wahrscheinlich würde jeder, der weiß, was Planwirtschaft in sich schließt, sie lieber auf die Produktion beschränken und sich ihrer nur zur Sicherstellung einer „rationellen Organisation der Industrie“ bedienen, während er die Einkommensverteilung so weit wie möglich unpersönlichen Kräften überlassen möchte. Wenn es gewiß auch unmöglich ist, die Industrie zu lenken, ohne irgendeinen Einfluß auf die Verteilung auszuüben, und

---

[2] *Max Eastman* in The Reader's Digest, Juli 1941, S. 39.

wenn auch kein Planwirtschaftler die Verteilung ausschließlich den Kräften des Marktmechanismus überlassen möchte, so würden sie alle sich wahrscheinlich lieber darauf beschränken wollen, dafür zu sorgen, daß diese Verteilung gewissen allgemeinen Regeln von Gerechtigkeit und Fairness entspricht, daß grobe Ungleichheiten vermieden werden und daß das Verhältnis zwischen der Entlohnung der Hauptgruppen der Bevölkerung gerecht ist, ohne die Verantwortung für die Stellung bestimmter Individuen innerhalb ihrer Klasse oder für die Abstufungen zwischen Untergruppen und Einzelpersonen übernehmen zu müssen.

Wir haben bereits gesehen, daß die enge Verflechtung aller wirtschaftlichen Erscheinungen es erschwert, mit der Planwirtschaft gerade dort aufzuhören, wo wir möchten, und daß, sobald das freie Funktionieren der Marktwirtschaft über einen bestimmten Punkt hinaus gehemmt wird, der Planwirtschaftler zur Ausdehnung seiner Zwangsmaßnahmen gezwungen sein wird, bis sie alles umfassen. Zu diesen wirtschaftlichen Erwägungen, die uns erklären, warum es unmöglich ist, mit der bewußten Lenkung an einem beliebigen Punkt haltzumachen, kommen in starkem Maße gewisse Tendenzen sozialer oder politischer Art, die mit wachsender Planwirtschaft immer mehr hervortreten.

Je mehr die Stellung des einzelnen nicht das Ergebnis anonymer Kräfte, nämlich des allgemeinen Wettbewerbs ist, sondern durch die bewußte Entscheidung der Obrigkeit bestimmt wird, und je mehr die Menschen sich dessen bewußt werden, um so mehr wird sich zeigen, daß sie ihre Stellung in der Gesellschaftsordnung mit andern Augen betrachten. Es wird immer Ungleichheit geben, die diejenigen, welche unter ihr leiden, als ungerecht empfinden, Enttäuschungen, die unverdient erscheinen mögen, und Schicksalsschläge, die Unschuldige treffen. Aber die Reaktion der Menschen auf derartige Vorkommnisse wird in einer bewußt gelenkten Gesellschaft ganz anders sein als in einer Gesellschaft, in der man keine bewußte Politik der Regierung dafür verantwortlich machen kann. Man findet sich ohne

Zweifel viel leichter mit der Ungleichheit ab, und die Würde des Menschen leidet weniger unter ihr, wenn sie das Ergebnis anonymer Kräfte als wenn sie beabsichtigt ist. Wird einem Menschen in der Marktwirtschaft gesagt, daß eine bestimmte Firma keine Verwendung für seine Dienste habe oder ihm keine bessere Stellung bieten könne, so ist das keine Herabsetzung und keine Verletzung seiner Würde. In Zeiten langdauernder Massenarbeitslosigkeit mag zwar die Wirkung auf viele Menschen ganz anders sein, aber es gibt zur Verhütung dieses Übels andere und bessere Methoden als die zentrale Lenkung, und die Arbeitslosigkeit oder der Verlust des Einkommens, die in jeder Gesellschaft einige Menschen treffen werden, sind sicherlich weniger degradierend, wenn ihre Ursache im Unglück zu suchen ist und sie nicht bewußt von der Regierung auferlegt sind. Das ist bitter, aber es würde in einer Planwirtschaft noch weit schlimmer sein. Dort haben einzelne Menschen zu entscheiden, nicht ob eine Person für einen bestimmten Arbeitsplatz gebraucht wird, sondern ob sie überhaupt zu etwas taugt und wieviel sie wert ist. Ihre Stellung im Leben muß ihr von jemand anders angewiesen werden.

Die Menschen werden zwar Leiden hinnehmen, die jeden treffen können; aber sie werden sich nicht so leicht mit solchen abfinden, die das Ergebnis einer Entscheidung der Regierung sind. Gewiß ist es schlimm, nichts weiter als ein Rad in einem unpersönlichen Getriebe zu sein; aber es ist unendlich viel schlimmer, wenn wir diesem Getriebe nicht entrinnen können, wenn wir an unsern Arbeitsplatz und an unsere Vorgesetzten gebunden sind, die für uns ausgewählt worden sind. Je mehr die Erkenntnis um sich greift, daß dies das Ergebnis bewußter menschlicher Entscheidung ist, um so mehr wird auch die Unzufriedenheit aller mit ihrem Los zunehmen.

Hat die Regierung unter der Devise der Gerechtigkeit erst einmal den Weg der Planwirtschaft beschritten, dann kann sie die Verantwortung für das Schicksal oder die gebührende Stellung eines einzelnen nicht ablehnen. In einer Planwirtschaft werden wir alle wissen, daß es uns nicht wegen irgendwelcher Umstände, die niemand beherrscht und die nicht mit Sicherheit vorauszusehen sind, besser oder schlechter geht als anderen, sondern deshalb, weil eine Behörde es so will. Und alle unsere Anstrengungen, die wir zur Verbesserung unserer Lage unternehmen, werden sich nicht darauf richten müssen, die Umstände, die sich unserer Beeinflussung entziehen, vorauszusehen und uns für sie zu rüsten, sondern vielmehr darauf, uns die Obrigkeit, die die gesamte Macht besitzt, günstig zu stimmen. Der Alptraum der politischen Denker Englands im 19. Jahrhundert, nämlich ein Staat, in dem „es keinen Weg zu Reichtum und Ehre gibt, es sei denn auf dem Umweg über die Regierung“[3], würde so vollständig verwirklicht sein, wie sie es nie gedacht hätten – und wie es in einigen Ländern, die inzwischen zum Totalitarismus übergegangen sind, zu einer vertrauten Erscheinung geworden ist.

*

Sobald der Staat die Planung des gesamten Wirtschaftslebens übernimmt, ist es unvermeidlich, daß die Frage, welche Stellung den einzelnen Individuen und Gruppen zukommt, zum Kernproblem der Politik wird. Da ausschließlich die Zwangsgewalt des Staates darüber entscheidet, was jeder einzelne erhält, besteht die allein erstrebenswerte Macht in einem Anteil an der Ausübung dieser obersten Gewalt. Es wird keine wirtschaftlichen oder sozialen Fragen mehr geben, die nicht in dem Sinne politische Fragen wären, daß ihre Lösung ausschließlich davon abhängen wird, wer die Macht handhabt, und davon, wessen Ansichten sich bei allen Gelegenheiten durchsetzen werden.

Wenn ich mich recht erinnere, so war es Lenin selber, der in Rußland das berühmt gewordene Schlagwort einführte: „Wer – wen?“, eine Phrase, in der in den Anfängen des Sowjetregimes das Gesamtproblem einer sozialistischen Gesellschaft zu-

---

[3] Die angeführten Worte stammen aus dem Munde des jungen Disraeli.

sammengefaßt wurde[4]. Wer plant wen? Wer dirigiert und beherrscht wen? Wer weist andern ihre Stellung im Leben an, und für wen wird von andern bestimmt, was ihm zusteht? Alle diese Fragen werden notwendigerweise zu den Zentralproblemen, die allein von der obersten Instanz entschieden werden können.

Vor kurzem hat ein amerikanischer politischer Schriftsteller sich über Lenins Schlagwort verbreitet und als Problem jeder Regierung erklärt: „Wer erhält was, wann und wie?" In einem gewissen Sinn ist das nicht unrichtig. Es trifft sicherlich zu, daß jedes Regieren auf die Stellung der verschiedenen Menschen zueinander einwirkt und daß es unter jedem System kaum einen Bereich in unserem Leben gibt, der nicht durch die Politik der Regierung berührt würde. Insoweit als die Regierung überhaupt etwas tut, wird ihre Politik immer einigen Einfluß auf die Beantwortung der Frage haben: „Wer erhält was, wann und wie?"

Indessen muß man zwei grundlegende Dinge auseinanderhalten. Entweder handelt es sich um bestimmte Maßnahmen, von denen wir nicht wissen können, wie sie sich auf die einzelnen auswirken, und mit denen auch keine auf die Person abzielenden Wirkungen beabsichtigt sind – darüber haben wir bereits gesprochen. Oder aber es handelt sich um den Umfang der Regierungstätigkeit, der darüber entscheidet, ob alles, was eine bestimmte Person zu einer bestimmten Zeit erhält, von der Regierung abhängt oder ob ihr Einfluß sich darauf beschränkt, daß dieser oder jener irgendwie irgend etwas zu irgendeiner Zeit erhält. Hierin liegt der ganze Unterschied zwischen einem freien und einem totalitären System.

Der Gegensatz zwischen einem liberalen System und einer totalen Planwirtschaft findet eine treffende Illustration in der den Nationalsozialisten und den Sozialisten gemeinsamen Klage über „die künstliche Trennung von Wirtschaft und Politik" und in der ihnen ebenfalls gemeinsamen Forderung nach dem

---

[4] Vgl. *M. Muggeridge*, Winter in Moscow, 1934; *A. Feiler*, The Experiment of Bolshevism, 1930.

Primat der Politik über die Wirtschaft. Diese Schlagworte bedeuten vermutlich nicht nur, daß heute ein Teil der wirtschaftlichen Kräfte für Ziele zur Verfügung steht, die nicht zur Regierungspolitik gehören, sondern auch, daß die Wirtschaftsmacht unabhängig von staatlicher Lenkung und für Ziele eingesetzt werden kann, die die Regierung sogar mißbilligt. Wollen wir das aber nicht, so müssen wir uns nicht nur damit abfinden, daß es nur ein einziges Machtzentrum gibt, sondern auch damit, daß dieses, d. h. die herrschende Gruppe, alle Ziele der Menschen bestimmt und im besonderen völlige Macht über die Stellung jedes einzelnen in der Gesellschaft besitzt.

*

Es ist sicher, daß eine Regierung, die sich auf den Weg der Wirtschaftslenkung begibt, von ihrer Macht Gebrauch machen muß, um ein subjektives Ideal von gerechter Verteilung zu verwirklichen. Aber wie kann und wie wird sie sich dieser Macht bedienen? Von welchen Prinzipien wird oder sollte sie sich leiten lassen? Gibt es eine bestimmte Antwort auf die unzähligen Fragen der Bewertung, die sich stellen werden und bewußt gelöst werden müssen? Gibt es eine Wertskala, die Aussicht hat, von vernünftigen Menschen akzeptiert zu werden, die eine neue hierarchische Gesellschaftsordnung rechtfertigen würde und imstande wäre, die Forderung nach Gerechtigkeit zu befriedigen?

Es gibt nur einen einzigen allgemeinen Grundsatz; eine einzige Faustregel, die tatsächlich eine bestimmte Antwort auf alle diese Fragen geben würde: Gleichheit, vollständige und absolute Gleichheit aller Individuen in allen Punkten, die menschlichem Einfluß unterstehen. Würde dies allgemein als wünschenswert angesehen (ohne Rücksicht auf die Frage, ob es überhaupt durchführbar wäre, d. h. ob es hinreichende Leistungsantriebe bestehen ließe), dann würde es der vagen Vorstellung von einer gerechten Verteilung einen klaren Sinn und dem Planer eine zuverlässige Richtlinie geben. Nichts ist verkehrter als die Vorstellung, daß die Menschen eine mechanische Gleichheit dieser

Art allgemein als wünschenswert ansehen. Keine sozialistische Bewegung, die die völlige Gleichheit auf ihre Fahne geschrieben hat, hat jemals viel Unterstützung gefunden. Was der Sozialismus versprochen hat, war nicht eine absolut gleiche, sondern eine gerechtere und gleichmäßigere Verteilung. Nicht Gleichheit im absoluten Sinn, sondern „größere Gleichheit" ist das einzige Ziel, das er ernsthaft verfolgt.

Zwar klingen diese beiden Ideale einander sehr ähnlich, aber für unser Problem sind sie so verschieden wie nur möglich. Während die Forderung absoluter Gleichheit die Aufgabe des Planers klar bestimmen würde, ist der Wunsch nach größerer Gleichheit etwas rein Negatives, er ist nur der Ausdruck der Unzufriedenheit mit den bestehenden Zuständen; und solange wir nicht gewillt sind, jeden Fortschritt in der Richtung auf völlige Gleichheit zu begrüßen, bleiben fast alle Fragen, die der Planer zu entscheiden haben wird, unbeantwortet.

Dies ist kein bloßes Spiel mit Worten. Wir haben es hier mit einem Punkt von ausschlaggebender Bedeutung zu tun, über den die Ähnlichkeit der Bezeichnung uns leicht hinwegtäuschen könnte. Wäre man sich darüber einig, daß völlige Gleichheit herbeigeführt werden soll, so würde das alle Probleme, die die Bewertung dem Planer aufgibt, lösen; dagegen löst die Formel „größere Gleichheit" praktisch kein einziges. Sie ist fast so inhaltslos wie die Phrasen vom „Gemeinnutzen" oder von „sozialer Wohlfahrt". Sie enthebt uns nicht der Notwendigkeit, in jedem einzelnen Fall zwischen dem Wert bestimmter Individuen oder Gruppen zu entscheiden, und erleichtert uns diese Entscheidung nicht. Alles, was sie uns sagt, läuft darauf hinaus, daß wir dem Reichen möglichst viel wegnehmen sollen. Kommt es dann aber zur Verteilung des Raubes, so stehen wir vor dem gleichen Problem, wie wenn die Formel „größere Gleichheit" nie geprägt worden wäre.

*

Die meisten Menschen wollen nicht gern zugeben, daß wir keine moralischen Richtlinien besitzen, die uns erlauben würden, diese Fragen zu regeln – wenn nicht in einer vollkommenen, so doch zum mindesten in einer für die Allgemeinheit befriedigenderen Weise als unter dem Wettbewerbssystem. Haben wir nicht alle irgendeine Vorstellung davon, was ein „gerechter Preis" oder ein „gerechter Lohn" ist? Können wir uns nicht auf ein starkes Billigkeitsempfinden der Menschen verlassen? Und selbst wenn wir jetzt nicht völlig einig darüber sind, was in einem besonderen Fall recht und billig ist, würden die landläufigen Anschauungen nicht bald in einem bestimmteren Wertmaßstab feste Form annehmen, wenn die Menschen eine Gelegenheit erhielten, ihre Ideale zu verwirklichen?

Leider sind diese Hoffnungen recht unbegründet. Unsere heutigen Wertmaßstäbe sind ein Ergebnis des Konkurrenzsystems, unter dem wir bis jetzt gelebt haben, und sie würden notwendigerweise mit dem Aufhören des Wettbewerbs gleichfalls verschwinden. Was wir unter einem gerechten Preis oder gerechten Lohn verstehen, ist entweder der übliche Preis oder Lohn, der Ertrag, den die Menschen auf Grund früherer Erfahrungen erwarten, oder aber es ist der Preis oder Lohn, der sich bilden würde, wenn es keine monopolistische Ausbeutung gäbe. Die einzige wichtige Ausnahme hiervon war die Forderung der Arbeiter auf „den vollen Ertrag ihrer Arbeit", ein Schlagwort, auf das ein großer Teil der sozialistischen Propaganda zurückgeht. Heute jedoch gibt es wenig Sozialisten, die glauben, daß in einer sozialistischen Gesellschaft der Ertrag jeder Industrie ohne Abzug unter ihre Arbeiter verteilt werden könnte; denn das würde bedeuten, daß die Arbeiter in Industrien, die viel Kapital verwenden, ein viel höheres Einkommen haben würden, als die in Industrien, die mit wenig Kapital arbeiten, was die meisten Sozialisten für sehr ungerecht halten würden. Heute sind sich wohl alle darin einig, daß dieses Postulat von einer irrigen Deutung der Tatsachen ausging. Aber sobald der Anspruch des einzelnen Arbeiters auf „seinen eigenen" vollen Arbeitsertrag nicht mehr aufrechterhalten wird und der gesamte Kapitalertrag unter alle Arbeiter verteilt werden soll, rührt das Problem, wie diese Verteilung erfolgen soll, die gleiche grundlegende Frage auf.

Man könnte sich vorstellen, daß der „gerechte Preis" für ein Gut oder der „gerechte Lohn" für eine Dienstleistung objektiv bestimmt werden könnte, wenn die benötigten Produktionsmengen unabhängig von der übrigen Produktion festgesetzt würden. Wenn diese Quantitäten ohne Beziehung auf die Kosten gegeben wären, so könnte der Planer versuchen festzustellen, welcher Preis oder Lohn gezahlt werden muß, damit diese Gütermenge produziert wird. Aber der Planer muß auch entscheiden, wieviel von jeder Warengattung produziert werden soll, und dadurch bestimmt er den gerechten Preis oder den gerechten Lohn. Wenn der Planer die Entscheidung trifft, daß weniger Architekten oder Uhrmacher gebraucht werden und daß der Bedarf bei denjenigen gedeckt werden kann, die trotz niedrigerer Löhne in diesen Erwerbszweigen bleiben wollen, dann wird der „gerechte" Lohn niedriger sein. Durch seine Entscheidung über die Rangfolge der verschiedenen Produktionsziele entscheidet der Planer also gleichzeitig über die Rangfolge der verschiedenen Gruppen und Personen. Da er die Menschen nicht nur als Werkzeuge betrachten darf, muß er diese Folgen berücksichtigen und die Bedeutung der verschiedenen Ziele gegen die Auswirkungen seiner Entscheidung abwägen. Das bedeutet jedoch, daß er die Lebensbedingungen der verschiedenen Menschen unmittelbar regulieren wird.

Dies gilt nicht nur für die Stellung der Individuen zueinander, sondern auch für die der verschiedenen Berufsgruppen. Wir neigen für gewöhnlich viel zu sehr dazu, uns das Einkommen in einem gegebenen Erwerbszweig oder Beruf als mehr oder weniger einheitlich vorzustellen. Aber die Unterschiede zwischen den Einkommen nicht nur des tüchtigsten und des untüchtigsten Arztes oder Architekten, Schriftstellers oder Filmschauspielers, Boxers oder Jockeis, sondern auch zwischen den Einkommen des tüchtigeren und des weniger tüchtigen Spenglers oder Handelsgärtners, Krämers oder Schneiders sind ebensogroß wie diejenigen zwischen den besitzenden und den besitzlosen Klassen. Und wenn man auch zweifellos versuchen würde, Standardgruppen zu schaffen, so würde doch die Notwendigkeit, an die Individuen einen verschiedenen Maßstab anzulegen, unverändert bestehen bleiben, einerlei, ob das durch Festsetzung ihres individuellen Einkommens geschähe oder durch Einordnung der einzelnen in bestimmte Kategorien.

Wir brauchen kein Wort darüber zu verlieren, ob es wahrscheinlich ist, daß Menschen in einer freien Gesellschaft sich einer solchen Reglementierung unterwerfen oder daß sie frei bleiben können, falls sie sich unterwerfen. Von dem ganzen Fragenkomplex gilt auch heute noch, was John Stuart Mill vor fast hundert Jahren darüber geschrieben hat:

„Mit einer festen Regel wie derjenigen der Gleichheit mag man sich abfinden und ebenso mit Zufall oder äußerer Notwendigkeit; aber daß eine Handvoll Menschen jeden einzelnen wägt und ganz nach ihrem Ermessen und Belieben dem einen mehr und dem andern weniger gibt, wäre nur erträglich, wenn es sich um Menschen handeln würde, die für Übermenschen gehalten werden und sich in eine Sphäre übernatürlicher Schrekken hüllen“[5].

*

Diese Schwierigkeiten brauchen nicht unbedingt zu offenen Konflikten zu führen, solange der Sozialismus nur die Wunschträume einer begrenzten und einigermaßen homogenen Gruppe darstellt. Sie treten erst dann hervor, wenn eine sozialistische Politik, gestützt auf die vielen verschiedenen Gruppen, die zusammen die Mehrheit des Volkes ausmachen, tatsächlich versucht wird. Dann wird es bald zur einzigen brennenden Frage, welches System von Idealen allen auferlegt werden soll, damit die gesamten Produktivkräfte des Landes ihnen dienstbar gemacht werden. Gerade weil der Erfolg der Planwirtschaft davon abhängt, daß sich eine einheitliche Meinung über die wesentli-

[5] *J. S. Mill*, Principles of Political Economy, Buch II, Kap. I, § 4.

chen Werte herausbildet, trifft die Beschränkung unserer Freiheit in materiellen Dingen unsere geistige Freiheit so unmittelbar.

Bei den Sozialisten – kultivierten Eltern, die barbarische Nachkommen gezeugt haben – ist es Tradition, die Lösung des Problems von der Erziehung zu erhoffen. Aber was bedeutet hier Erziehung? Es ist uns doch allen klar, daß Wissen nicht neue ethische Werte schaffen kann, daß alle Bildung, mit der wir die Menschen füttern, sie nicht zu einer einheitlichen Auffassung über die sittlichen Fragen bringen wird, die durch eine bewußte Lenkung aller Beziehungen in der Gesellschaft aufgeworfen werden. Zur Rechtfertigung eines besonderen Planes bedarf es nicht vernünftiger Überlegung, sondern des Bekenntnisses zu einem Glauben. Und tatsächlich erkannten überall die Sozialisten sehr bald, daß die Aufgabe, die sie sich gestellt hatten, die allgemeine Annahme einer gemeinsamen Weltanschauung, eines bestimmten Systems von Werten erfordert. In diesem Bestreben, eine auf einer solchen alleinigen Weltanschauung beruhende Massenbewegung ins Leben zu rufen, schufen die Sozialisten als erste die meisten Instrumente zur geistigen Abrichtung, von denen dann die Nationalsozialisten und Faschisten so wirksam Gebrauch gemacht haben.

In Deutschland und Italien brauchten die Nationalsozialisten und Faschisten in der Tat nicht viel hinzu zu erfinden. Die Methoden dieser neuen politischen Bewegungen, die alle Bereiche des Lebens erfaßten, waren in beiden Ländern bereits von den Sozialisten eingeführt worden. Der Gedanke einer politischen Partei, die alle Tätigkeiten des Individuums von der Wiege bis zur Bahre umspannt, die den Anspruch erhebt, die Ansichten des einzelnen über alles und jedes zu bestimmen, und die darin schwelgt, alle Probleme zu Fragen der Weltanschauung der Partei zu machen, wurde zuerst von den Sozialisten in die Praxis umgesetzt. Ein österreichischer sozialistischer Schriftsteller, der über die sozialistische Bewegung in seinem Lande spricht, berichtet voll Stolz, es sei für sie „charakteristisch, daß sie für jedes Betätigungsfeld von Arbeitern und Angestellten besondere

Organisationen geschaffen hatte"[6]. Aber wenn die österreichischen Sozialisten in dieser Beziehung auch besonders weit gegangen sein mögen, so war die Lage in andern Ländern nicht sehr viel anders. Nicht die Faschisten, sondern die Sozialisten haben den Anfang damit gemacht, Kinder vom zartesten Alter an in politischen Organisationen zu vereinigen, um sicher zu gehen, daß sie als gute Proletarier aufwuchsen. Nicht die Faschisten, sondern die Sozialisten hatten als erste den Gedanken, Sport und Spiele, Fußball und Wandern in Parteiklubs zu organisieren, in denen die Mitglieder nicht durch abweichende Anschauungen infiziert werden konnten. Die Sozialisten waren die ersten, die darauf hielten, daß das Parteimitglied sich von anderen Menschen durch die Formen des Grußes und der Anrede unterscheiden sollte. Sie waren diejenigen, die durch die Schaffung von „Zellen" und Vorkehrungen für die ständige Überwachung des Privatlebens den Prototyp der totalitären Partei ins Leben gerufen haben. Balilla und Hitlerjugend, Dopolavoro und Kraft durch Freude, politische Uniformen und militärische Parteiformationen sind kaum mehr als Nachahmungen älterer sozialistischer Einrichtungen[7].

*

Solange die sozialistische Bewegung in einem Lande mit den Interessen einer besonderen Gruppe, und zwar in der Regel mit denen der höheren Klassen der gelernten Industriearbeiter, eng verbunden ist, ist das Problem, wie man eine einheitliche Meinung über die wünschenswerte Lage der verschiedenen Mitglieder der Gesellschaft schaffen kann, verhältnismäßig einfach. Die Bewegung ist unmittelbar an der Lage einer besonderen Gruppe interessiert, und ihr Ziel besteht darin, diese Lage im

---

[6] *G. Wieser*, Ein Staat stirbt, Österreich 1934–1938, Paris 1938, S. 41. (In Ermangelung des deutschen Originals aus dem Englischen zurückübersetzt. Die Übers.)

[7] Die politischen Buchgemeinschaften in England sind eine nicht unwichtige Parallele dazu.

Verhältnis zu andern Gruppen zu verbessern. Das Problem ändert sich jedoch, sobald es mit zunehmender Verwirklichung des Sozialismus für jeden immer klarer wird, daß sein Einkommen und seine allgemeine Lage durch den Zwangsapparat bestimmt werden, daß er seine Stellung nur behaupten oder verbessern kann als Mitglied einer organisierten Gruppe, die die Staatsmaschine in seinem Interesse beeinflussen oder beherrschen kann. In dem Ringen zwischen den verschiedenen Interessentengruppen, das in diesem Stadium beginnt, brauchen keineswegs die Interessen der ärmsten und größten Gruppen die Oberhand zu haben. Es ist auch nicht unbedingt ein Vorteil für die älteren sozialistischen Parteien, die zugegebenermaßen die Interessen einer besonderen Gruppe vertraten, daß sie als erste auf dem Plan gewesen waren und ihre ganze Ideologie auf die gelernten Industriearbeiter zugeschnitten hatten. Gerade der Umstand, daß sie Erfolg hatten und das Ansinnen stellten, ihr Glaubensbekenntnis unbesehen zu akzeptieren, mußte schließlich eine machtvolle Gegenbewegung wachrufen – nicht von Seiten der Kapitalisten, sondern von Seiten der sehr großen und ebenfalls besitzlosen Klassen, die sich in ihrer Stellung durch den Auftrieb der Arbeiterelite gefährdet sahen.

Der Theorie und der Taktik des Sozialismus liegt überall – und selbst dort, wo sie nicht von dem marxistischen Dogma beherrscht werden – der Gedanke einer Teilung der Gesellschaft in zwei Klassen mit einander widerstreitenden Interessen zugrunde, die Scheidung in Kapitalisten und Arbeiter. Der Sozialismus rechnete mit einem schnellen Verschwinden der alten Mittelklasse, beachtete jedoch keineswegs den Aufstieg einer neuen, nämlich des zahlreichen Heeres von kaufmännischen und Büroangestellten, von Verwaltungspersonal und Lehrern, von Kaufleuten und kleinen Beamten und den unteren Schichten der freien Berufe. Eine Zeitlang stellten diese Klassen der Arbeiterbewegung viele Führer. Aber in dem Maße, wie es immer klarer wurde, daß die Stellung jener Klassen sich im Verhältnis zu der der Arbeiter verschlechterte, verloren die Ideale, die diese beseelten, viel von ihrer Zugkraft auf die andern. Sie waren zwar alle Sozialisten in dem Sinn, daß sie den Kapitalismus verabscheuten und eine bewußte Verteilung des Reichtums nach ihrem Gerechtigkeitsbegriff forderten, aber diese Ideen erwiesen sich als sehr verschieden von denjenigen, die die älteren sozialistischen Parteien in der Praxis verfolgt hatten.

Das Mittel, dessen sich die alten sozialistischen Parteien zur Unterstützung einer Berufsgruppe bedient hatten – die Hebung ihrer wirtschaftlichen Lage gegenüber der der andern –, versagt den Dienst, wenn alle unterstützt werden sollen. Es müssen rivalisierende sozialistische Bewegungen entstehen, die auf diejenigen zugeschnitten sind, deren Lage sich relativ verschlechtert hat. Es ist viel Wahres an der oft geäußerten Behauptung, daß Faschismus und Nationalsozialismus eine Art von Mittelstandssozialismus sind – nur, daß die Anhänger dieser neuen Bewegung in Italien und Deutschland nach ihrer materiellen Lage kaum mehr zum Mittelstand gehörten. Es war weitgehend ein Aufstand einer neuen zu kurz gekommenen Klasse gegen die Arbeiteraristokratie, die durch die Arbeiterbewegung geschaffen worden war. Daß kaum ein anderer wirtschaftlicher Faktor so sehr zur Ausbreitung dieser neuen Bewegungen beigetragen hat wie der Neid der gescheiterten Akademiker, des akademisch gebildeten Ingenieurs oder Juristen, und des „Stehkragenproletariats“ im allgemeinen auf die Lokomotivführer, Setzer oder andere Mitglieder der stärksten Arbeitergewerkschaften, deren Einkommen ein Vielfaches des ihrigen war, steht wohl zweifelsfrei fest. Ebensowenig kann bezweifelt werden, daß die Massen der nationalsozialistischen Bewegung in ihren Anfängen durchschnittlich schlechter bezahlt waren als der Durchschnitt der Gewerkschaftler oder der Mitglieder der älteren sozialistischen Partei – ein um so gewichtigerer Umstand, als sie oft bessere Tage gesehen hatten und häufig noch in einer Umgebung lebten, die sie dieser Vergangenheit verdankten. Der Ausdruck „umgekehrter Klassenkampf“, der in Italien in den Anfängen des Faschismus gebräuchlich war, wies auf einen sehr wichtigen

Aspekt der Bewegung hin. Der Gegensatz zwischen den Faschisten oder Nationalsozialisten und den älteren sozialistischen Parteien muß in der Tat weitgehend als ein Gegensatz aufgefaßt werden, wie er sich zwischen rivalisierenden sozialistischen Parteien einstellen muß. Über den Punkt, daß der Wille des Staates jedem Menschen den ihm zukommenden Platz in der Gesellschaft anweisen solle, gab es keine Meinungsverschiedenheit zwischen ihnen. Aber wie immer gingen ihre Ansichten darüber fundamental auseinander, welches der jeder Klasse und jeder Gruppe zukommende Platz sei.

*

Die alten sozialistischen Führer, die ihre Parteien immer als die natürlichen Bahnbrecher für die zukünftige allgemeine Entwicklung zum Sozialismus betrachtet hatten, vermochten nur schwer zu verstehen, daß, je weiter die sozialistischen Methoden um sich griffen, um so mehr die Mißstimmung breiter minderbemittelter Klassen sich gegen sie richten sollte. Aber während die alten sozialistischen Parteien oder die gewerkschaftlich organisierten Arbeiter in bestimmten Industrien sich verhältnismäßig leicht mit ihren Arbeitgebern über ein gemeinsames Vorgehen verständigen konnten, gingen breite Massen leer aus. Nicht ohne einige Berechtigung gehörten in ihren Augen die besser bezahlten Kreise der Arbeiterbewegung eher zu den ausbeutenden als zu den ausgebeuteten Klassen[8].

Die Mißstimmung der unteren Mittelklasse, aus der sich ein so hoher Prozentsatz der Anhänger des Faschismus und des Nationalsozialismus rekrutierte, wurde noch dadurch gesteigert,

---

[8] Zwölf Jahre sind verflossen, seit einer der führenden sozialistischen Intellektuellen Europas, *Hendrik de Man* (der sich seitdem konsequent weiterentwickelt und seinen Frieden mit den Nationalsozialisten gemacht hat), die Bemerkung machte, daß „zum ersten Mal seit den Anfängen des Sozialismus das antikapitalistische Ressentiment sich gegen die sozialistische Bewegung wendet“ (Sozialismus und National-Faszismus, Potsdam, 1931, S. 6).

daß sich ihr Ehrgeiz auf Grund ihrer Erziehung und Vorbildung in vielen Fällen auf leitende Stellungen richtete und daß sie sich für berechtigt hielten, Mitglieder der führenden Klasse zu sein. Während die jüngere Generation aus jener Verachtung für die Profitmacherei, die die Sozialisten durch ihre Lehren großgezogen hatten, selbständige und mit einem Risiko verbundene Stellungen verschmähte und in immer größeren Scharen in festbesoldete abhängige Stellungen strömte, die Sicherheit versprachen, forderte sie gleichzeitig einen Platz, der ihr das Einkommen und die Macht bot, auf die sie durch ihre Vorbildung Anspruch zu haben vermeinte. Sie glaubte zwar an eine organisierte Gesellschaft, aber sie erwartete in ihr eine Stellung, die sehr verschieden war von der, welche eine durch die Arbeiterschaft beherrschte Gesellschaft zu bieten schien. Sie war durchaus bereit, die Methoden des älteren Sozialismus zu übernehmen, aber sie war entschlossen, sie im Dienste einer andern Klasse zu verwenden. Die Bewegung übte eine Anziehungskraft auf alle aus, die unterschiedslos die Leitung des gesamten Wirtschaftslebens durch den Staat wünschten, aber die Ziele ablehnten, für die die Aristokratie der Industriearbeiter ihre politische Macht einsetzte.

Die neue sozialistische Bewegung begann mit verschiedenen taktischen Vorteilen. Der Sozialismus der Arbeiter war in einer demokratischen und liberalen Welt großgeworden, wobei er ihr seine Taktik anpaßte und viele Ideale des Liberalismus übernahm; seine Vorkämpfer glaubten noch daran, daß die Schaffung des Sozialismus an sich alle Probleme lösen werde. Andererseits verdankten Faschismus und Nationalsozialismus ihre Entstehung dem Umstand, daß die Menschen sich auf Grund ihrer Erfahrung mit einer immer stärker gelenkten Wirtschaft darüber klar wurden, daß der demokratische und internationale Sozialismus nach unvereinbaren Idealen strebte. Die Taktik dieser neuen Bewegungen entwickelte sich in einer Welt, die bereits durch die sozialistische Politik und die dadurch hervorgerufenen Probleme beherrscht wurde. Sie hatten keine Illusionen über die Möglichkeit einer demokratischen Lösung von Problemen, die mehr Übereinstimmung unter den Menschen erfordern, als man vernünftigerweise erwarten kann. Sie hatten keine Illusionen darüber, daß die Vernunft imstande sein solle, alle die Fragen der Rangfolge der Bedürfnisse verschiedener Menschen oder Gruppen zu entscheiden – Fragen, die die Planwirtschaft unvermeidlicherweise aufwirft – noch darüber, daß die Formel der Gleichheit eine Antwort liefern könne. Sie wußten, daß die stärkste Gruppe, die genug Anhänger für eine neue hierarchische Gesellschaftsordnung um sich scharte und die den Klassen, auf die sie berechnet war, unbekümmert Privilegien versprach, Aussicht hatte, von allen denen unterstützt zu werden, die enttäuscht waren, weil man ihnen Gleichheit versprochen hatte und sie dann entdeckten, daß sie nur die Interessen einer Sonderklasse gefördert hatten. Vor allem aber hatten sie deshalb Erfolg, weil sie eine Theorie oder Weltanschauung zu bieten hatten, die die Privilegien, die sie ihren Anhängern versprachen, zu rechtfertigen schien.

NEUNTES KAPITEL

SICHERHEIT UND FREIHEIT

Die ganze Gesellschaft wird dann zu einem einzigen Bureau und einer einzigen Fabrik mit gleicher Arbeit und gleicher Bezahlung geworden sein. V. I. Lenin, 1917

In einem Lande, in dem der einzige Arbeitgeber der Staat ist, bedeutet Opposition langsamen Hungertod. An die Stelle des alten Grundsatzes: „Wer nicht arbeitet, soll auch nicht essen", ist ein neuer getreten: „Wer nicht gehorcht, soll nicht essen." L. Trotzki, 1937

Gleich der trügerischen „wirtschaftlichen Freiheit", aber mit mehr Berechtigung, ist auch die wirtschaftliche Sicherheit oft als eine unerläßliche Voraussetzung für die wirkliche Freiheit hingestellt worden. In gewissem Sinne ist das zutreffend und wichtig. Geistige Unabhängigkeit und Charakterstärke findet man selten bei Menschen, die nicht darauf rechnen können, aus eigener Kraft ihr Glück zu machen. Der Gedanke wirtschaftlicher Sicherheit ist jedoch ebenso unbestimmt und zweideutig wie die meisten andern Begriffe auf diesem Gebiet, und deshalb kann die allgemeine Zustimmung, die die Forderung nach Sicherheit findet, zu einer Gefahr für die Freiheit werden. Weit davon entfernt, die Chancen für die Freiheit zu erhöhen, erwächst aus dem allgemeinen Streben nach Sicherheit, wenn diese zu absolut aufgefaßt wird, in der Tat die ernsteste Bedrohung für die Freiheit.

Wir sollten von vornherein zwei Arten von Sicherheit auseinanderhalten: die begrenzte, die allen Menschen gewährleistet werden kann und die deshalb kein Vorrecht ist, sondern ein durchaus berechtigter Anspruch, und die absolute Sicherheit, die in einer freien Gesellschaft nicht allen gewährleistet werden kann und die nicht als ein Vorrecht verliehen werden sollte – abgesehen von einigen besonderen Fällen wie z. B. dem der Richter, in dem völlige Unabhängigkeit von höchster Bedeutung ist. Diese beiden Arten von Sicherheit sind: erstens Sicherung gegen schwere körperliche Entbehrungen, die Gewißheit eines bestimmten Existenzminimums für alle, und zweitens die Sicherheit eines bestimmten Lebensstandards, d. h. der wirtschaftlichen Stellung, deren sich eine Person oder eine Gruppe im Verhältnis zu andern erfreut, oder, wie wir es kurz ausdrücken können: einerseits die Sicherheit eines Mindesteinkommens und andererseits die Sicherheit des besonderen Einkommens, auf das jemand Anspruch zu haben glaubt. Wir werden gleich sehen, daß diese Unterscheidung sich zum großen Teil deckt mit der Unterscheidung zwischen der Sicherheit, die allen außerhalb und neben der Marktwirtschaft gewährleistet werden kann, und der Sicherheit, die nur für einzelne allein bei Beherrschung oder Abschaffung des Marktes erreichbar ist.

Es ist kein Grund vorhanden, warum in einer Gesellschaft, die einen Wohlstand wie die unsrige erreicht hat, nicht allen Menschen die erste Art von Sicherheit ohne Gefahr für die allgemeine Freiheit gewährleistet werden sollte. Das wirft natürlich schwierige Fragen über die genaue Höhe des zu garantierenden Standards auf, insbesondere die wichtige Frage, ob diejenigen, die sich auf diese Weise von der Gesellschaft erhalten lassen, alle unbeschränkt die gleichen Freiheiten genießen sollen wie die andern [1]. Eine unvorsichtige Behandlung dieser Fragen könnte sehr wohl zu ernsten und vielleicht sogar gefährlichen politischen Problemen führen; aber zweifellos kann jedem einzelnen ein gewisses Minimum an Nahrung, Obdach und Kleidung garantiert werden, das für die Erhaltung der Gesundheit und der Arbeitsfähigkeit ausreicht. Tatsächlich ist diese Art der

[1] Es entstehen auch ernste Probleme für die internationalen Beziehungen, wenn das bloße Bürgerrecht in einem Staate das Recht auf einen höheren Standard als in anderen Ländern verleiht, Probleme, die nicht zu leicht genommen werden sollten.

Sicherheit für einen beträchtlichen Teil der Bevölkerung in England bereits seit langem erreicht.

Es ist auch kein Grund vorhanden, warum der Staat die Individuen nicht in der Vorsorge für jene gewöhnlichen Wechselfälle des Lebens unterstützen sollte, gegen die wegen ihrer Ungewißheit nur wenige sich ausreichend sichern können. Wenn, wie im Falle von Krankheit und Unfall, in der Regel durch solche Hilfeleistung weder der Wunsch, derartige Ereignisse zu vermeiden, noch die Anstrengung, die Folgen zu überwinden, geschwächt werden, wenn wir es, kurz gesagt, mit echten versicherungsfähigen Risiken zu tun haben, spricht sehr viel für die staatliche Hilfe bei der Organisierung einer umfassenden Sozialversicherung. In vielen Punkten werden die Meinungen derer, die das Wettbewerbssystem beibehalten wollen, und derer, die etwas anderes an seine Stelle setzen möchten, über die Einzelheiten solcher Pläne auseinandergehen, und man kann auch unter dem Namen Sozialversicherung Maßnahmen einführen, die leicht den Wettbewerb mehr oder weniger unwirksam machen könnten. Aber die Gewährleistung größerer Sicherheit durch den Staat und die Wahrung der individuellen Freiheit sind nicht grundsätzlich unvereinbar. In die gleiche Kategorie gehört auch die Erhöhung der Sicherheit dadurch, daß der Staat den Opfern solcher Heimsuchungen wie Erdbeben oder Überschwemmungen seine Hilfe angedeihen läßt. In allen Fällen, in denen eine Gemeinschaftsaktion Schicksalsschläge zu lindern vermag, die der einzelne nicht abzuwenden imstande ist, gegen deren Folgen aber er ebensowenig Vorsorge treffen kann, sollte zweifellos eine solche Aktion unternommen werden.

Es gibt schließlich das äußerst wichtige Problem der Bekämpfung der Konjunkturschwankungen und der periodischen Massenarbeitslosigkeit, die mit ihnen einhergeht. Dies ist natürlich eines der ernstesten und dringendsten Probleme unserer Zeit. Gewiß wird zu seiner Lösung viel Planung im guten Sinn notwendig sein. Indessen erfordert es nicht jene besondere Art von Planung, die nach Ansicht ihrer Verteidiger den Markt ersetzen soll. Viele Nationalökonomen hoffen tatsächlich, daß die letzte Lösung auf dem Gebiet der Währungspolitik gefunden werden kann, und zwar durch Maßnahmen, die selbst mit dem Liberalismus des 19. Jahrhunderts vereinbar wären. Andere glauben allerdings, daß ein wirklicher Erfolg nur von öffentlichen Arbeiten erwartet werden könne, die zur rechten Zeit und in sehr großem Maßstab vorgenommen werden. Das könnte aber zu einer weit größeren Einengung des Bereiches der Konkurrenz führen, und unternehmen wir Versuche in dieser Richtung, so müssen wir vorsichtig zu Werke gehen, wenn wir vermeiden wollen, daß alle Wirtschaftstätigkeit in zunehmendem Maße von der Lenkung und dem Umfang der Staatsausgaben abhängig wird. Aber dies ist weder der einzige noch in meinen Augen der aussichtsreichste Weg, um der schwersten Bedrohung der wirtschaftlichen Sicherheit zu begegnen. Jedenfalls führen die dringend notwendigen Bestrebungen, sich gegen diese Wirtschaftsschwankungen zu schützen, nicht zu der Art von Planung, die unsere Freiheit so sehr bedroht.

*

Die Planwirtschaft im Dienste der Sicherheit, die der Freiheit so verhängnisvoll wird, bezieht sich auf eine Sicherheit anderer Art. Es ist eine Planwirtschaft zum Schutze von Individuen oder Gruppen gegen Einkommensminderungen, die, wenn auch unverdientermaßen, tagtäglich in einer auf dem Wettbewerb beruhenden Gesellschaft vorkommen, gegen schmerzliche Verluste, die moralisch nicht gerechtfertigt werden können und doch mit dem Wettbewerbssystem untrennbar verbunden sind. Diese Forderung nach Sicherheit ist also eine andere Form der Forderung nach gerechter Entlohnung, einer Entlohnung, die den subjektiven Verdiensten und nicht den objektiven Ergebnissen einer Leistung entspricht. Diese Art von Sicherheit oder Gerechtigkeit dürfte mit der freien Berufswahl unvereinbar sein.

In jedem System, das sich bei der Verteilung der Menschen auf die einzelnen Erwerbszweige und Berufe auf ihre eigene Wahl verläßt, muß die Entlohnung in diesen ihrem Nutzen für die andern Mitglieder der Gesellschaft entsprechen, selbst wenn sie in keiner Beziehung zu dem subjektiven Verdienst stände. Wenn auch die Vergütung oft den Anstrengungen und Absichten entsprechen wird, so gibt es doch keine Gesellschaftsform, in der das immer der Fall wäre. Besonders wird es in den vielen Fällen nicht zutreffen, in denen der Nutzen irgendeines Gewerbes oder einer besonderen Fertigkeit durch unvorhergesehene Umstände eine Veränderung erfährt. Wir alle kennen die tragische Lage des hochqualifizierten Arbeiters, dessen schwer erworbenes Können infolge irgendeiner Erfindung, die der übrigen Gesellschaft großen Nutzen bringt, plötzlich seinen Wert verloren hat. Die Geschichte der letzten hundert Jahre liefert dafür viele Beispiele, von denen einige sogar Hunderttausende von Menschen gleichzeitig in Mitleidenschaft gezogen haben.

Es verletzt zweifellos unsern Gerechtigkeitssinn, wenn jemand ohne eigenes Verschulden und trotz angestrengter Arbeit und außergewöhnlicher Geschicklichkeit eine große Einkommensminderung erfährt und sich in all seinen Hoffnungen bitter enttäuscht sieht. Die Forderungen der davon Betroffenen, der Staat solle zu ihren Gunsten eingreifen, um ihre berechtigten Erwartungen sicherzustellen, sind allgemeiner Sympathie und Unterstützung sicher. Die Billigung dieser Forderungen durch die Öffentlichkeit hat dazu geführt, daß die Regierungen überall eingegriffen haben, nicht nur, um die Menschen, denen bittere Not und Entbehrungen drohen, zu schützen, sondern um ihnen ihr früheres Einkommen auf die Dauer zu sichern und sie vor dem Auf und Ab des Marktes zu bewahren[2].

Die Sicherheit eines bestimmten Einkommens kann jedoch

---

[2] *W. H. Hutt* hat kürzlich in einem Buch (Plan for Reconstruction, 1943), das einer sorgfältigen Lektüre wert ist, äußerst interessante Vorschläge zur Milderung dieser Härten im Rahmen einer liberalen Gesellschaft gemacht.

nicht allen gewährt werden, wenn noch freie Berufswahl gestattet sein soll. Wird sie aber einigen Personen gewährt, so erhalten sie ein Vorrecht auf Kosten der andern, deren Sicherheit dadurch notwendigerweise beeinträchtigt wird. Es ist leicht, zu zeigen, daß die Sicherheit eines unveränderlichen Einkommens allen nur dann gewährleistet werden kann, wenn jede Freiheit der Berufswahl abgeschafft wird. Wenn eine solche allgemeine Garantie für das berechtigterweise erwartete Einkommen auch oft als das erstrebenswerte Ideal angesehen wird, so handelt es sich doch nicht um etwas, was im Ernst angestrebt wird. Was man statt dessen fortgesetzt tut, besteht darin, diese Art von Sicherheit von Fall zu Fall zu gewähren, bald dieser und bald jener Gruppe, was dazu führt, daß die Unsicherheit für diejenigen, die beiseitestehen müssen, beständig wächst. Es ist daher auch kein Wunder, daß der Wert, der dem Vorrecht der Sicherheit beigemessen wird, unausgesetzt steigt und daß das Verlangen nach ihr immer dringender wird, bis schließlich kein Preis dafür als zu hoch erscheint, selbst der der Freiheit nicht.

*

Wenn diejenigen, deren Nutzen für die Gesellschaft durch Umstände, die sie weder voraussehen noch beeinflussen konnten, vermindert ist, gegen unverschuldete Verluste geschützt würden und diejenigen, deren Brauchbarkeit auf dieselbe Weise erhöht worden ist, daran gehindert würden, einen unverdienten Gewinn zu machen, würde die Entlohnung bald überhaupt nicht mehr in irgendeiner Beziehung zu ihrem tatsächlichen Nutzen stehen. Sie würde dann davon abhängen, welche Ansichten irgendeine Behörde darüber hat, was jemand hätte tun oder voraussehen sollen und wie gut oder wie schlecht seine Absichten waren. Solche Entscheidungen müssen aber in weitem Maße willkürlich sein. Die Anwendung dieses Grundsatzes müßte zwangsläufig zu einer verschiedenen Entlohnung von Menschen führen, die dieselbe Arbeit leisten. Die Unterschiede in der Entlohnung würden dann nicht mehr einen angemessenen Anreiz bedeuten, um den Berufswechsel vorzunehmen, der im Interesse der Gesellschaft wünschenswert wäre, und die betreffenden Individuen wären sogar nicht einmal in der Lage, sich ein Urteil darüber zu bilden, ob ein bestimmter Wechsel die damit verbundenen Unannehmlichkeiten lohnt.

Aber wenn die Veränderungen in der Verteilung der Menschen auf die verschiedenen Berufe, die in jeder Gesellschaft unausgesetzt erforderlich sind, nicht mehr durch finanzielle „Belohnungen" und „Strafen" (die in keinem Zusammenhang mit dem subjektiven Verdienst zu stehen brauchen) bewirkt werden können, muß man sie durch direkte Befehle herbeiführen. Wenn jemandes Einkommen garantiert ist, kann man ihm weder erlauben, seinem Beruf treu zu bleiben, bloß weil er ihn gern hat, noch ihm gestatten, eine andere Arbeit zu wählen, die er vorziehen würde. Da er nicht in eigener Person den Gewinn macht oder den Verlust erleidet, der von seinem Berufswechsel oder seinem Bleiben abhängt, muß die Wahl für ihn von denen getroffen werden, die die Verteilung des verfügbaren Einkommens in der Hand haben.

Das Problem entsprechender Anreize, das sich hier stellt, wird gewöhnlich so behandelt, als wäre es in der Hauptsache ein Problem des guten Willens der Menschen, ihr Bestes zu leisten. Dieser Aspekt des Problems ist zwar wichtig, aber er ist nicht der einzige und nicht einmal der wichtigste. Es besteht nicht nur darin, daß, wenn wir wollen, daß die Menschen ihr Bestes geben, wir dies für sie lohnend machen müssen. Wenn wir ihnen die Wahl lassen wollen und wenn sie imstande sein sollen, zu beurteilen, was sie tun sollen, so ist es wichtiger, daß wir ihnen einen einleuchtenden Maßstab in die Hand geben, mit dessen Hilfe sie die Bedeutung der verschiedenen Berufe für die Gesellschaft feststellen können. Selbst mit dem besten Willen von der Welt würde es für jeden unmöglich sein, eine vernünftige Wahl zwischen den verschiedenen Möglichkeiten zu treffen, wenn die Vorteile, die sie ihm bieten würden, in keiner Beziehung zu ihrem sozialen Nutzen ständen. Um zu wissen, ob ein

Mensch infolge veränderter Umstände einen Erwerbszweig und eine Umgebung, die er liebgewonnen hat, verlassen sollte, um sie gegen eine andere zu vertauschen, muß diese Veränderung des relativen Wertes dieser Betätigungen für die Gesellschaft in ihrer Bezahlung zum Ausdruck kommen.

Das Problem ist natürlich um so wichtiger, als die Menschen in der Welt, wie sie nun einmal ist, tatsächlich nicht lange Zeit hindurch ihr Bestes geben werden, wenn ihr eigenstes Interesse nicht direkt betroffen ist. Zum mindesten ein sehr großer Prozentsatz der Menschen hat einen äußeren Druck nötig, wenn sie alle ihre Kräfte anspannen sollen. Die Leistungsantriebe in diesem Sinne stellen ein sehr reales Problem dar, und zwar im Bereich der gewöhnlichen Arbeit wie in dem der leitenden Tätigkeit. Die Anwendung der Ingenieurtechnik auf eine ganze Nation – denn das bedeutet nämlich die Planwirtschaft – „wirft Probleme der Disziplin auf, die schwer zu lösen sind", wie ein amerikanischer Ingenieur, der große Erfahrung in staatlicher Planwirtschaft besitzt und das Problem klar gesehen hat, sich treffend ausdrückt. Er führt aus:

„Um eine technische Aufgabe durchzuführen, müßte rings um sie herum ein verhältnismäßig großer Bereich nichtgeplanter Wirtschaftstätigkeit bestehen. Es müßte ein Rekrutierungsgebiet für Arbeiter geben, und wird ein Arbeiter entlassen, so sollte er von der Arbeitsstelle und aus der Lohnliste verschwinden. Fehlt es dagegen an solch einem freien Reservoir, so kann die Disziplin wie bei der Sklavenarbeit nicht ohne Leibesstrafen aufrechterhalten werden." [3]

Im Bereich der leitenden Tätigkeit stellt sich das Problem der Strafen für Nachlässigkeit in einer anderen, aber nicht weniger ernsten Form. Es ist dafür die ausgezeichnete Formel geprägt worden, daß, während die letzte Instanz eines Wettbewerbssystems der Gerichtsvollzieher, die der Planwirtschaft der Hen-

---

[3] *D. C. Coyle*, „The Twilight of National Planning", Harpers' Magazine, Oktober 1935, S. 558.

ker ist[4]. Die einem Fabrikleiter zu erteilenden Befugnisse werden immer beträchtlich bleiben. Aber die Stellung und das Einkommen eines Direktors können ebensowenig wie im Falle des Arbeiters in einer Planwirtschaft allein vom Erfolg oder Mißerfolg der unter ihm geleisteten Arbeit abhängig gemacht werden. Da er weder das Risiko trägt noch den Gewinn einstreicht, so können seine Entscheidungen nicht von seinem persönlichen Urteil, sondern nur davon abhängen, ob er das tut, was er nach irgendeiner erlassenen Vorschrift tun sollte. Ein Fehler, den er hätte vermeiden „müssen“, ist nicht länger seine eigene Angelegenheit, sondern ein Verbrechen gegen die Gesellschaft und muß als solches behandelt werden. Gewiß mag er, solange er auf dem ungefährlichen Pfad der objektiv feststellbaren Pflicht bleibt, seines Einkommens sicherer sein als der kapitalistische Unternehmer, aber die Gefahr, die ihm im Falle wirklichen Versagens droht, ist schlimmer als der Bankerott. Er kann wirtschaftliche Sicherheit genießen, solange er seine Vorgesetzten befriedigt, aber er erkauft sie um den Preis der Sicherheit von Freiheit und Leben.

Der Konflikt, mit dem wir es hier zu tun haben, ist grundlegender Art. Es ist ein Konflikt zwischen zwei unvereinbaren Typen der Gesellschaftsordnung, die man nach den charakteristischsten Erscheinungsformen häufig als den kommerziellen und den militärischen Gesellschaftstypus bezeichnet hat. Die Ausdrücke sind vielleicht unglücklich gewählt, da sie die Aufmerksamkeit auf Nebensächlichkeiten lenken und das Verständnis dafür erschweren, daß wir hier vor einem Entweder-Oder stehen und daß es keine dritte Möglichkeit gibt. Entweder hat das Individuum sowohl die Entscheidung und das Risiko, oder beides ist ihm abgenommen. Das Heer kommt tatsächlich in vieler Hinsicht dem zweiten Organisationstypus am nächsten, in dem jeder einzelne Arbeiter zu einer bestimmten Arbeit komman-

---

[4] *W. Röpke*, Die Gesellschaftskrisis der Gegenwart, Zürich, 4. Aufl., S. 147.

diert wird und in dem bei Knappheit der verfügbaren Mittel alle auf die gleiche schmale Ration gesetzt werden. Es ist das einzige System, das dem Individuum volle wirtschaftliche Sicherheit zu gewähren vermag, und dadurch, daß man es auf die gesamte Gesellschaft ausdehnt, kann diese Sicherheit für sämtliche Mitglieder erreicht werden. Mit ihr sind jedoch die Freiheitsbeschränkungen und die hierarchische Rangordnung des militärischen Lebens untrennbar verbunden – es ist die Sicherheit der Kaserne.

Es ist natürlich möglich, einzelne Sektoren einer im übrigen freien Gesellschaft nach diesem Grundsatz zu organisieren, und es ist kein Grund vorhanden, warum diese Lebensform mit ihren notwendigen Beschränkungen der individuellen Freiheit denen, die sie bevorzugen, nicht freistehen sollte. Irgendeine Art von freiwilligem Arbeitsdienst nach militärischen Richtlinien dürfte in der Tat wohl die beste Form sein, in der der Staat die Garantie einer Arbeitsgelegenheit und ein Mindesteinkommen für alle gewähren könnte. Daß derartige Vorschläge sich in der Vergangenheit so wenig durchgesetzt haben, ist darauf zurückzuführen, daß diejenigen, die bereit sind, ihre Freiheit der Sicherheit zu opfern, immer verlangt haben, daß, wenn sie ihre volle Freiheit aufgeben, sie auch denen genommen werden sollte, die nicht auf sie verzichten wollen. Für diese Forderung kann man kaum eine Rechtfertigung finden.

Der militärische Typus der Organisation, so wie wir ihn kennen, gibt uns jedoch nur ein sehr unzulängliches Bild davon, wie er aussehen würde, wenn man ihn auf die Gesellschaft als Ganzes ausdehnte. Solange nur ein Teil der Gesellschaft nach militärischen Gesichtspunkten organisiert ist, wird die Unfreiheit der Mitglieder der militärischen Organisation dadurch gemildert, daß es noch eine freie Sphäre gibt, in die sie flüchten können, wenn die Beschränkungen ihnen zu lästig werden. Wenn wir uns ein Bild davon machen wollen, wie die Gesellschaft aussehen würde, wenn sie nach dem Ideal, das so viele Sozialisten verführt hat, wie eine einzige große Fabrik organisiert wäre, so brauchen wir nur einen Blick auf das alte Sparta oder das heutige Deutschland zu werfen, das jenem Ideal so nahe gekommen ist, nachdem es sich zwei oder drei Menschenalter hindurch in dieser Richtung entwickelt hat.

*

Es ist unwahrscheinlich, daß in einer Gesellschaft, die die Freiheit gewöhnt ist, viele Menschen bereit sein würden, die Sicherheit bewußt um diesen Preis zu erkaufen. Aber die jetzt überall befolgte Politik, nach der das Privileg der Sicherheit bald dieser, bald jener Gruppe verliehen wird, führt zusehends zu Verhältnissen, unter denen das Verlangen nach Sicherheit stärker zu werden pflegt als die Liebe zur Freiheit. Dies hat seinen Grund darin, daß mit jeder Gewährung völliger Sicherheit an eine Gruppe die Unsicherheit der übrigen notwendigerweise größer wird. Garantiert man jemand eine bestimmte Menge eines Kuchens von veränderlicher Größe, so muß notwendig der Anteil, der für alle andern übrigbleibt, verhältnismäßig stärkeren Schwankungen unterworfen sein als die wechselnde Größe des ganzen Kuchens. Dann aber schwindet mehr und mehr das wesentliche Element der Sicherheit, welche das Wettbewerbssystem bietet, nämlich die große Fülle der Erwerbsmöglichkeiten.

Innerhalb der Marktwirtschaft kann bestimmten Gruppen Sicherheit nur durch die Art von Planwirtschaft gewährt werden, die uns unter dem Namen Restriktionismus bekannt ist (der jedoch alle gegenwärtig angewandten Planwirtschaftsmaßnahmen umfaßt). „Lenkung", d. h. Produktionsbeschränkung, so daß die Preise einen „angemessenen" Ertrag sichern, ist der einzige Weg, auf dem den Produzenten in einer Marktwirtschaft ein bestimmtes Einkommen garantiert werden kann. Aber das verringert notwendigerweise die Erwerbsmöglichkeit anderer. Soll der Produzent, ob Unternehmer oder Arbeiter, gegen Unterbietung durch Außenseiter geschützt werden, so bedeutet dies, daß andere, die schlechter daran sind, von dem Anteil an der verhältnismäßig größeren Prosperität der gelenkten Industrien ausgeschlossen werden. Jede Beschränkung des freien Zugangs zu einem Erwerbszweig verringert die Sicherheit all derer, die in andern Berufen tätig sind. Und mit steigender Zahl derjenigen, deren Einkommen auf diese Weise gesichert ist, verengt sich der Bereich der Ausweichmöglichkeiten für diejenigen, deren Einkommen sinkt, und auch für die, deren Lage durch jeden Wechsel beeinträchtigt wird, sinkt dementsprechend die Aussicht, einer katastrophalen Einkommensminderung zu entgehen. Und wenn nun, wie dies immer häufiger der Fall ist, in jedem aufblühenden Erwerbszweig die ihm Angehörenden die anderen ausschließen dürfen, um sich selber den vollen Gewinn in Form höherer Löhne oder Profite zu sichern, können die Angehörigen der Erwerbszweige, in denen die Nachfrage gesunken ist, nirgends hin abwandern, so daß jede Veränderung Massenarbeitslosigkeit hervorruft. Es unterliegt kaum einem Zweifel, daß es weitgehend auf das Streben nach Sicherheit mit Hilfe dieser Mittel in den letzten Jahrzehnten zurückzuführen ist, daß Arbeitslosigkeit und damit Unsicherheit für große Teile der Bevölkerung so stark zugenommen haben.

In England haben derartige Beschränkungen, besonders diejenigen, die die Mittelschichten der Gesellschaft in Mitleidenschaft ziehen, erst seit verhältnismäßig kurzer Zeit größeren Umfang angenommen, und wir sind uns über ihre volle Tragweite noch kaum im klaren. Die völlige Hoffnungslosigkeit der Lage derjenigen, die sich in einer derartig erstarrten Gesellschaft außerhalb der geschützten Erwerbszweige befinden, und die breite Kluft, die sie von den glücklichen Angehörigen der gegen Wettbewerb geschützten Berufe trennt, die es nicht nötig haben, auch nur im geringsten zusammenzurücken, um den andern Platz zu machen, kann nur der ermessen, welcher sie am eigenen Leibe erfahren hat. Es handelt sich nicht darum, daß die Bevorzugten ihre Stellungen aufgeben, sondern allein darum, daß sie sich an dem allgemeinen Mißgeschick dadurch beteiligen, daß sie eine gewisse Einkommensminderung auf sich nehmen, oder oft lediglich dadurch, daß sie auf einen Teil der möglichen Einkommenssteigerung verzichten. Doch der Schutz ihres „Lebensstandards", des „gerechten Preises" oder des „standesgemäßen Einkommens", worauf sie Anspruch zu haben glauben und in deren Wahrung sie der Staat unterstützt, steht dem im Wege. Infolgedessen sind es statt der Preise, Löhne und individuellen Einkommen jetzt Beschäftigung und Produktion, die heftigen Schwankungen unterworfen sind. Niemals hat es eine schlimmere oder grausamere Ausbeutung der einen Klasse durch die andere gegeben als die der schwächeren und weniger glücklichen Angehörigen eines Produktionszweiges durch die, die fest im Sattel sitzen, eine Ausbeutung, die durch die „Regulierung" des Wettbewerbs ermöglicht worden ist. Wenig Schlagworte haben so viel Unheil angerichtet wie das Ideal einer „Stabilisierung" bestimmter Preise (oder Löhne), die zwar einigen das Einkommen sichern, dafür aber die Lage der übrigen immer prekärer werden lassen.

Je mehr wir also versuchen, volle Sicherheit durch ein Eingreifen in den Marktmechanismus zu verschaffen, um so größer wird die Unsicherheit, und, was schlimmer ist, um so größer wird der Gegensatz zwischen der Sicherheit derjenigen, denen sie als Privileg gewährt wird, und der ständig steigenden Unsicherheit der Zukurzgekommenen. Und je mehr die Sicherheit ein Privileg und je größer die Gefahr für die wird, die von ihr ausgeschlossen sind, um so höheren Wert wird man der Sicherheit beimessen. In dem Maße, wie die Zahl der Privilegierten steigt und der Unterschied zwischen ihrer Sicherheit und der Unsicherheit der andern sich vergrößert, entsteht allmählich ein völlig neues System von sozialen Werten. Es ist nicht mehr die Unabhängigkeit, sondern die Sicherheit, die Rang und Ansehen verleiht; es ist mehr die Pensionsberechtigung als das Vertrauen in die Tüchtigkeit eines jungen Mannes, das ihn als Ehegatten begehrenswert erscheinen läßt, während die Unsicherheit zur gefürchteten Lage des Paria führt, in der diejenigen, denen in ihrer Jugend der Zutritt zu dem sicheren Hafen einer festbezahlten Stellung verweigert worden ist, ihr Leben lang bleiben.

*

Das allgemeine Streben, Sicherheit durch restriktive, vom Staat geduldete oder unterstützte Maßnahmen zu erlangen, hat im Lauf der Zeit zu einer ständig wachsenden Umwandlung der Gesellschaft geführt – einer Umwandlung, in der, wie in so mancher anderer Beziehung, Deutschland führend war, während die anderen Länder folgten. Diese Entwicklung ist durch eine andere Wirkung der sozialistischen Doktrin beschleunigt worden, nämlich die bewußte Verunglimpfung jeder mit einem Risiko verbundenen Tätigkeit und die moralische Stigmatisierung der Gewinne, ohne die sich Risiken nicht lohnen, die aber nur wenigen zufallen können. Wir können unsere jungen Leute nicht tadeln, wenn sie der sicheren, festbezahlten Stellung den Vorzug geben vor dem Risiko eines selbständigen Unternehmens, nachdem sie von frühester Jugend an gehört haben, die erstere sei die höherwertige, selbstlosere und uneigennützigere Betätigung. Die jüngere Generation unserer Zeit ist in einer Welt aufgewachsen, in der in Schule und Presse der Unternehmergeist als schimpflich und das Verdienen als unmoralisch hingestellt worden sind, in der die Beschäftigung von hundert Arbeitern als Ausbeutung gilt, aber die Kommandierung der gleichen Anzahl als ehrenvoll. Die Älteren unter uns mögen diese Darstellung des gegenwärtigen Zustandes als Übertreibung empfinden, aber die Erfahrungen, die ein Universitätslehrer täglich macht, lassen kaum einen Zweifel daran, daß infolge der antikapitalistischen Propaganda der Wandlungsprozeß der Werte bereits viel weiter gediehen ist als der, welcher die Einrichtungen in England erfaßt hat. Es fragt sich, ob wir nicht dadurch, daß wir zur Erfüllung dieser neuen Ansprüche unsere Institutionen ändern, unwissentlich Werte zerstören werden, die wir auch heute noch für kostbarer halten.

Der Strukturwandel der Gesellschaft, zu dem der Sieg des

Ideals der Sicherheit über das der Unabhängigkeit führt, kann nicht besser illustriert werden als durch einen Vergleich der beiden Gesellschaftstypen, die vor zehn oder zwanzig Jahren noch für England und Deutschland als charakteristisch gelten konnten. Wie groß der Einfluß der Armee in Deutschland auch gewesen sein mag, so ist es doch ein grober Fehler, das, was der Engländer als den „militärischen“ Charakter des deutschen Gesellschaftssystems ansah, hauptsächlich dieser Einwirkung zuzuschreiben. Der Unterschied war so groß, daß diese Erklärung dafür nicht ausreicht, und die für die deutsche Gesellschaft charakteristischen Merkmale waren in Kreisen, in denen der eigentliche militärische Einfluß bedeutungslos war, ebenso zu finden wie in jenen, in welchen er vorherrschte. Was der deutschen Gesellschaft ihren besonderen Charakter verlieh, war nicht so sehr der Umstand, daß zu fast allen Zeiten in Deutschland ein größerer Teil des Volkes im Hinblick auf den Krieg organisiert war als in andern Ländern, sondern die Tatsache, daß derselbe Organisationstypus für so viele andere Zwecke Verwendung fand. Diese besondere Sozialstruktur beruhte darauf, daß in Deutschland ein größerer Sektor des Zivillebens als in jedem anderen Land bewußt von der Spitze her organisiert war und daß ein so großer Teil der Bevölkerung sich nicht als selbständig, sondern als bestallte Beamte ansah. Deutschland war, wie die Deutschen sich selber rühmten, seit langem ein Beamtenstaat gewesen, in dem nicht nur in der eigentlichen Beamtenlaufbahn, sondern in fast allen Bereichen des Lebens das Einkommen und die Rangstellung von irgendeiner Behörde angewiesen und garantiert wurden.

Es ist zwar zweifelhaft, ob der Geist der Freiheit irgendwo mit Gewalt ausgerottet werden kann, aber es fragt sich, ob irgendein Volk dem Prozeß, durch den er in Deutschland langsam erstickt wurde, auf die Dauer widerstehen könnte. Wenn Auszeichnung und Rang fast ausschließlich dadurch zu erreichen sind, daß man ein bezahlter Diener des Staates wird, wenn es als löblicher gilt, seine Pflicht und Schuldigkeit zu tun, als sein eigenes Tätigkeitsfeld selber zu wählen, wenn alle Beschäftigungen, die keinen anerkannten Platz in der offiziellen Hierarchie oder keinen Anspruch auf ein festes Einkommen gewähren, als subaltern und sogar etwas anrüchig angesehen werden, kann man nicht erwarten, daß viele Menschen die Freiheit auf die Dauer der Sicherheit vorziehen werden. Wenn wir nur zu wählen haben zwischen der Sicherheit in einer abhängigen Stellung und einer äußerst prekären Stellung, in der man wegen eines Erfolges genau so verachtet wird wie wegen eines Mißerfolges, werden nur wenige der Versuchung einer Sicherheit, die um den Preis der Freiheit erkauft werden muß, widerstehen. Ist es erst einmal so weit gekommen, dann wird die Freiheit in der Tat fast zu einem Hohn, da sie nur durch den Verzicht auf die meisten guten Dinge dieser Welt erkauft werden kann. Bei solchen Zuständen nimmt es kaum wunder, wenn immer mehr Menschen zu der Überzeugung gelangen, daß Freiheit ohne wirtschaftliche Sicherheit „sich nicht lohne", und wenn sie bereit sind, ihre Freiheit für die Sicherheit zu opfern. Aber es ist beunruhigend, wenn Professor Laski in England genau das gleiche Argument verwendet, das vielleicht mehr dazu beigetragen hat als irgendein anderes, um die Deutschen zum Verzicht auf ihre Freiheit zu bewegen[5].

Es steht außer Frage, daß es eines der Hauptziele der Politik sein muß, Sicherheit gegen bittere Not zu gewähren und die vermeidbaren Fehlleitungen von Leistungen mit ihren Enttäuschungen zu verringern. Sollen diese Bemühungen aber von Erfolg gekrönt sein, ohne die Freiheit zu vernichten, so muß außerhalb des Marktes für die Sicherheit gesorgt werden, und dem Funktionieren des Wettbewerbs dürfen keine Hindernisse in

[5] *H. J. Laski*, Liberty in the Modern State (Pelican-Serie 1937, S. 51): „Wer das normale Leben der Armen kennt, mit dem Gespenst der Armut, das über den Menschen schwebt, das krampfhafte Streben nach der Schönheit des Lebens, die einem immer wieder entgleitet, weiß nur zu gut, daß Freiheit ohne wirtschaftliche Sicherheit sich nicht lohnt."

den Weg gelegt werden. Eine gewisse Sicherheit ist wesentlich, wenn die Freiheit erhalten bleiben soll, denn die meisten Menschen sind nur so lange bereit, das mit der Freiheit verbundene Risiko zu tragen, als es nicht zu groß ist. Aber wenn wir auch diese Wahrheit niemals aus den Augen verlieren dürfen, so ist doch nichts verhängnisvoller als die heute unter den führenden Intellektuellen herrschende Mode, sich für die Sicherheit auf Kosten der Freiheit zu begeistern. Wir müssen unter allen Umständen wieder lernen, offen der Tatsache ins Auge zu sehen, daß die Freiheit nur um einen bestimmten Preis zu haben ist und daß wir als Individuen bereit sein müssen, für die Wahrung unserer Freiheit schwere materielle Opfer zu bringen. Wenn wir uns mit dieser Wahrheit erfüllen wollen, müssen wir uns die Überzeugung wieder zu eigen machen, auf der die Herrschaft der Freiheit in den angelsächsischen Ländern beruht und die Benjamin Franklin in einem Satz zum Ausdruck gebracht hat, der auf uns als Individuen wie als Nation anwendbar ist: „Diejenigen, die wesentliche Freiheiten aufgeben, um ein wenig Sicherheit für den Augenblick zu erkaufen, verdienen weder Freiheit noch Sicherheit."

ZEHNTES KAPITEL

DER TRIUMPH DER MENSCHLICHEN GEMEINHEIT

Macht korrumpiert, absolute Macht korrumpiert absolut. *Lord Acton*

Wir müssen nun eine Anschauung untersuchen, mit der viele, die den Totalitarismus für zwangsläufig halten, sich trösten, eine Anschauung, die den Widerstand vieler anderer, die ihn mit aller Macht bekämpfen würden, wenn sie sich über sein Wesen völlig klar wären, in gefährlicher Weise schwächt. Nach dieser Ansicht wären die abstoßendsten Züge der totalitären Staaten auf die historische Zufälligkeit zurückzuführen, daß diese von Erpresser- und Gaunergesindel begründet worden sind. Wenn mit dem totalitären Regime, so argumentiert man, in Deutschland Leute wie Streicher, Killinger, Ley, Heines, Himmler und Heydrich an die Macht kamen, so möge das zwar für die Verworfenheit des deutschen Charakters sprechen, aber es beweise nicht, daß der Aufstieg solcher Menschen die notwendige Folge eines totalitären Regimes sei. Warum sollte es nicht möglich sein, daß anständige Menschen ein derartiges System zum gemeinen Besten verwenden, wenn es zur Erreichung wichtiger Ziele unvermeidlich ist?

Wir dürfen uns nicht einreden, daß alle rechtschaffenen Menschen Demokraten sein oder unbedingt den Wunsch haben müßten, sich an der Regierung des Landes zu beteiligen. Viele würden es ohne Zweifel vorziehen, jemand anders damit zu betrauen, den sie für geeigneter halten. Es ist nicht schlecht oder ehrenrührig, eine Diktatur der Guten zu billigen, wenn es auch unklug sein mag. Wir bekommen bereits heute zu hören, daß Totalitarismus ein machtvolles System zum Guten wie zum Bösen sei und daß es ausschließlich von den Diktatoren abhänge, zu welchem Zweck es gebraucht werden würde. Und diejenigen, die glauben, daß wir nicht das System als solches zu fürchten brauchen, sondern nur die Gefahr, daß es in die Hände von schlechten Menschen fallen könnte, möchten sogar auf den verführerischen Gedanken kommen, daß man, um jene Gefahr abzuwenden, dafür sorgen müsse, daß der Totalitarismus zur rechten Zeit von den Guten begründet wird.

Zweifellos würde ein englisches „faschistisches" System sich stark von dem italienischen oder deutschen Vorbild unterscheiden, und sicherlich könnten wir damit rechnen, daß uns als Führer ein besserer Typ beschieden sein würde, vorausgesetzt, daß der Übergang nicht gewaltsam erfolgt. Und wenn ich schon unter einem faschistischen Regime leben müßte, so würde ich zweifellos lieber unter einem englischen Faschismus als unter dem irgendeiner andern Nation leben. Doch all dies bedeutet nicht etwa, daß ein englisches faschistisches System sich nach unsern heutigen Wertmaßstäben letzten Endes sehr von seinen Vorbildern unterscheiden oder sehr viel erträglicher als diese sein würde. Alles spricht dafür, daß die Dinge, die uns als die übelsten Seiten der heutigen totalitären Systeme in die Augen fallen, keine zufälligen Nebenprodukte sind, sondern Erscheinungen, die der Totalitarismus früher oder später unweigerlich hervorbringen muß. So wie der demokratische Staatsmann, der daran geht, das Wirtschaftsleben zu planen, bald vor die Wahl gestellt sein wird, sich entweder zum Diktator aufzuwerfen oder aber seine Pläne aufzugeben, so würde der totalitäre Diktator bald nur noch die Wahl haben zwischen dem Bruch mit den gewöhnlichen Gesetzen der Ethik und seinem Fiasko. Gerade aus diesem Grunde ist es wahrscheinlicher, daß in einer Gesellschaft, die sich zum Totalitarismus entwickelt, die Skrupellosen und Abenteurer in ihrem Element sein werden. Wer das nicht sieht, hat noch immer nicht ganz begriffen, welch tiefer Abgrund den Totalitarismus von einem liberalen Regime trennt und welch unüberbrückbarer Graben zwischen der ganzen geistig-moralischen Atmosphäre des Kollektivismus und der im Kerne individualistischen Kultur des Abendlandes klafft.

Über die „moralische Grundlage des Kollektivismus" ist in

der Vergangenheit natürlich viel diskutiert worden; aber in diesem Zusammenhang interessieren uns nicht seine moralischen Grundlagen, sondern seine moralischen Folgen. Die landläufigen Diskussionen über die ethischen Aspekte des Kollektivismus betreffen die Frage, ob die heutigen moralischen Überzeugungen den Kollektivismus fordern oder was für moralische Überzeugungen erforderlich wären, wenn der Kollektivismus die erhofften Ergebnisse zeitigen soll. Die Frage, die wir stellen, lautet jedoch, zu was für Moralanschauungen eine kollektivistisch organisierte Gesellschaft gelangen wird oder was für Ansichten in ihr vorherrschen werden. Die Wechselwirkung zwischen Moral und sozialen Institutionen könnte sehr wohl dazu führen, daß die durch den Kollektivismus geschaffene Ethik nichts mehr mit den moralischen Ideen gemein hat, die das Verlangen nach dem Kollektivismus hervorrufen. Man sollte eigentlich meinen, ein solches System müsse ein Nährboden für die höchsten Tugenden sein, da der Wunsch nach einem kollektivistischen System edlen moralischen Motiven entspringt. Aber in Wahrheit spricht nichts dafür, daß irgendein Gesellschaftssystem notwendigerweise solche Charaktereigenschaften stärkt, die dem Ziele dieses Systems entsprechen. Die herrschenden Moralanschauungen werden zum Teil von den Eigenschaften abhängen, die den Individuen in einem kollektivistischen oder totalitären System zum Erfolg verhelfen, und zum andern Teil davon, was der totalitäre Apparat erfordert.

*

Wir müssen uns hier für einen Augenblick in die Zeit unmittelbar vor der Unterdrückung der Demokratie und der Einführung des totalitären Regimes zurückversetzen. Dieses Stadium wird beherrscht von dem allgemeinen Verlangen nach schnellem und entschlossenem Handeln der Regierung und von der Unzufriedenheit mit dem langsamen und schwerfälligen demokratischen Geschäftsgang, was dazu führt, daß ein Handeln unter allen Umständen gefordert wird. In einem solchen Augenblicke übt der Mann oder die Partei, die stark und enschieden genug zu sein scheinen, um „durchzugreifen", die größte Anziehungskraft aus, und „stark" in diesem Sinne bedeutet nicht nur eine zahlenmäßige Mehrheit – es ist ja gerade die Sterilität des parlamentarischen Mehrheitsprinzips, womit das Volk unzufrieden ist. Wonach sie suchen, ist eine Persönlichkeit, hinter der genug steht, damit man ihr die Durchführung jeder Aufgabe zutraut. An diesem Punkt taucht nun der neue Typus der militärisch organisierten Partei auf.

In den mitteleuropäischen Ländern hatten die sozialistischen Parteien die Massen an politische Organisationen halbmilitärischen Charakters gewöhnt, in denen ein möglichst großer Teil des Privatlebens ihrer Mitglieder aufgehen sollte. Um einer einzelnen Gruppe überwältigende Macht zu verleihen, brauchte man dasselbe Prinzip nur etwas weiter auszubauen und die Macht statt auf die Stimmen breiter Massen, auf die man bei gelegentlichen Wahlen rechnen konnte, auf die uneingeschränkte Unterstützung einer kleineren, aber um so fester organisierten Gruppe zu gründen. Ob ein Führer imstande ist, einem ganzen Volk ein totalitäres Regime aufzuzwingen, hängt davon ab, daß er zunächst eine Gruppe um sich schart, die bereit ist, sich jener totalitären Disziplin freiwillig zu unterwerfen, die sie dann dem übrigen Volk gewaltsam auferlegt.

Wenn auch die alten sozialistischen Parteien stark genug waren, so gut wie alles zu erreichen, falls sie sich zur Anwendung von Gewalt entschlossen hätten, so schreckten sie doch davor zurück. Ohne es zu ahnen, hatten sie sich selbst eine Aufgabe gestellt, die nur von rücksichtslosen Menschen unter Nichtachtung aller Schranken überkommener Moral gelöst werden konnte.

Daß der Sozialismus nur mit Methoden verwirklicht werden kann, die die meisten Sozialisten ablehnen, ist natürlich vielen Sozialreformern der Vergangenheit nicht entgangen. Die alten sozialistischen Parteien, gehemmt durch ihre demokratischen Ideale, brachten die Rücksichtslosigkeit nicht auf, die zur Durchführung des von ihnen gewählten Zieles erforderlich war. Charakteristischerweise setzte sich sowohl in Deutschland wie in Italien der Faschismus erfolgreich durch, nachdem die sozialistischen Parteien sich der Übernahme der Regierungsverantwortung entzogen hatten. Sie waren in keiner Weise zur Anwendung der Methoden bereit, für die sie selbst den Weg gewiesen hatten, und sie hofften unerschütterlich auf das Wunder einer Majorität, die sich auf einen bestimmten Plan für die Organisation der Gesamtgesellschaft einigen würde. Andere freilich hatten bereits gelernt, daß es sich in einer geplanten Gesellschaft nicht länger darum handelt, was eine Majorität des Volkes will, sondern darum, welches die stärkste Einzelgruppe ist, deren Angehörige so weit übereinstimmen, daß eine einheitliche Leitung aller Angelegenheiten möglich wird. Gibt es keine solche Gruppe, die groß genug ist, ihre Ansichten durchzusetzen, so entsteht die Frage, wie sie geschaffen werden kann und wer es sein wird, der sie schafft.

Es gibt drei Hauptgründe dafür, daß eine solche zahlreiche und starke Gruppe mit einigermaßen gleichgerichteten Ansichten mit aller Wahrscheinlichkeit nicht von den besten, sondern eher von den schlechtesten Elementen einer Gesellschaft gebildet werden wird. Nach unsern sittlichen Maßstäben werden die Grundsätze, nach denen sich eine solche Gruppe herauskristallisieren wird, fast gänzlich negativ sein.

Zunächst dürfen wir annehmen, daß im allgemeinen mit höherer Bildung und Intelligenz der Individuen auch ihre Ansichten und Geschmacksrichtungen differenzierter werden und es damit für sie immer schwerer wird, sich auf eine bestimmte Rangordnung der Werte zu einigen. Umgekehrt müssen wir, wenn wir einen hohen Grad von Gleichförmigkeit oder nur Ähnlichkeit der Anschauungen finden wollen, in die niederen geistig-moralischen Regionen hinabsteigen, in denen die primitiveren und gemeineren Instinkte und Geschmacksrichtungen vorherrschen. Das heißt nicht, daß die Mehrheit eines Volkes auf tiefem sittlichen Niveau steht, sondern nur, daß die größte

Gruppe von Menschen, deren Wertvorstellungen einander sehr ähnlich sind, von denjenigen mit dem niedrigsten Niveau gebildet wird. Es ist sozusagen der niedrigste Generalnenner, der die größte Zahl von Menschen enthält. Braucht man eine zahlreiche Gruppe, die stark genug ist, um ihre Ansichten über die Lebenswerte allen übrigen aufzuzwingen, so wird sie niemals von Leuten mit hoch entwickelter und hochdifferenzierter Kultur, sondern nur von solchen gebildet werden, die die Masse in dem abschätzigen Sinn dieses Begriffes bilden, d. h. diejenigen, die am wenigsten geistige Originalität und Unabhängigkeit besitzen, aber ihren Anschauungen mit dem bloßen Gewicht ihrer Zahl Nachdruck verleihen können.

Wenn nun aber ein angehender Diktator sich ganz auf diese Masse von Menschen, die durch ihre unkomplizierten und primitiven Instinkte miteinander verbunden sind, verlassen müßte, so würde ihre Zahl kaum zur Durchsetzung seiner Ziele ausreichen. Er müßte also ihre Zahl dadurch vermehren, daß er noch mehr Menschen zu derselben simplen Weltanschauung bekehrt.

Damit kommen wir zum *zweiten* negativen Selektionsprinzip. Jener Diktator nämlich wird alle Gefügigen und Leichtgläubigen für sich gewinnen, die keine starken eigenen Überzeugungen haben, aber bereit sind, ein konfektioniertes System von Werten anzunehmen, wenn es ihnen laut und häufig genug eingehämmert wird. So werden sich die Reihen der totalitären Einheitspartei mit Menschen füllen, deren verschwommene und unentwickelte Vorstellungen leicht gelenkt und deren Leidenschaften und Gefühle mühelos aufgepeitscht werden können.

Dieses bewußte Bestreben des geschickten Demagogen, sich eine eng verbundene und gleichförmige Gruppe von Anhängern zu schaffen, führt uns zu dem *dritten* und vielleicht wichtigsten negativen Selektionsfaktor. Es scheint fast ein Gesetz der menschlichen Natur zu sein, daß es leichter ist, sich auf ein negatives Programm, den Haß gegen einen Feind oder den Neid auf Bessergestellte, als auf eine positive Aufgabe zu einigen.

Der Gegensatz zwischen „uns" und den „andern" und der gemeinsame Kampf gegen die Gruppe der Fremden scheint das wesentliche Element jedes Glaubens zu sein, der eine Gruppe für eine gemeinsame Aktion fest zusammenkittet. Es ist daher ein Element, dessen sich immer diejenigen bedienen, die nicht nur die Unterstützung einer bestimmten Politik, sondern ein unbedingtes Gefolgschaftsverhältnis breiter Massen suchen. Es hat von ihrem Standpunkt aus den großen Vorteil, daß es ihnen größere Bewegungsfreiheit zu geben pflegt als irgendein positives Programm. Irgendein Feind, ein innerer wie der „Jude" oder der „Kulak" oder ein äußerer, scheint ein unentbehrliches Stück im Arsenal des totalitären Führers zu sein.

Daß in Deutschland der Jude zur Rolle dieses Feindes kam, bis er darin von den „Plutokratien" abgelöst wurde, war genau so wie die Stigmatisierung des Kulaken in Rußland ein Ergebnis der antikapitalistischen Strömung, auf der die ganze Bewegung beruhte. In Deutschland wie in Österreich war der Jude zur Verkörperung des Kapitalismus geworden, weil kommerzielle Betätigungen von breiten Schichten herkömmlicherweise nicht geschätzt und daher einer Gruppe um so zugänglicher wurden, die von den angeseheneren Berufen praktisch ausgeschlossen war. Es ist die alte Geschichte der Fremdrasse, die nur zu den minder geachteten Erwerbszweigen zugelassen und dann um so mehr dafür gehaßt wird, daß sie sich in ihnen betätigt. Die Tatsache, daß der deutsche Antisemitismus und Antikapitalismus denselben Ursprung haben, ist von großer Bedeutung für das Verständnis der Geschehnisse, aber nur selten wird das von Ausländern erfaßt.

*

Wenn wir die allgemeine Tendenz des Kollektivismus zum Nationalismus allein daraus ableiten, daß er darauf ausgehen muß, sich eine unbedingte Gefolgschaft zu sichern, so dürfen wir darüber doch nicht einen andern Faktor übersehen, der ebenso wichtig ist. Man kann sich in der Tat fragen, ob überhaupt ein kollektivistisches Programm vorstellbar ist, das nicht auf eine begrenzte Gruppe zugeschnitten ist, ob also der Kollektivismus anders denn als eine Art von Partikularismus existieren kann, als Partikularismus einer bestimmten Nation (Nationalismus), einer bestimmten Rasse oder einer bestimmten Klasse. Wenn man an die Gemeinschaft der Ziele und Interessen unter den Menschen glaubt, so dürfte man ein größeres Maß von Gleichförmigkeit der Gedanken und Anschauungen voraussetzen, als es in Wahrheit unter ihnen existiert, soweit wir sie schlechthin als Menschen nehmen. Kann man die übrigen Mitglieder einer Gruppe nicht alle persönlich kennen, so müssen sie doch wenigstens von derselben Art sein wie die uns am nächsten Stehenden, und sie müssen in derselben Weise und über dieselben Dinge denken und reden, damit wir uns mit ihnen identifizieren können. Daher ist ein Weltkollektivismus unvorstellbar, es sei denn in der Hand einer kleinen herrschenden Elite. Er würde gewiß nicht nur technische, sondern vor allem auch moralische Probleme aufwerfen, denen jeder Sozialist aus dem Wege geht. Wenn der englische Proletarier ein Recht hat, an dem heutigen englischen Kapitaleinkommen und an der Bestimmung über seine Verwendung beteiligt zu werden, weil es auf Ausbeutung beruht, dann hätten nach demselben Grundsatz alle Inder ein Anrecht nicht nur auf das Einkommen, sondern auch auf die Verfügung über einen entsprechenden Anteil des britischen Kapitals. Aber gibt es einen Sozialisten, der im Ernst die gleichmäßige Verteilung des Kapitals unter die einzelnen Völker der Welt ins Auge fassen würde? Alle Sozialisten sehen das Kapital nicht als Eigentum der Menschheit, sondern als das der Nationen an – obwohl selbst hier nur wenige es wagen würden, den Grundsatz zu vertreten, daß den reicheren Gebieten einer Nation ein Teil „ihrer“ Kapitalausrüstung zur Unterstützung der ärmeren weggenommen werden müsse. Was die Sozialisten als Pflicht gegenüber den eigenen Volksgenossen bezeichnen, verweigern sie dem Ausländer. Vom Standpunkt des folgerichtigen Kollektivismus aus sind die Ansprüche der „Habenichtse" unter den Nationen („Have-Nots") auf eine Neuverteilung der Welt vollkommen berechtigt, obwohl bei konsequenter Durchführung dieses Grundsatzes diejenigen, die ihn am lautesten vertreten, dabei fast ebensoviel verlieren würden wie die reichsten Nationen. Sie hüten sich daher sehr wohl, ihre Ansprüche mit dem Prinzip der Gleichheit zu begründen und reden dafür lieber von ihrer angeblichen Überlegenheit in der Organisierung anderer Völker.

Einer der unlösbaren Widersprüche der kollektivistischen Philosophie besteht darin, daß der Kollektivismus, der sich doch auf die vom Individualismus entwickelte humanistische Ethik stützt, in der Praxis nur innerhalb verhältnismäßig kleiner Gruppen möglich ist. Weil der Sozialismus in der Theorie zwar internationalistisch ist, aber sich in Nationalismus überschlägt, sobald er, wie in Rußland oder in Deutschland, in die Tat umgesetzt wird, ist ein „liberaler Sozialismus", wie ihn sich die meisten westlichen Länder vorstellen, reine Theorie, während die Praxis des Sozialismus überall totalitär ist[1]. Im Kollektivismus ist kein Platz für das weitherzige Menschheitsideal des Liberalismus, sondern nur für den engen Partikularismus des totalen Staates.

Wenn die „Gemeinschaft" oder der Staat dem Individuum vorgehen und sie ihre eigenen unabhängigen Ziele haben, hinter denen die der Individuen zurückstehen müssen, dann können nur die für diese Ziele Arbeitenden als Glieder der Gemeinschaft angesehen werden. Daraus folgt notwendigerweise, daß jemand nur als Mitglied der Gruppe Ansehen genießt, d. h. nur, wenn und insoweit er für die anerkannten Kollektivziele arbeitet, und daß seine ganze Menschenwürde sich nur aus dieser Mitgliedschaft und nicht aus seiner Eigenschaft als Mensch ergibt. In der Tat sind die bloßen Begriffe der Menschheit und daher auch des Internationalismus in irgendeiner Form durch und durch

---

[1] Vgl. jetzt die lehrreiche Auseinandersetzung bei *F. Borkenau*, Socialism, National or International?, 1942.

Ergebnisse der individualistischen Auffassung vom Menschen, Begriffe, für die es in einer kollektivistischen Weltanschauung keinen Platz gibt [2].

Abgesehen von der fundamentalen Tatsache, daß die kollektivistische Gemeinschaft nur so weit reichen kann wie die Zielgemeinschaft der Individuen existiert oder geschaffen werden kann, gibt es verschiedene weitere Faktoren, welche die Tendenz des Kollektivismus, sich partikularistisch abzuschließen, noch verstärken. Dazu rechnet vor allem der Umstand, daß der Drang des Individuums, sich mit einer Gruppe zu identifizieren, sehr oft einem Unterlegenheitsgefühl entspringt, ein Drang, der daher nur befriedigt werden kann, wenn die Zugehörigkeit zu einer Gruppe eine gewisse Überlegenheit gegenüber Gruppenfremden verleiht. Gerade daß jene aggressiven Instinkte, die das Individuum, wie es wohl weiß, innerhalb der Gruppe unterdrücken muß, in der Kollektivaktion gegenüber dem Gruppenfremden sich frei auswirken können, scheint oft den Drang zum Aufgehen in der Gruppe zu verstärken. Es liegt eine tiefe Wahrheit in dem Titel des Buches des amerikanischen Theologen R. Niebuhr „Moral Man and Immoral Society", so wenig wir dem Autor auch in den von ihm gezogenen Schlüssen zu folgen vermögen. In der Tat haben, wie er sagt, „die modernen Menschen in wachsendem Maße die Neigung, sich moralisch vorzukommen, weil sie ihre Laster immer größeren Gruppen überlassen haben" [3]. Wenn die Menschen im Namen einer Gruppe handeln, so scheinen sie sich vieler moralischer Hemmungen zu

---

[2] Es entspricht völlig dem Geiste des Kollektivismus, wenn *Nietzsche* seinen Zarathustra sagen läßt:

„Tausend Ziele gab es bisher, denn tausend Völker gab es. Nur die Fessel der tausend Nacken fehlt noch, es fehlt das Eine Ziel. Noch hat die Menschheit kein Ziel.

Aber sagt mir doch, meine Brüder, wenn der Menschheit das Ziel noch fehlt, fehlt da nicht auch – sie selber noch?"

[3] Nach einem Artikel von Niebuhr zitiert von *E. H. Carr*, The Twenty Years' Crisis 1941, S. 203.

entledigen, die ihr Verhalten als Individuen innerhalb der Gruppe bestimmen.

Die entschieden feindselige Haltung der meisten Planwirtschaftler gegenüber dem Internationalismus findet eine weitere Erklärung darin, daß unter den heutigen Verhältnissen alle Beziehungen einer Gruppe zur Außenwelt den Bereich erfolgreicher Planung einschränken. Es ist daher kein Zufall, daß „die meisten Planer wilde Nationalisten sind, wie der Herausgeber eines der umfangreichsten Sammelwerke über Planwirtschaft zu seinem Kummer hat feststellen müssen[4].

Die nationalistischen und imperialistischen Tendenzen der sozialistischen Planer, die weiter verbreitet sind, als man im allgemeinen annimmt, liegen nicht immer so offen zutage wie z. B. im Falle des Ehepaares Webb und einiger unter den ersten Fabiersozialisten, deren planwirtschaftliche Begeisterung sich bezeichnenderweise mit ihrem tiefen Respekt vor den Großmächten und der Verachtung für den Kleinstaat verband. Der französische Historiker Elie Halévy, der uns das Ehepaar Webb beschreibt, wie er sie vor vierzig Jahren kennen lernte, gibt uns folgenden Bericht:

„Ihr Sozialismus war im tiefsten Wesen antiliberal. Ihr Haß galt nicht dem Konservatismus, dem Torytum, gegen das sie sogar sehr nachsichtig waren, sondern dem Liberalismus Gladstonescher Prägung. Es war die Zeit des Burenkrieges, und die Linksliberalen und die Labourleute, die damals anfingen, sich als Partei zu organisieren, traten alle hochherzig und aus Liebe zur Freiheit und zur Menschheit für die Buren gegen den britischen Imperialismus ein. Aber das Ehepaar Webb und Bernard Shaw bildeten eine Gruppe für sich. Sie waren ostentative Imperialisten. Die Unabhängigkeit der kleinen Nationen mochte wohl den Anhängern des liberalen Individualismus wertvoll sein, aber nicht ihnen, gerade aus dem Grunde, weil sie Kollek-

---

[4] *Findlay MacKenzie* (Herausgeber), Planned Society, Yesterday, Today, Tomorrow: A Symposium, 1937, S. XX.

tivisten waren. Ich höre noch, wie Sidney Webb mir auseinandersetzte, daß die Zukunft den zentral verwalteten Großstaaten gehöre, die durch Büros regiert würden und in denen die Ordnung von Gendarmen aufrechterhalten würde" [5].

Halévy zitiert an anderer Stelle Bernard Shaw, der gleichfalls um jene Zeit behauptet, daß „die Welt notwendigerweise den großen und mächtigen Staaten gehört, denen sich die kleinen bei Strafe ihres Unterganges anschließen müssen" [6].

Ich habe diese Stellen, die uns in einer Darstellung der deutschen Vorgänger des Nationalsozialismus nicht überraschen würden, ausführlich zitiert, weil sie ein so bezeichnendes Beispiel jener Machtverherrlichung sind, die vom Sozialismus leicht zum Nationalismus führt und tiefen Einfluß auf die Moralvorstellungen aller Kollektivisten ausgeübt hat. Was die Rechte der kleinen Nationen betrifft, so waren Marx und Engels kaum anders als die meisten übrigen folgerichtigen Kollektivisten, und ihre gelegentlichen Äußerungen über Tschechen und Polen ähneln denen zeitgenössischer Nationalsozialisten [7].

*

Während den großen Sozialphilosophen des Individualismus im 19. Jahrhundert von Lord Acton oder Jacob Burckhardt bis zu den Sozialisten der Gegenwart, wie Bertrand Russell, auf die sich die liberale Tradition vererbt hat, die Macht als solche immer als das schlechthin Böse erschienen ist, ist sie für den doktrinären Kollektivisten Selbstzweck. Nicht nur entspringt, wie Russell so treffend ausgeführt hat, der Wunsch, das soziale Leben nach einem einheitlichen Plan zu organisieren, als solcher

---

[5] *E. Halévy*, L'Ere des Tyrannies, Paris, 1938, S. 217.

[6] *E. Halévy*, History of the English People, Epilog, Bd. I, S. 105–106.

[7] *Karl Marx*, Revolution and counter revolution, or Germany in 1848, London 1896. (Deutsch herausgegeben von Karl Kautsky unter dem Titel „Revolution und Kontre-Revolution in Deutschland".) Vgl. ferner den Brief Engels' an Marx vom 23. Mai 1851.

weitgehend einem Sehnen nach Macht[8], vielmehr ist er noch weit stärker darauf zurückzuführen, daß die Kollektivisten zur Erreichung ihres Zieles Macht in bisher unbekanntem Ausmaß schaffen müssen, d. h. Macht der einen Menschen über die andern, und daß ihr Erfolg davon abhängen wird, in welchem Grad sie diese Macht zu erringen vermögen.

Daran ändert auch die Tatsache nichts, daß viele liberale Sozialisten sich in ihrem Streben von dem tragischen Irrtum leiten lassen, sie könnten die Macht dadurch zum Verschwinden bringen, daß sie Privatleuten die Macht nähmen, die diese in einem individualistischen System besitzen, und sie auf die Gesellschaft übertrügen. Diejenigen, die so argumentieren, vergessen nur, daß durch die Konzentration der Macht im Dienste eines einzigen Planes diese nicht bloß übertragen, sondern unendlich vermehrt wird, und daß durch die Vereinigung der früher von vielen unabhängig ausgeübten Macht in den Händen irgendeiner einzigen Körperschaft eine Machtfülle geschaffen wird, die jede bisherige weit in den Schatten stellt, so sehr, daß sie zu etwas ganz Neuem wird. Es ist völlig irrig, wenn man zuweilen geltend macht, daß die durch eine zentrale Planbehörde ausgeübte Macht „nicht größer ist als die Summe der von privaten Verwaltungsräten ausgeübten ‚Macht'"[9]. In der Marktwirtschaft gibt es niemand, der auch nur einen Bruchteil der Macht innehätte, die eine sozialistische Planbehörde besitzen würde, und wenn keiner bewußt von ihr Gebrauch machen kann, so ist es einfach ein Mißbrauch der Sprache, zu behaupten, daß sie bei der Gesamtheit der Kapitalisten läge[10]. Es ist

[8] *Bertrand Russell,* The Scientific Outlook, 1931, S. 211.

[9] *B. E. Lippincott,* in seiner Einleitung zu: *O. Lange and F. M. Taylor,* On the Economic Theory of Socialism, Minneapolis, 1938, S. 35.

[10] Wir dürfen uns nicht dadurch täuschen lassen, daß das Wort Macht neben dem Sinne, in dem es in Bezug auf Menschen gebraucht wird, auch in einem unpersönlichen (besser: anthropomorphischen) Sinn für irgendeine bestimmende Ursache verwendet wird. Natürlich

ein bloßes Spiel mit Worten, wenn man von der „Summe der von privaten Verwaltungsräten ausgeübten Macht" spricht, solange diese sich nicht für ein gemeinsames Vorgehen verabreden, was aber natürlich das Ende des Wettbewerbs und den Anfang einer Planwirtschaft bedeuten würde. Die Aufspaltung oder Dezentralisierung der Macht muß notwendigerweise die absolute Gesamtsumme der Macht vermindern, und die auf dem Wettbewerb beruhende Marktwirtschaft ist das einzige Wirtschafts- und Gesellschaftssystem, das darauf gerichtet ist, durch Dezentralisierung die Macht des Menschen über den Menschen auf das Mindestmaß herabzusetzen.

Wir haben früher gesehen, daß die Trennung der ökonomischen Ziele von den politischen eine wesentliche Garantie der persönlichen Freiheit ist und wie sie deshalb mit logischer Folgerichtigkeit von allen Kollektivisten angegriffen wird. Dem müssen wir nun hinzufügen, daß die heute so oft verlangte „Umwandlung der ökonomischen Macht in politische" notwendigerweise hinausläuft auf die Umwandlung einer Macht, die immer begrenzt ist, in eine solche, aus der es kein Entrinnen gibt. Die sogenannte wirtschaftliche Macht ist, so sehr sie zu einem Zwangsmittel werden kann, in der Hand von Privaten niemals eine uneingeschränkte oder vollkommene Macht und niemals eine solche über das gesamte Leben eines Menschen. Aber wird sie als Instrument der politischen Macht zentralisiert, so schafft sie einen Grad der Abhängigkeit, der kaum noch von Sklaverei zu unterscheiden ist.

*

Die beiden Brennpunkte jedes kollektivistischen Systems sind das Bedürfnis nach einem allgemein angenommenen Zielsystem der dominierenden Gruppe und der alles beherrschende Wunsch, dieser Gruppe zur Erreichung ihrer Ziele die größtmögliche

---

gibt es immer einen zureichenden Grund des Geschehens, und in diesem Sinne muß die Gesamtsumme der Macht immer dieselbe sein. Aber das trifft nicht zu auf die vom Menschen bewußt ausgeübte Macht.

Macht zu verschaffen. Daraus entsteht ein bestimmtes Moralsystem, das in einigen Punkten mit dem unsrigen übereinstimmt und in anderen ihm kraß widerspricht. In einem einzigen aber weicht es so sehr von ihm ab, daß es zweifelhaft wird, ob wir es überhaupt noch ein Moralsystem nennen können, nämlich darin, daß es dem Gewissen des einzelnen nicht mehr die Freiheit läßt, sich an seine eigenen Richtlinien zu halten, und daß es nicht einmal irgendwelche allgemeinen Richtlinien kennt, die der einzelne unter allen Umständen innehalten muß oder darf. Dieser Umstand unterscheidet die kollektivistische Moral so sehr von allem, was wir bisher unter Moral verstanden haben, daß es nicht leicht ist, in ihr irgendein Prinzip zu entdecken, obwohl es ein solches gibt.

Das Prinzip, in dem sich die kollektivistische Moral von unserer bisherigen unterscheidet, ist demjenigen sehr ähnlich, das wir bereits im Zusammenhang mit dem Rechtsstaat untersucht haben. Gleich dem formalen Recht sind die Normen der individualistischen Ethik, so wenig präzis sie in mancher Hinsicht sein mögen, doch generell und absolut; sie verlangen oder verbieten ein allgemeines typisches Verhalten ohne Rücksicht darauf, ob im Einzelfall das Endziel gut oder schlecht ist. Betrug, Diebstahl, Roheit oder Vertrauensmißbrauch gelten als schlecht, ob daraus nun im Einzelfall ein Schaden entsteht oder nicht. Solche Handlungen bleiben auch dann schlecht, wenn im besonderen Falle niemand dadurch geschädigt wird oder wenn sie für einen höheren Zweck begangen werden. Wenn wir zuweilen auch genötigt sind, von zwei Übeln das kleinere zu wählen, so bleibt es doch ein Übel. Der Grundsatz, daß der Zweck die Mittel heiligt, erscheint nach der individualistischen Ethik als die Negierung jeder Moral, aber in der kollektivistischen Ethik wird er notwendigerweise zur obersten Norm. Es gibt buchstäblich keine Handlung, zu der der konsequente Kollektivist nicht bereit sein muß, wenn sie dem „Wohle des Ganzen“ dient, denn das „Wohl des Ganzen“ ist für ihn das einzige Kriterium des Sollens. Die Staatsraison, in der die kollektivistische Ethik ihren deutlichsten

Ausdruck gefunden hat, kennt keine andere Grenze als die der Zweckmäßigkeit, die sich danach bemißt, ob ein bestimmter Akt für das angestrebte Ziel geeignet ist. Was die Staatsraison für die internationalen Beziehungen fordert, gilt in gleichem Maße für die Beziehungen zwischen den verschiedenen Individuen innerhalb des kollektivistischen Staates. Es kann keine Grenze dafür geben, was sein Untertan nicht zu tun bereit sein muß, und keine Handlung, von der ihn sein Gewissen zurückhalten darf, wenn sie für ein Ziel notwendig ist, das sich die Gemeinschaft selbst gesteckt hat oder dessen Erreichung ihm seine Vorgesetzten befehlen.

*

Das Fehlen absoluter formaler Normen in der kollektivistischen Ethik bedeutet natürlich nicht, daß es nicht einige nützliche Gewohnheiten beim Individuum gibt, die eine kollektivistische Gesellschaft fördern, und andere, die sie den Menschen abgewöhnen wird. Sie wird sich vielmehr für die persönlichen Lebensgewohnheiten weit stärker als eine individualistische Gesellschaft interessieren. Für ein nützliches Glied einer kollektivistischen Gesellschaft sind ganz bestimmte Eigenschaften erforderlich, die durch ständige Übung ausgebildet werden müssen. Wenn wir diese Eigenschaften als „nützliche Gewohnheiten" bezeichnen und sie kaum als ethische Vorzüge charakterisieren können, so liegt der Grund darin, daß dem Individuum niemals gestattet werden darf, diese Regeln für das Verhalten höher zu stellen als irgendwelche bestimmten Befehle und sie so zu einem Hindernis für die Erreichung eines besonderen Zieles der Gemeinschaft werden zu lassen. Sie sollen sozusagen nur die Lücke ausfüllen, wenn es an unmittelbaren Befehlen oder an der Aufstellung bestimmter Ziele fehlt, aber man kann sich bei einem Konflikt mit der Obrigkeit nicht auf sie berufen.

Der Unterschied zwischen den Tugenden, die auch unter einem kollektivistischen System Achtung genießen, und denen, die verschwinden werden, tritt klar hervor, wenn wir die Vorzüge des Deutschen oder vielmehr des „typischen Preußen", die ihnen auch ihr ärgster Feind nicht abspricht, mit denen vergleichen, die ihnen nach allgemeiner Ansicht fehlen und auf die die Engländer nicht ohne einige Berechtigung stolz zu sein pflegten. Wenige werden in Abrede stellen, daß die Deutschen im allgemeinen fleißig, diszipliniert, gründlich und energisch bis zur Rücksichtslosigkeit, gewissenhaft und zielstrebig sind in jeder Aufgabe, die sie in Angriff nehmen, daß sie einen ausgesprochenen Sinn für Ordnung, Pflicht und unbedingten Gehorsam gegen die Obrigkeit besitzen und daß sie oft große Opferbereitschaft und hohen physischen Mut in Gefahren zeigen. Alle diese Eigenschaften machen den Deutschen zu einem tauglichen Werkzeug bei der Ausführung einer ihm übertragenen Aufgabe, und sie sind daher in dem alten preußischen Staat und dem neuen von Preußen beherrschten Reich sorgfältig gepflegt worden. Eigenschaften, die man dem „typischen Deutschen" oft abspricht, sind die individualistischen Tugenden Toleranz, Achtung für andere und ihre Meinungen, geistige Unabhängigkeit und jene Unbeugsamkeit des Charakters und jenes Einstehen für die eigene Überzeugung gegenüber einem Vorgesetzten, die von den Deutschen, die sich dieses Mankos wohl bewußt sind, selber Zivilcourage genannt werden, die Tugenden der Rücksicht auf Schwache und Kranke und jene gesunde Verachtung und Ablehnung der Macht, die nur aus einer alten Tradition persönlicher Freiheit entstehen. Es scheinen ihnen auch die meisten jener unscheinbareren und doch so wichtigen Eigenschaften zu fehlen, die den Verkehr zwischen den Menschen in einer freien Gesellschaft erleichtern: Freundlichkeit und Sinn für Humor, persönliche Bescheidenheit, Distanzgefühl und Vertrauen in die guten Eigenschaften des Nächsten.

Nach allem bereits Gesagten werden wir uns nicht wundern, daß diese individualistischen Tugenden gleichzeitig in höchstem Maße soziale Tugenden sind, die dem Verkehr von Mensch zu Mensch die Härten nehmen und die Überwachung von oben entbehrlicher und gleichzeitig schwieriger machen. Es sind Tugenden, die überall dort gedeihen, wo der individualistische oder kommerzielle Gesellschaftstypus vorherrscht, und die in dem Maße verloren gehen, wie der kollektivistische oder militärische Gesellschaftstypus das Übergewicht gewinnt – ein Unterschied, der zwischen den verschiedenen Gegenden Deutschlands ebenso hervortritt oder früher hervortrat wie heute zwischen Deutschland und dem Westen. Bis vor kurzem standen zumindest in jenen Teilen Deutschlands, die dem zivilisierenden Einfluß des Handels am längsten ausgesetzt waren, nämlich in den alten Handelsstädten des Südens und des Westens und in den Hansestädten, die allgemeinen Moralbegriffe wahrscheinlich denen des Westens näher als denen, die jetzt ganz Deutschland beherrschen.

Es wäre jedoch äußerst ungerecht, wenn wir die breiten Massen des totalitär regierten Volkes deshalb für jeder moralischen Hingabe bar halten würden, weil sie rückhaltlos ein System unterstützten, das uns als Negation der meisten moralischen Werte erscheint. Für die große Mehrheit von ihnen trifft wahrscheinlich gerade das Gegenteil zu. Die Kraft der Hingabe, die hinter einer Bewegung wie der des Nationalsozialismus oder Kommunismus steht, kann wohl nur mit der der großen Religionsbewegungen der Geschichte verglichen werden. Hat man erst einmal zugegeben, daß das Individuum nur ein Werkzeug im Dienste der höheren Einheit, nämlich der Gesellschaft oder der Nation, ist, so folgen daraus zwangsläufig alle jene Eigenheiten des totalitären Regimes, die uns entsetzen. Vom kollektivistischen Standpunkt aus sind Intoleranz und brutale Unterdrückung abweichender Meinungen, völlige Rücksichtslosigkeit gegenüber dem Leben und dem Glück des einzelnen wesentliche und unvermeidliche Folgen jener grundlegenden Prämisse, und der Kollektivist kann dies zugeben und doch im selben Atem behaupten, daß sein System einem solchen überlegen sei, in dem die „selbstsüchtigen" Interessen des Individuums der vollen Verwirklichung der von der Gemeinschaft verfolgten Ziele im Wege stehen. Wenn deutsche Philosophen immer wieder das Streben nach persönlichem Glück als unmoralisch an sich und nur die

Erfüllung einer auferlegten Pflicht als lobenswert hinstellen, so meinen sie das ganz aufrichtig, so schwer verständlich dies auch für jemand sein mag, der in einer anderen Tradition groß geworden ist.

Wo ein gemeinsames, alles beherrschendes Ziel vorhanden ist, da bleibt kein Platz für irgendwelche allgemeinen Moralvorschriften oder Normen. In begrenztem Maße machen wir in Kriegszeiten diese Erfahrung an uns selber. Doch selbst der Krieg und die größte Gefahr haben bei uns nur zu einem schüchternen Anfang mit dem Totalitarismus geführt, zu einer sehr geringen Vernachlässigung aller andern Werte trotz der Verfolgung eines einzigen Zieles. Aber wenn einige besondere Ziele die gesamte Gesellschaft beherrschen, läßt es sich nicht vermeiden, daß Grausamkeit gelegentlich zur Pflicht werden kann, daß Handlungen, gegen die sich alles in uns sträubt, wie die Erschießung von Geiseln oder das Töten von Greisen oder Kranken, als bloße Maßnahmen der Zweckmäßigkeit behandelt werden, daß die zwangsweise Entwurzelung und Umsiedlung von Hunderttausenden zu einem Mittel der Politik wird, die, abgesehen von den Opfern, fast allgemeine Billigung findet, oder daß Vorschläge wie der einer „Mobilmachung der Frauen zu Gebärzwecken" ernsthaft in Erwägung gezogen werden können. Vom Standpunkt des Kollektivisten aus gibt es immer ein höheres Ziel, dem diese Handlungen dienen und das sie in seinen Augen rechtfertigt, da die Verfolgung des Kollektivzweckes nicht vor den individuellen Rechten oder Werten haltmachen darf.

Aber während die breite Masse der Bürger des totalitären Staates oft aus selbstloser Hingabe an ein Ideal, das für uns zwar abstoßend sein mag, solche Taten gutheißt und sogar selber begeht, kann man diese mildernden Umstände nicht für die leitenden Politiker gelten lassen. Um in der Hierarchie eines totalitären Staates seinen Platz auszufüllen, genügt es nicht, daß ein Mann bereit ist, eine oberflächliche Rechtfertigung verwerflicher Akte zu akzeptieren, vielmehr muß er selber bereit sein, sich in seinen Handlungen über jeden Grundsatz der Moral, der jemals für ihn Geltung hatte, hinwegzusetzen, wenn dies zur Erreichung des ihm gesetzten Zieles notwendig erscheint. Da ausschließlich der oberste Führer die Ziele bestimmt, dürfen seine Werkzeuge keine eigene Moralauffassung haben. Das Allerwichtigste ist, daß sie der Person des Führers mit Leib und Seele ergeben sind; aber das Zweitwichtigste ist, daß sie völlig prinzipienlos und buchstäblich jeder Handlung fähig sein müssen. Sie dürfen keine eigenen Ideale haben, die sie verwirklichen möchten, keine Vorstellungen darüber, was recht oder unrecht ist, die mit den Absichten des Führers in Widerspruch geraten könnten. Die Machtstellungen haben also wenig Anziehendes für Menschen mit moralischen Überzeugungen, wie sie für die Völker Europas in der Vergangenheit maßgebend waren, sie bieten wenig Kompensationen für die Widerwärtigkeit besonderer Aufgaben und wenig Möglichkeiten für die Befriedigung idealeren Strebens als Ausgleich für das unbestreitbare Risiko und für den Verzicht auf die meisten Freuden des Privatlebens wie auf die persönliche Unabhängigkeit, den eine Stellung mit großer Verantwortung mit sich bringt. Die einzigen Instinkte, die befriedigt werden, sind der Machtinstinkt schlechthin, das Vergnügen, zu befehlen, und Teil eines gut funktionierenden und ungeheuer mächtigen Apparates zu sein, dem sich alles andere unterordnen muß.

Aber wenn ein solcher Apparat des Totalitarismus für Menschen, die wir nach unsern Moralbegriffen als gut bezeichnen, wenig bietet, was sie verführen könnte, sich um leitende Stellungen zu bemühen, sondern für sie nur höchst abschreckend sein kann, so ergibt sich hier dagegen die große Gelegenheit für die Rohlinge und Gewissenlosen. Es sind Dinge zu tun, von denen jeder weiß, daß sie als solche verwerflich sind, die aber für ein höheres Ziel getan werden müssen und zu ihrer Ausführung ebenso viel Sachkenntnis und Gründlichkeit wie andere Dinge erfordern. Da nun notwendigerweise Geschäfte besorgt werden müssen, die schlechthin verwerflich sind und die jeder noch durch die traditionelle Moral beeinflußte Mensch nur widerwillig auf sich nehmen wird, so wird die Bereitschaft zum Bösen ein Weg zu Aufstieg und Macht. Zahlreich sind in einer totalitären Gesellschaft die Stellungen, in denen es notwendig wird, Grausamkeiten zu begehen, einzuschüchtern, bewußt zu betrügen und zu spionieren. Weder die Gestapo noch die Leitung eines Konzentrationslagers, weder das Propagandaministerium noch die SA noch die SS (oder ihre italienischen oder russischen Gegenstücke) sind geeignete Plätze, um sich in humanitären Gefühlen zu üben. Aber gerade von solchen Stellungen aus führt der Weg zu den höchsten Stufen des totalitären Staates. Es ist nur allzu wahr, wenn ein bedeutender amerikanischer Nationalökonom aus einer ähnlichen kurzen Aufzählung der Pflichten des kollektivistischen Staatsleiters den Schluß zieht:

„Sie sind zu diesen Dingen gezwungen, ob sie wollen oder nicht, und die Wahrscheinlichkeit, daß die Machthaber Individuen sind, die den Besitz und die Ausübung der Macht verabscheuen, ist ungefähr so groß wie diejenige, daß ein ungewöhnlich zart besaiteter Mensch die Stelle eines Peitschenmeisters auf einer Sklavenplantage erhält"[11].

Wir können indessen diesen Gegenstand hier nicht erschöpfend behandeln. Das Problem der Auswahl der Führer hängt eng mit dem umfassenden Problem zusammen, wie sich eine Auswahl nach der Gesinnungstüchtigkeit oder, besser gesagt, danach vollzieht, wie rasch sich der einzelne der ständig wechselnden Weltanschauung anpaßt. Dies aber führt uns zu einem der wichtigsten moralischen Kennzeichen des Totalitarismus: seinem Verhältnis zu all jenen Tugenden, die wir unter dem Begriff der Wahrhaftigkeit zusammenfassen, und der Wirkung, die er auf diese ausübt. Das ist ein so umfangreiches Thema, daß wir uns damit nunmehr in einem besonderen Kapitel befassen müssen.

---

[11] *F. H. Knight* in „The Journal of Political Economy", Dezember 1938, S. 869.

ELFTES KAPITEL

DAS ENDE DER WAHRHEIT

Es ist bezeichnend, daß die Sozialisierung des Geistes überall mit der Sozialisierung der Industrie Schritt gehalten hat.

E. H. Carr

Man spannt alle dann am wirksamsten in das System von Zielen ein, auf deren Verwirklichung der Gesellschaftsplan gerichtet ist, wenn man erreicht, daß sie an diese Ziele glauben. Wenn ein totalitäres System gut funktionieren soll, genügt es nicht, jeden einzelnen zur Arbeit für dieselben Ziele zu zwingen. Es ist von ausschlaggebender Bedeutung, daß das Volk dahin gebracht wird, sich mit diesen Zielen zu identifizieren. Obwohl die Glaubensartikel für das Volk ausgewählt und ihm aufgezwungen werden müssen, müssen sie zu seiner höchst persönlichen Überzeugung werden, zu einer allgemein gültigen Doktrin, auf Grund deren die Individuen nach Möglichkeit spontan in der vom Planer gewünschten Weise handeln. Wenn in den totalitären Staaten die Unterdrückung im allgemeinen viel schwächer empfunden wird, als sich das die meisten Menschen in liberalen Ländern vorstellen, so deshalb, weil es den totalitären Regierungen in hohem Maße gelingt, das Denken der Menschen in ihrem Sinne zu beeinflussen.

Dies wird natürlich durch die Propaganda jeder Art erreicht. Ihre Technik ist heutzutage so bekannt, daß wir darüber nur wenig zu sagen brauchen. Der einzige Punkt, den wir hervorheben müssen, ist der, daß weder die Propaganda als solche noch die verwendete Technik Besonderheiten des Totalitarismus sind und daß das, was ihr Wesen und ihre Wirkung in einem totalitären Staat so völlig verändert, vielmehr der Umstand ist, daß die gesamte Propaganda demselben Ziel dient, daß alle Propagandamittel aufeinander abgestimmt werden, um die Individuen in der gleichen Richtung zu beeinflussen und die charakteristische Gleichschaltung aller Köpfe zu erzielen. Infolgedessen unterscheidet sich das Resultat der Propaganda in totalitären Ländern nicht nur ihrem Ausmaß, sondern auch ihrem Wesen nach von der Propaganda, die von selbständigen und miteinander rivalisierenden Instanzen für verschiedene Ziele gemacht wird. Wenn alle Informationsquellen wirksam von einer einzigen Stelle kontrolliert werden, dann handelt es sich nicht mehr darum, die Menschen von diesem oder jenem zu überzeugen. Der geschickte Propagandist hat es dann in der Hand, die Geister in jeder von ihm gewollten Richtung zu formen, und selbst die Intelligentesten und geistig Unabhängigsten können sich diesem Einfluß nicht ganz entziehen, wenn sie lange Zeit hindurch von allen andern Informationsquellen abgeschnitten sind.

Zwar erhält die Propaganda in den totalitären Staaten infolge dieser Stellung eine einzigartige Macht über das Denken der Menschen, aber die besonderen moralischen Wirkungen ergeben sich nicht aus der Technik, sondern aus dem Gegenstand und dem Ziel der kollektivistischen Propaganda. Könnte sie sich darauf beschränken, das Volk auf das ganze Wertsystem abzurichten, das dem Ziel der Politik entspricht, dann würde die Propaganda nur in einer besonderen Form die Merkmale der kollektivistischen Moral zum Ausdruck bringen, die wir bereits betrachtet haben. Hätte sie es bloß darauf abgesehen, den Menschen einen bestimmten und umfassenden Moralkodex beizubringen, so würde es sich nur fragen, ob dieser Kodex gut oder schlecht ist. Wir fanden, daß der Moralkodex einer kollektivistischen Gesellschaft uns kaum zusagen dürfte, daß selbst das Streben nach Gleichheit im Wege einer gelenkten Wirtschaft nur zu einer vom Staat aufgezwungenen Ungleichheit führen kann – zu einer Festsetzung der Stellung jedes einzelnen in der neuen hierarchischen Ordnung durch die Obrigkeit, und wir haben gesehen, daß die meisten Elemente der Humanität, nämlich die Achtung vor dem Menschenleben und die Rücksicht auf die Schwachen und auf das Einzelwesen im allgemeinen, verschwinden werden. So gewiß dies auch die meisten abstoßen wird und so gewiß dies auch mit einer Veränderung des Moralstandards verbunden ist, so braucht es doch nicht gänzlich unmoralisch zu sein. Manche Seiten eines solchen Systems können sogar den strengsten Moralisten konservativer Prägung gefallen und ihnen besser erscheinen als die liebenswürdigen Grundsätze einer liberalen Gesellschaft.

Die moralischen Folgen der totalitären Propaganda, die wir nunmehr betrachten müssen, sind jedoch noch tieferer Art. Sie vernichten jegliche Moral, da sie eine ihrer Grundlagen unterminieren, nämlich den Sinn für die Wahrheit und die Achtung vor ihr. Nach der Natur ihrer Aufgabe kann die totalitäre Propaganda sich nicht auf die Wertvorstellungen, auf Fragen der Auffassung und der moralischen Überzeugung beschränken, in denen das Individuum sich immer mehr oder weniger den in seiner Gemeinschaft herrschenden Anschauungen anpassen wird, sondern sie muß auch auf faktische Fragen ausgedehnt werden, denen gegenüber der menschliche Verstand sich anders verhält. Der Grund hierfür liegt erstens darin, daß die offiziellen Wertvorstellungen gerechtfertigt werden müssen, wenn die Menschen zu ihrer Annahme bewogen werden sollen, oder daß man einen Zusammenhang zwischen ihnen und den im Volk bereits verwurzelten herstellen muß, weswegen man sich bemühen wird, eine Kausalbeziehung zwischen Mitteln und Zielen zu behaupten. Zweitens aber ist die Unterscheidung zwischen Zweck und Mittel, zwischen dem angestrebten Ziel und den zu ihrer Verwirklichung ergriffenen Maßnahmen in Wahrheit nie so scharf, wie man bei einer allgemeinen Diskussion dieser Probleme annehmen könnte, und deshalb muß man die Menschen dazu bringen, nicht nur den letzten Zielen zuzustimmen, sondern auch den Ansichten über die Tatsachen und Möglichkeiten, auf denen die besonderen Maßnahmen beruhen.

*

Wir haben gesehen, daß es eine Übereinstimmung über jenen lückenlosen Moralkodex, jenes allumfassende Wertsystem, das mit einem Wirtschaftsplan untrennbar verbunden ist, in einer freien Gesellschaft nicht gibt, sondern daß sie geschaffen werden müßte. Aber man darf nicht glauben, daß der Planer im Bewußtsein dieser Notwendigkeit an seine Aufgabe heranginge oder daß es, selbst wenn er es bewußt täte, möglich sein würde, solch einen umfassenden Kodex im voraus zu schaffen. Über die Widersprüche zwischen den verschiedenen Bedürfnissen wird er sich erst im Laufe der Praxis klar, und er hat seine Entscheidungen von Fall zu Fall zu treffen. Der Kodex von Wertbegriffen, nach dem er sich in seinen Entscheidungen richtet, existiert nicht *in abstracto,* bevor die Entscheidungen gefällt werden müssen; er muß vielmehr zugleich mit den einzelnen Entscheidungen geschaffen werden. Wir haben ferner gesehen, daß es, weil man das allgemeine Problem der Wertvorstellungen nicht von den Einzelentscheidungen trennen kann, für eine demokratische Körperschaft, die doch schon außerstande ist, technische Einzelheiten eines Planes zu entscheiden, unmöglich ist, nun auch noch jene allgemeinen Wertvorstellungen festzulegen.

Während die Planwirtschaftsbehörde einerseits ständig Werturteile fällen muß, für die keine bestimmten ethischen Normen bestehen, muß sie andererseits ihre Entscheidungen vor dem Volk rechtfertigen – oder die Bürger zum mindesten irgendwie glauben machen, daß ihre Entscheidungen richtig sind. Wenn die für eine Entscheidung Verantwortlichen sich vielleicht auch nur von einem Vorurteil haben leiten lassen, so muß doch irgendein Grundsatz öffentlich zum obersten Prinzip erklärt werden, wenn die Gemeinschaft die Maßnahme nicht lediglich passiv hinnehmen, sondern aktiv unterstützen soll Die Notwendigkeit, seinen Neigungen und Abneigungen, von denen der Planwirtschaftler sich in Ermangelung eines anderen Anhaltspunktes in seinen Entscheidungen leiten lassen muß, eine objektive Begründung zu geben, und die weitere Notwendigkeit, seine Gründe in eine Form zu kleiden, in der sie möglichst vielen Menschen plausibel sind, werden ihn dazu zwingen, Theorien aufzustellen, d. h. Behauptungen über die Zusammenhänge zwischen den Tatsachen, die dann integrierender Bestandteil der herrschenden Weltanschauung werden.

Dieser Vorgang der Schaffung eines „Mythos", der die Politik rechtfertigen soll, braucht nicht bewußt zu sein. Der Führer eines totalitären Staates läßt sich vielleicht nur von einer instinktiven Abneigung gegen die Zustände, die er vorgefunden hat, und von dem Wunsche leiten, eine neue hierarchische Ordnung zu schaffen, die seinen Wertvorstellungen mehr entspricht; er mag sich nur darüber im klaren sein, daß er die Juden haßt, die in einer Gesellschaftsordnung, in der er zu den „schlecht Weggekommenen" gehörte, so gut zu reüssieren schienen, und daß er die großen blonden Typen, die „aristokratische" Figur aus den Romanen seiner Jugend, liebt und bewundert. So wird er bereitwillig Theorien annehmen, die eine verstandesmäßige Rechtfertigung für die Vorurteile liefern, die er mit vielen seiner Anhänger teilt. Auf diese Weise wird eine pseudowissenschaftliche Theorie Teil der offiziellen Weltanschauung, die die Handlungen jedes einzelnen mehr oder weniger beherrscht. Um ein anderes Beispiel zu nehmen: die weit verbreitete Abneigung gegen die Industrialisierung und eine romantische Sehnsucht nach dem Landleben liefert zusammen mit einer (wahrscheinlich falschen) Vorstellung von der besonderen militärischen Tüchtigkeit der Landbevölkerung die Grundlage für einen anderen Mythos, nämlich den Mythos von Blut und Boden. Dieser bringt nicht nur letzte Werte zum Ausdruck, sondern einen ganzen Katechismus von Glaubenssätzen über Ursache und Wirkung, die nicht mehr in Frage gestellt werden dürfen, sobald sie erst einmal Leitgedanken für die Tätigkeit der ganzen Gemeinschaft geworden sind.

Die Notwendigkeit solcher offiziellen Lehren als eines Mittels, um das Streben der Bevölkerung zu lenken und zusammenzufassen, ist von den verschiedenen Theoretikern des totalitären Systems klar vorausgesehen worden. Platos „edle Lügen" und Sorels „Mythen" dienen dem gleichen Zweck wie die Rassenlehre der Nationalsozialisten oder wie die Theorie des Korporationenstaates Mussolinis. Sie alle beruhen notwendigerweise auf bestimmten Ansichten über die Tatsachen, welche dann zu wissenschaftlichen Theorien ausgebaut werden, um eine vorgefaßte Meinung zu rechtfertigen.

*

Die wirksamste Art, die Gültigkeit der Werte, denen das Volk dienen soll, bei ihm durchzusetzen, besteht darin, daß man ihm einredet, sie seien mit denen, zu welchen wenigstens die Besten sich immer bekannt hätten, identisch, nur mit dem Unterschied, daß man sie bisher noch nicht recht verstanden oder erkannt hätte. Das Volk wird dahin gebracht, seine Anhänglichkeit an die alten Götter auf die neuen zu übertragen, indem behauptet wird, die neuen Götter seien in Wahrheit das, was sein gesunder Instinkt ihm zwar immer gesagt, aber was es vorher nur unklar erkannt hätte. Die erfolgreichste Technik zu diesem Zweck besteht darin, die alten Worte beizubehalten, aber ihren Sinn zu ändern. Wenig Merkmale der totalitären Regimes verwirren den oberflächlichen Beobachter so sehr und sind gleichzeitig so charakteristisch für die ganze geistige Atmosphäre wie die völlige Verdrehung der Sprache und der Bedeutungswandel der Wörter, in denen die Ideale des neuen Regimes zum Ausdruck gebracht werden.

Der Hauptleidtragende in dieser Beziehung ist natürlich das Wort Freiheit. Es wird damit in totalitären Staaten genau so freigebig wie anderswo umgegangen. Ja, wir können fast sagen, daß überall, wo die Freiheit in unserem Sinne vernichtet worden ist, dies beinahe immer im Namen einer dem Volke versprochenen neuen Freiheit geschehen ist, und dies sollte uns zur Warnung gegenüber allen Versuchern dienen, die uns „New Liberties for Old“ [1] vorgaukeln. Selbst wir haben unsere „Planer der Freiheit“, die uns eine „kollektive Gruppenfreiheit“ verspre-

---

[1] Dies ist der Titel eines neueren Buches des amerikanischen Historikers *C. L. Becker*.

chen, deren Natur wir aus der Tatsache ableiten können, daß ihr Verkünder die Versicherung für notwendig hält, daß „das Reich der geplanten Freiheit natürlich nicht die Abschaffung aller [sic!] früheren Formen der Freiheit bedeutet“[2]. Karl Mannheim, dessen Buch diese Sätze entnommen sind, macht uns wenigstens darauf aufmerksam, daß „ein Freiheitsbegriff, der der früheren Zeit entspricht, ein Hindernis für jedes wirkliche Verständnis des Problems ist“. Aber seine Verwendung des Wortes Freiheit ist genau so irreführend wie diejenige im Munde totalitärer Politiker. Gleich ihrer Freiheit ist die von ihm angepriesene „Kollektivfreiheit“ nicht die Freiheit der Glieder der Gesellschaft, sondern nur die unbeschränkte Freiheit des Planers, mit der Gesellschaft zu beginnen, was ihm beliebt[3]. Hier erreicht die Konfusion von Freiheit und Macht ihren Höhepunkt.

In dem vorliegenden Falle ist die Wortverdrehung natürlich gut vorbereitet worden von einer langen Reihe deutscher Philosophen, nicht zum wenigsten durch viele sozialistische Theoretiker. Aber Freiheit ist keineswegs das einzige Wort, dessen Bedeutung ins Gegenteil verkehrt worden ist, damit es zum tauglichen Instrument der totalitären Propaganda wird. Wir haben schon gesehen, wie dasselbe mit den Wörtern Gerechtigkeit, Gesetz, Recht und Gleichheit geschieht. Diese Liste könnte so lange fortgesetzt werden, bis sie fast alle gebräuchlichen Ausdrücke der Moral und der Politik umfaßt.

Wer diesen Vorgang nicht aus eigener Anschauung kennt,

---

[2] *Karl Mannheim,* Man and Society in an Age of Reconstruction, London, 1940, S. 377.

[3] *Peter Drucker* (The End of Economic Man, New York, 1939, S. 74) bemerkt mit Recht: „Je weniger Freiheit es gibt, um so mehr ist von der ‚neuen Freiheit‘ die Rede. Aber diese neue Freiheit ist ein bloßes Wort, hinter dem sich das genaue Gegenteil von allem verbirgt, was Europa bisher unter Freiheit verstanden hat ... Die neue Freiheit, die heute in Europa gepredigt wird, ist vielmehr das Vorrecht der Majorität gegenüber den Individuen.“

kann sich schwer einen Begriff von dem Umfang dieses Bedeutungswandels der Wörter, von der dadurch geschaffenen Verwirrung und von den Hindernissen machen, die damit jeder vernünftigen Diskussion in den Weg gelegt werden. Man muß es selbst erlebt haben, um zu verstehen, wie der eine von zwei Brüdern, der sich zum neuen Glauben bekennt, nach kurzer Zeit eine andere Sprache zu sprechen scheint, die jede wirkliche Verständigung zwischen ihnen ausschließt. Und diese Konfusion wird nur immer schlimmer, weil der Bedeutungswandel in der politischen Terminologie nicht ein einmaliger Vorgang, sondern ein fortdauernder Prozeß, ja, eine Technik ist, die bewußt oder unbewußt zur Gängelung des Volkes benutzt wird. Nach und nach wird im Verlaufe dieses Prozesses die ganze Sprache geplündert, und schließlich werden die Wörter zu leeren Gehäusen ohne feste Bedeutung, so daß man mit ihnen auch das Gegenteil bezeichnen kann und sie nur noch zum Ausdruck der Gefühlsassoziationen gebraucht werden, die mit ihnen einhergehen.

*

Es ist nicht schwer, der großen Masse das selbständige Denken abzugewöhnen. Aber auch die Minderheit, die sich eine Neigung für Kritik bewahrt, muß zum Schweigen gebracht werden. Wie wir schon gesehen haben, darf der staatliche Zwang nicht darauf beschränkt werden, den Moralkodex aufzuzwingen, der dem Gesamtplan der Gesellschaft zugrunde liegt. Da viele Teile dieses Kodex niemals ausdrücklich formuliert werden und die bestimmende Wertskala zum Teil nur indirekt aus dem Plan herausgelesen werden kann, so muß der Plan selbst in allen seinen Teilen, ja jeder Regierungsakt, als unantastbar und über jede Kritik erhaben erklärt werden. Wenn das Volk rückhaltlos hinter der Gesamtpolitik stehen soll, dann muß es davon überzeugt werden, daß nicht nur das Ziel, sondern auch die dafür eingesetzten Mittel die richtigen sind. Der offizielle Katechismus, auf den alle zwangsweise verpflichtet werden, wird daher sämtliche Anschauungen über die dem Plan zugrunde liegenden Tatsachen umfassen. Öffentliche Kritik oder sogar bloße Zweifelsäußerungen müssen unterdrückt werden, weil sie geeignet sind, die Hingabe der Massen zu schwächen. Die Lage ist gleich derjenigen jedes kommunistischen Unternehmens in Rußland, von der das Ehepaar Webb sagt: „Solange das Werk fortschreitet, ist jede öffentliche Äußerung eines Zweifels oder gar eine Befürchtung, daß der Plan fehlschlagen könnte, Untreue, ja, Verrat wegen der möglichen Rückwirkungen auf die Energie und die Anstrengungen der übrigen [4]." Wenn Zweifel oder Befürchtung sich nicht auf den Erfolg eines einzelnen Unternehmens, sondern auf den Gesamtplan beziehen, müssen sie sogar als Sabotage gelten.

Tatsachen und Theorien müssen daher ebenso zum Gegenstand der amtlichen Doktrin werden wie die Wertvorstellungen. Der ganze Bildungsapparat, Schulen, Presse, Radio und Kino werden ausschließlich zur Propagierung derjenigen Ansichten verwandt werden, die, ob wahr oder falsch, den Glauben an die Richtigkeit der von der Regierung getroffenen Entscheidungen stärken, und jede Nachricht, die Zweifel oder Zaudern verursachen könnte, wird unterdrückt werden. Ob eine bestimmte Information veröffentlicht oder zurückgehalten werden soll, hängt einzig und allein davon ab, welches die wahrscheinliche Wirkung auf die Treue zum Regime sein wird. Die Lage, die in andern Ländern teilweise in Kriegszeiten anzutreffen ist, wird im totalitären Staate zum Dauerzustand auf allen Gebieten. Alles, was Zweifel an der Weisheit der Regierung oder Unzufriedenheit erregen könnte, wird dem Volke vorenthalten. Die Grundlage für unvorteilhafte Vergleiche mit den Verhältnissen in andern Ländern, die Kenntnis von anderen Möglichkeiten der Regierungspolitik, jede Information, die den Verdacht erwecken könnte, daß die Regierung ihre Versprechungen nicht eingehalten oder Möglichkeiten zur Verbesserung der Wirtschaftslage unbenutzt gelassen hätte, all das muß unterdrückt werden. Es

---

[4] *S. u. B. Webb*, Soviet Communism, S. 1038.

gibt daher kein Gebiet, auf dem die systematische Überwachung der Nachrichten nicht ausgeübt und die Gleichförmigkeit der Ansichten nicht erzwungen würde.

Dies gilt selbst für Gebiete, die weitab von jedem politischen Interesse zu liegen scheinen, und besonders für alle Wissenschaften, selbst die abstraktesten. Daß in den Fächern, die, wie Geschichte, Recht oder Nationalökonomie, unmittelbar ein Teil der Menschenkunde sind und daher ohne weiteres die politische Meinungsbildung beeinflussen, in einem totalitären System die rein sachliche Erforschung der Wahrheit nicht erlaubt werden kann und die Unterstützung der offiziellen Meinungen zum einzigen Ziel wird, leuchtet ohne weiteres ein und wird durch die Erfahrung in reichem Maße bestätigt. Diese Fächer sind denn auch in allen totalitären Ländern die besten Brutstätten der offiziellen Mythen geworden, die die Herrschenden zur Lenkung des Denkens und Willens ihrer Untertanen verwenden. Es ist nicht verwunderlich, daß man in diesen Disziplinen nicht einmal mehr den Schein der Erforschung der Wahrheit aufrechterhält und daß die Behörden entscheiden, welche Lehren verkündet und veröffentlicht werden sollen.

Die totalitäre Meinungsüberwachung erstreckt sich indessen auch auf Gegenstände, die zunächst politisch bedeutungslos zu sein scheinen. Es ist mitunter schwer, zu erklären, warum bestimmte Lehren von Amts wegen in Acht und Bann getan und warum andere dafür gefördert werden, und es ist sonderbar, daß diese Vorlieben und Abneigungen in den verschiedenen totalitären Systemen einander ziemlich ähnlich zu sein scheinen. Insbesondere scheinen sie alle eine ausgesprochene Abneigung gegen die abstrakteren Formen des Denkens gemeinsam zu haben, eine Abneigung, die bezeichnenderweise auch bei vielen Kollektivisten unter unsern Gelehrten zu beobachten ist. Es kommt ziemlich auf dasselbe hinaus, ob die Relativitätstheorie als ein „semitischer Angriff auf die Grundlagen der christlichen und nordischen Physik“ hingestellt oder deshalb bekämpft wird, weil sie sich „im Widerspruch zum dialektischen Materialismus und zur marxistischen Lehre" befinde. Es macht auch keinen großen Unterschied, ob bestimmte Theorien der mathematischen Statistik angegriffen werden, weil sie „einen Teil des Klassenkampfes an der ideologischen Front bilden und ein Produkt der historischen Rolle der Mathematik als Diener der Bourgeoisie sind", oder ob die ganze Richtung verdammt wird, weil „sie keine Garantie dafür bietet, daß sie den Interessen des Volkes dient". Es scheint, daß die reine Mathematik nicht verschont bleibt und daß selbst das Festhalten an bestimmten Ansichten über die Natur der Kontinuität „bürgerlichen Vorurteilen" zugeschrieben werden kann. Nach dem Ehepaar Webb enthält die Zeitschrift für die „marxistisch-leninistischen Naturwissenschaften" die folgenden Kernsprüche: „Wir vertreten die Partei in der Mathematik. Wir vertreten die Reinheit der marxistisch-leninistischen Theorien in der Chirurgie." Die Lage in Deutschland scheint sehr ähnlich zu sein. Die Zeitschrift der Vereinigung nationalsozialistischer Mathematiker ist voll von „Partei in der Mathematik", und einer der bekanntesten deutschen Physiker, der Nobelpreisträger Lenard, hat seine Lebensarbeit in einer vierbändigen „Deutschen Physik" zusammengefaßt!

Es entspricht vollkommen dem Geiste des Totalitarismus, daß er jede menschliche Tätigkeit verdammt, die um ihrer selbst willen und ohne einen weiteren Zweck betrieben wird. Die Wissenschaft um der Wissenschaft und die Kunst um der Kunst willen sind bei den Nationalsozialisten in gleichem Maße verrufen wie bei den Kommunisten und bei unsern sozialistischen Intellektuellen. Schlechthin jede Tätigkeit muß ihre Berechtigung aus einem bewußten sozialen Zweck herleiten. Es darf keine spontane, ungelenkte Tätigkeit geben, weil sie zu Ergebnissen führen könnte, die sich nicht voraussehen lassen und für die es im Plan keinen Platz gibt. Es könnte daraus etwas Neues entstehen, das sich die Philosophie des Planers nicht hatte träumen lassen. Dieser Grundgedanke gilt sogar für Spiele und Zerstreuungen. Ich überlasse es dem Leser, zu erraten, ob es Deutschland oder Rußland war, wo die Schachspieler von oben her ermahnt wurden: „Wir müssen der Neutralität des Schachs ein für allemal ein Ende machen. Wir müssen ein für allemal die Formel ‚Schach um des Schachs willen' genau so verdammen wie die Formel ‚Kunst um der Kunst willen'."

So unglaublich auch einige dieser Verirrungen scheinen, so müssen wir uns doch davor hüten, sie als bloß zufällige Nebenprodukte abzutun, die mit dem Wesen eines planwirtschaftlichen oder totalitären Systems nichts zu schaffen hätten. Sie sind keineswegs zufällige Nebenprodukte, sondern ergeben sich unmittelbar aus dem immer wieder hervortretenden Wunsch, alles einer „einheitlichen Gesamtauffassung" zu unterwerfen, aus der Notwendigkeit heraus, um jeden Preis die Ideen hochzuhalten, für die das Volk sich ständig einsetzen soll, und aus dem Grundsatz heraus, daß alles, was das Volk weiß und glaubt, als Mittel zu einem allbeherrschenden Zweck dienen muß. Wenn die Wissenschaft nicht der Wahrheit, sondern den Interessen einer Klasse, einer Volksgemeinschaft oder eines Staates zu dienen hat, dann hat jedes Argument und jede Diskussion nur den einen Zweck, die das ganze Gesellschaftsleben leitenden Glaubensvorstellungen zu befestigen und weiter auszubreiten. Wie sich der nationalsozialistische Justizminister ausgedrückt hat, lautet die Frage, die sich jede neue wissenschaftliche Theorie stellen muß: „Diene ich damit dem Nationalsozialismus zum größten Nutzen aller?"

Damit verliert das Wort Wahrheit selber seine alte Bedeutung. Es bezeichnet nicht länger etwas, was man finden muß, wobei das persönliche Gewissen allein darüber entscheidet, ob im Einzelfall das Beweismaterial eine Behauptung stützt (oder der Ruf derjenigen, die sie aussprechen). Die Wahrheit wird jetzt zu etwas autoritativ Vorgeschriebenem, zu etwas, was man im Interesse der Einheit der organisierten Gesamtaktion glauben und möglicherweise ändern muß, wenn diese Aktion es erfordert.

Das allgemeine geistige Klima, das so entsteht, der vollkommene Zynismus gegenüber der Wahrheit, der Verlust des Gefühls für das, was Wahrheit bedeutet, das Schwinden des Geistes unabhängiger Forschung und des Glaubens an die Macht vernunftgemäßer Überzeugung, die Art, wie in jedem Wissenszweig Meinungsverschiedenheiten zu politischen Fragen werden, die der Machtspruch der Regierung entscheidet – das alles sind Dinge, die man am eigenen Leibe erfahren haben muß, von welchen eine kurze Beschreibung kein angemessenes Bild geben kann. Am meisten muß uns vielleicht die Tatsache alarmieren, daß die Verachtung für die geistige Freiheit nicht erst auftritt, nachdem das totalitäre System errichtet worden ist, sondern überall unter Intellektuellen zu finden ist, die sich einem kollektivistischen Glauben hingegeben haben und als geistige Führer sogar in solchen Ländern gelten, die noch immer unter einem liberalen Regime leben. Nicht genug damit, daß noch die schlimmste Unterdrückung entschuldigt wird, wenn sie im Namen des Sozialismus begangen wird, und daß die Schaffung eines totalitären Regimes offen von Leuten gefordert wird, die im Namen der Gelehrten liberaler Länder zu sprechen vorgeben, vielmehr wird die Intoleranz selbst ohne Scham gepriesen. Haben wir es nicht vor kurzem in England erlebt, wie ein wissenschaftlicher Schriftsteller sogar die Inquisition verteidigte, weil es nach seiner Meinung „der Wissenschaft zugute kommt, wenn sie eine aufsteigende Klasse schützt“[5]? Diese Meinung unterscheidet sich natürlich praktisch in keiner Weise mehr von den Vorstellungen, die die Nationalsozialisten zur Verfolgung von Gelehrten, zur Verbrennung wissenschaftlicher Bücher und zur systematischen Ausrottung der Intellektuellen in den besetzten Ländern getrieben haben.

*

Das Verlangen, dem Volke einen Glauben aufzuzwingen, den man für heilsam hält, ist natürlich nichts Neues oder unserer Zeit Eigentümliches. Neu ist hingegen die Begründung, mit der viele unserer Intellektuellen solche Versuche rechtfertigen wol-

---

[5] *J. G. Crowther*, The Social Relations of Science, London, 1941, S. 333.

len. Sie sagen, es gebe keine wirkliche geistige Freiheit in unserer Gesellschaft, weil die Meinung und der Geschmack der Massen durch Propaganda und Reklame, durch das Beispiel der Oberschichten und durch andere Milieufaktoren geformt werden, die unvermeidlich das Denken der Massen in ausgefahrene Geleise zwingen. Daraus schließt man, daß wir, wenn die Mentalität und der Geschmack der breiten Masse immer durch Umstände bestimmt werden, die wir beeinflussen können, diese Macht bewußt dazu verwenden sollten, um die Vorstellungen des Volkes in der uns erwünschten Richtung zu lenken.

Wahrscheinlich stimmt es, daß die Menschen meist nicht fähig sind, selbständig zu denken, daß sie in der Regel vorgekaute Meinungen schlucken und daß es ihnen gleichgültig ist, ob sie in diese oder jene Gesamtheit von Glaubensvorstellungen hineingeboren oder hineingetrieben werden. In jeder Gesellschaft dürfte die Gedankenfreiheit nur für eine kleine Minderheit von Bedeutung sein. Das heißt aber nicht, daß irgendeiner dazu berufen ist oder die Macht dazu haben sollte, diejenigen auszuwählen, denen die Gedankenfreiheit vorbehalten bleiben soll. Unter keinen Umständen kann irgendeine Gruppe sich deshalb anmaßen, das Denken und den Glauben der Menschen bestimmen zu wollen. Es beweist eine vollkommene Gedankenverwirrung, wenn man meint, daß es deshalb, weil die Mehrheit des Volkes unter jedem Gesellschaftssystem einer bestimmten Führung folgt, gleichgültig sei, ob jeder derselben Führung zu folgen habe. Wenn man über die geistige Freiheit die Nase rümpft, weil sie niemals allen die gleiche Möglichkeit unabhängigen Denkens bedeuten kann, so beweist das völlige Verständnislosigkeit gegenüber den Gründen, die der geistigen Freiheit ihren Wert verleihen. Wenn sie als hauptsächlichste Triebkraft des geistigen Fortschritts dienen soll, so kommt es nicht darauf an, daß jedermann denken und schreiben kann, was er will, sondern darauf, daß irgendeine Sache oder irgendeine Idee von jemand mit Vernunftgründen verteidigt werden kann. Solange abweichende Meinungen nicht unterdrückt werden, wird es immer Leute geben, die die herrschenden Vorstellungen ihrer Zeitgenossen anzweifeln und neue Vorstellungen in Umlauf setzen, die sich im Für und Wider der Gründe bewähren müssen.

Dieses Zusammenspiel der Individuen mit verschiedenem Wissen und verschiedenen Meinungen ist das, was das Wesen des geistigen Lebens ausmacht. Das Wachstum unseres Vernunftwissens ist ein sozialer Prozeß, der sich auf solche Verschiedenheiten gründet. Es liegt in seinem Wesen, daß seine Ergebnisse nicht vorausgesagt werden können, daß wir nicht wissen können, welche Ansichten dieses Wachstum fördern werden und welche nicht, kurzum, daß dieses Wachstum nicht der Herrschaft irgendwelcher Ansichten, die wir heute hegen, unterworfen werden kann, ohne daß es gleichzeitig gehemmt wird. Den geistigen Wachstumsprozeß oder auch den Fortschritt im allgemeinen Sinne zu „planen" oder zu „organisieren", ist ein Widerspruch in sich selbst. Die Vorstellung, daß der menschliche Geist „bewußt" seine eigene Entwicklung überwachen solle, verwechselt die individuelle Vernunft, die allein irgendetwas „bewußt" überwachen kann, mit dem interpersonellen Prozeß, dem ihr Wachstum zu verdanken ist. Wenn wir diesen Prozeß zu zügeln versuchen, so hemmen wir lediglich seine Entwicklung und führen früher oder später geistigen Stillstand und Niedergang herbei.

Es ist die Tragödie des kollektivistischen Denkens, daß es darauf ausgeht, die Vernunft allbeherrschend zu machen, aber damit endet, sie zu vernichten, weil es den Prozeß mißversteht, von dem das Wachstum des Vernunftwissens abhängt. Man kann das in der Tat als das Paradoxon der gesamten kollektivistischen Lehre und ihres Verlangens nach „bewußter" Überwachung oder „bewußter" Planung bezeichnen, daß dies notwendigerweise zu der Forderung führt, den Geist eines bestimmten Individuums zum unumschränkten Herrscher zu machen. Andererseits ist nur die individualistische Methode des sozialwissenschaftlichen Denkens imstande, uns die Einsicht in die überindividuellen Kräfte zu vermitteln, die das Wachstum des Vernunftwissens bestimmen. Der Individualismus ist daher eine Haltung der Demut angesichts dieses sozialen Prozesses und der Duldsamkeit gegenüber anderen Meinungen. Er ist das genaue Gegenteil jener intellektuellen Hybris, in der das Verlangen nach einer umfassenden Lenkung des sozialen Prozesses wurzelt.

ZWÖLFTES KAPITEL

DIE SOZIALISTISCHE WURZEL DES NATIONALSOZIALISMUS

Wir sehen, daß alles, was irgendwie nicht liberal ist, sich gegen alles zusammenschließt, was liberal ist.

A. Moeller van den Bruck

Es wird allgemein der Fehler begangen, den Nationalsozialismus als eine bloße Auflehnung gegen die Vernunft anzusehen, als eine irrationale Bewegung ohne geistige Grundlage. Wäre dies der Fall, so wäre die Bewegung viel weniger gefährlich, als sie tatsächlich ist. Aber nichts könnte falscher oder irreführender sein. Die nationalsozialistischen Lehren stellen den Höhepunkt einer langen geistigen Entwicklung dar, eines Vorganges, an dem Denker beteiligt waren, die einen weit über die Grenzen Deutschlands hinausreichenden Einfluß gehabt haben. Was man auch von den Prämissen, von denen sie ausgegangen sind, halten mag – eines steht außer Frage, nämlich daß die Männer, die die neuen Lehren schufen, wirkungsvolle Schriftsteller waren, die der ganzen Gedankenwelt Europas ihren geistigen Stempel aufgedrückt haben. Sie hatten ihr System mit unerbittlicher Folgerichtigkeit entwickelt. Nimmt man seine Prämissen erst einmal an, so kann man sich seiner Logik nicht entziehen. Es ist einfach ein Kollektivismus, der von allen Spuren der individualistischen Tradition, welche seiner Verwirklichung im Wege stehen könnten, befreit ist.

In dieser Entwicklung waren die deutschen Denker zwar führend, aber sie waren keineswegs die einzigen. Thomas Carlyle, Houston Stewart Chamberlain, Auguste Comte und Georges Sorel sind aus dieser stetigen Entwicklung ebensowenig wegzudenken wie irgendein Deutscher. Die Entwicklung dieser geistigen Richtung in Deutschland wurde von R. D. Butler vor kurzem in seiner Studie „The Roots of National Socialism“ gut dargestellt. Das sich daraus ergebende Bild einer Bewegung, die sich hundertfünfzig Jahre lang kaum verändert hat und immer wieder hervorgetreten ist, hat etwas Erschreckendes, aber man darf die Bedeutung, die diese Ideen in Deutschland bis 1914 gehabt haben, auch nicht übertreiben. Sie waren nur *eine* Strömung unter vielen bei einem Volk, das damals in seinen Gedanken vielleicht geteilter war als irgendein anderes. Und sie wurden im großen und ganzen nur von einer kleinen Minderheit vertreten, während sie von der Mehrheit der Deutschen ebensosehr verachtet wurden wie in andern Ländern.

Wie kam es dann, daß diese Anschauungen einer reaktionären Minderheit schließlich die Unterstützung der großen Mehrheit des deutschen Volkes und fast der gesamten deutschen Jugend fanden? Es waren nicht nur die Niederlage, die Leiden und die Welle des Nationalismus, die sie zum Erfolg trugen. Noch weniger war der Grund, wie so viele gern glauben möchten, in einer kapitalistischen Reaktion gegen das Fortschreiten des Sozialismus zu suchen. Im Gegenteil, die Kraft, die diese Gedanken zur Macht brachte, kam vielmehr gerade aus dem sozialistischen Lager. Sicherlich verhalf ihnen nicht die Bourgeoisie, sondern gerade das Fehlen einer starken Bourgeoisie zur Macht.

Die Lehren, von denen die führenden Kreise in Deutschland sich in der vorigen Generation hatten leiten lassen, standen nicht im Gegensatz zum sozialistischen, sondern zum liberalen Gehalt des Marxismus, zu seinem Internationalismus und seinem Demokratismus. Und je klarer es wurde, daß gerade diese Elemente der Verwirklichung des Sozialismus im Wege standen, um so mehr näherten sich die Sozialisten der Linken denen der Rechten. Es war der Zusammenschluß der antikapitalistischen Kräfte der Rechten und der Linken und die Verschmelzung des radikalen mit dem konservativen Sozialismus, die aus Deutschland alles, was liberal war, vertrieben.

Sozialismus und Nationalsozialismus standen in Deutschland von Anfang an in enger Verbindung. Bezeichnenderweise sind die wichtigsten Vorläufer des Nationalsozialismus – Fichte,

Rodbertus und Lassalle – gleichzeitig anerkannte Ahnen des Sozialismus. Solange der theoretische Sozialismus marxistischer Prägung die deutsche Arbeiterbewegung dirigierte, trat das autoritäre und nationalistische Element für einige Zeit in den Hintergrund. Aber nicht für lange[1]. Seit 1914 erstand aus den Reihen des marxistischen Sozialismus ein Verkünder nach dem andern, der dem Nationalsozialismus zwar nicht die Konservativen und die Reaktionären zuführte, wohl aber die Werktätigen und die idealistische Jugend. Erst danach schwoll die Flut des nationalistischen Sozialismus eigentlich an und verwandelte sich dann rasch in die Lehre Hitlers. Die Kriegshysterie von 1914, die gerade infolge der Niederlage niemals ganz ausgeheilt war, bedeutet den Beginn der modernen Entwicklung, die zum Nationalsozialismus geführt hat, und sein Aufstieg während dieser Zeit vollzog sich weitgehend mit der Unterstützung alter Sozialisten.

*

Der erste und in mancher Beziehung charakteristischste Vertreter dieser Entwicklung ist vielleicht der verstorbene Werner Sombart, dessen berüchtigtes Buch „Händler und Helden" im Jahre 1915 erschien. Sombart hatte als marxistischer Sozialist begonnen, und noch 1909 konnte er sich voll Stolz rühmen, daß er den größten Teil seines Lebens dem Kampf für die Ideen Marx' gewidmet habe. Er hat das seine dazu getan, um die sozialistischen Gedankengänge und das antikapitalistische Ressentiment verschiedener Schattierungen in Deutschland zu verbreiten; wenn hier das Denken so stark mit marxistischen Elementen durchsetzt war wie vor der russischen Revolution in keinem andern Lande, so war das weitgehend auf Sombart zurückzuführen. In einer gewissen Zeit galt er als das hervorragende

---

[1] Und nur teilweise. Im Jahre 1892 konnte einer der Führer der sozialdemokratischen Partei, August Bebel, Bismarck erklären: „Der Herr Reichskanzler kann versichert sein, daß die deutsche Sozialdemokratische Partei eine Art von Vorschule des Militarismus ist"!

Musterbeispiel der verfolgten sozialistischen Intellektuellen, die wegen ihrer radikalen Anschauungen keinen Lehrstuhl an einer Universität erhalten konnten. Selbst nach dem letzten Krieg übte er innerhalb und außerhalb Deutschlands durch seine Arbeiten als Historiker, deren Grundauffassung marxistisch blieb, auch als er politisch kein Marxist mehr war, einen ungeheuren Einfluß aus, der sich auch in den Arbeiten vieler englischer und amerikanischer Planwirtschaftler besonders bemerkbar macht.

In seinem Kriegsbuch begrüßte dieser ehemalige Sozialist den „Deutschen Krieg" als den unvermeidlichen Konflikt zwischen der händlerischen Zivilisation Englands und der heroischen Kultur Deutschlands. Seine Verachtung für die „händlerischen" Anschauungen der Engländer, die jeglichen Kriegsinstinkt verloren hätten, kennt keine Grenzen. Nichts ist in seinen Augen so verächtlich wie das allgemeine Streben nach dem Glück des einzelnen, und was er als den Leitgedanken der englischen Ethik hinstellt, nämlich gerecht zu sein, „auf daß es dir wohlergehe und du lange lebest auf Erden", betrachtet er als den „infamsten Spruch, den je eine Händlerseele hat aussprechen können"[2]. Der „deutsche Staatsgedanke", wie Fichte, Lassalle und Rodbertus ihn formuliert haben, bestehe darin, daß der Staat weder von den Individuen begründet noch gebildet worden ist, daß er kein Aggregat von Individuen ist noch, daß er den Zweck hat, irgendwelche Interessen der Individuen zu fördern. Er ist vielmehr eine Volksgemeinschaft, in der der einzelne keine Rechte, sondern nur Pflichten hat. Ansprüche des Individuums sind immer ein Ergebnis des händlerischen Geistes. „Die Ideen von 1789" – Freiheit, Gleichheit und Brüderlichkeit – sind charakteristische Händlerideale, deren einziger Zweck darin besteht, Einzelpersonen gewisse Vorteile zuzuschanzen.

Nach Sombart waren vor 1914 alle die echten deutschen Ideale einer heroischen Lebensauffassung durch das ständige Vordringen englischer händlerischer Ideale, englischen Kom-

---

[2] *W. Sombart,* a. a. O., S. 19.

forts und englischen Sportes tödlich bedroht. Die Engländer waren nicht nur selber durch und durch verdorben, da jeder Gewerkvereinler im „Sumpfe des Komforts“ stecke, sondern sie hatten sogar angefangen, alle andern Völker zu infizieren. Nur dem Krieg verdankten es die Deutschen, wenn sie sich wieder daran erinnerten, daß sie in Wahrheit ein Kriegervolk seien, ein Volk, bei dem alle Betätigungen, und besonders die wirtschaftlicher Art, militärischen Zielen untergeordnet wären. Sombart wußte, daß andere Völker es den Deutschen verdachten, daß sie den Krieg für heilig halten – aber er ist stolz darauf. In dem Krieg etwas Unmenschliches und Sinnloses zu sehen, ist auf händlerische Anschauungen zurückzuführen. Es gibt ein höheres Leben als das des Individuums, nämlich das Leben des Volkes und das Leben des Staates, und der Zweck des Einzelwesens besteht darin, sich für jenes höhere Leben zu opfern. Im Krieg sieht Sombart die Vollendung der heldischen Weltanschauung, und der Krieg gegen England ist für ihn der Kampf gegen das entgegengesetzte Ideal, das händlerische Ideal der persönlichen Freiheit und des englischen Komforts, für den er kein verächtlicheres Beweisstück finden kann als – die Rasierapparate, auf die man in den englischen Schützengräben stieß.

*

Wenn Sombarts Temperamentsausbruch seinerzeit selbst den meisten Deutschen zuviel war, so gelangte ein anderer deutscher Professor in einer gemäßigteren und gelehrteren, aber dafür um so wirksameren Form im wesentlichen zu demselben Ergebnis. Johann Plenge war ein ebenso großer Marxkenner wie Sombart. Sein Buch „Marx und Hegel“ bezeichnet den Beginn der modernen Hegelrenaissance unter den marxistischen Gelehrten, und der echt sozialistische Charakter der Überzeugungen, von denen er ausging, unterliegt keinem Zweifel. Von seinen zahlreichen Kriegsschriften ist die wichtigste ein wenig umfangreiches, aber seinerzeit viel diskutiertes Buch mit dem bezeichnenden Titel „1789 und 1914“[3]. Es befaßt sich mit dem Konflikt zwischen den „Ideen von 1789“, dem Ideal der Freiheit, und den „Ideen von 1914“, dem Ideal der Organisation. In der Organisation erblickt er, wie alle Sozialisten, deren Sozialismus auf der groben Anwendung wissenschaftlicher Ideale auf die Probleme der Gesellschaft beruht, das Wesen des Sozialismus. Hier lag, wie er mit Recht betont, die Wurzel der sozialistischen Bewegung in ihren Anfängen in Frankreich zu Beginn des 19. Jahrhunderts. Marx und der Marxismus haben diesen Grundgedanken des Sozialismus durch ihr fanatisches, aber utopisches Festhalten an der abstrakten Idee der Freiheit verraten. Erst jetzt kam der Gedanke der Organisation wieder zu seinem Recht, und zwar im Auslande, wie die Veröffentlichungen von H. G. Wells zeigen (durch dessen „Future in America“ Plenge stark beeinflußt wurde und den er als einen der hervorragenden Vertreter des modernen Sozialismus bezeichnet), vor allem aber in Deutschland, wo dieser Gedanke am besten verstanden und in weitestem Maße verwirklicht wurde. Der Krieg zwischen England und Deutschland ist daher wirklich ein Krieg zwischen entgegengesetzten Prinzipien. Der „wirtschaftliche Weltkrieg“ ist die dritte große Epoche eines geistigen Kampfes in der Geschichte der Neuzeit. Es kommt ihm gleich große Bedeutung zu wie der Reformation und der bürgerlichen Freiheitsrevolution. Es ist der Kampf für den Sieg der neuen Kräfte, die aus dem fortgeschrittenen Wirtschaftsleben des 19. Jahrhunderts entstanden sind, nämlich Sozialismus und Organisation.

„Denn in dem Reich der Ideen war Deutschland der überzeugteste Träger aller sozialistischen Träume, und in dem Reich der Wirklichkeit der kraftvollste Erbauer der höchst organisierten Volkswirtschaft.

In uns ist das 20. Jahrhundert. Wie der Krieg auch endet, wir sind das vorbildliche Volk. Unsere Ideen werden die Lebensziele der Menschheit bestimmen.

---

[3] *J. Plenge*, 1789 und 1914. Die symbolischen Jahre in der Geschichte des politischen Geistes, Berlin, 1916.

Die Weltgeschichte erlebt gegenwärtig das ungeheuere Schauspiel, daß bei uns ein neues großes Lebensideal zum endgültigen Siege durchdringt, und daß gleichzeitig in England ein weltgeschichtliches Prinzip endgültig zusammenbricht[4]."

Die in Deutschland im Jahre 1914 geschaffene Kriegswirtschaft ist

„die erste wirklich gewordene ‚sozialistische' Gesellschaft und ihr Geist ist das erste wirklich tätige, nicht bloß unklar fordernde Auftreten eines sozialistischen Geistes. Unter der Not des Krieges schlug die sozialistische Idee in das deutsche Wirtschaftsleben ein, seine Organisation wuchs in einem neuen Geiste zusammen, und so gebar die Selbstbehauptung unserer Nation für die Menschheit die neue Idee von 1914, die Idee der deutschen Organisation, die Volksgenossenschaft des nationalen Sozialismus[5]..."

„Ohne daß wir es eigentlich gemerkt haben, ist unser politisches Lebensganze in Staat und Wirtschaft auf eine höhere Stufe gestiegen. Staat und Volkswirtschaft sind zu einer neuen Einheit zusammengeschlossen[6]..."

„Jetzt dringt das amtsmäßige volkswirtschaftliche Verantwortlichkeitsgefühl tief in sie alle (sc. die Organisationen der Industriellen, der Landwirte, die Verbände der Arbeiter) hinein... Diese neue deutsche Korporativverfassung (die, wie Plenge zugibt, noch nicht fertig und ausgereift ist)..., ist... schlechterdings die höchste staatliche Lebensform, die je auf Erden gewesen ist[7]."

Zunächst hoffte Plenge noch, das Ideal der Freiheit mit dem der Organisation vereinen zu können, wenn auch nur durch die zwar vollständige, aber freiwillige Unterordnung des Individuums unter das Ganze. Aber diese Spuren von liberalen Gedanken verschwinden bald aus seinen Schriften. Im Jahre 1918

---

[4] *J. Plenge*, a. a. O., S. 20.

[5] *J. Plenge*, a. a. O., S. 82.

[6] *J. Plenge*, a. a. O., S. 120.

[7] *J. Plenge*, a. a. O., S. 121.

hatte sich die völlige Verschmelzung von Sozialismus und rücksichtsloser Machtpolitik in seinem Geiste vollzogen. Kurz vor Kriegsende ermahnte er seine Landsleute in der sozialistischen Zeitschrift „Die Glocke" folgendermaßen:

„Es wird höchste Zeit, sich darüber klarzuwerden, daß der Sozialismus Machtpolitik sein muß, da er Organisation sein muß. Der Sozialismus muß an die Macht kommen: er darf die Macht niemals blindlings vernichten. Und die wichtigste und kritischste Frage für den Sozialismus lautet in der Zeit des Völkerkrieges notwendigerweise so: welches Volk ist vorzugsweise zur Macht berufen, weil es der vorbildliche Führer in der Organisation der Völker ist[8]?"

Plenge nahm alle Gedankengänge vorweg, die schließlich zur Rechtfertigung der Neuen Ordnung Hitlers dienen sollten:

„Bedeutet nicht gerade vom Standpunkt des Sozialismus, der Organisation ist, ein absolutes Recht auf Selbstbestimmung der Völker das Recht auf individualistische ökonomische Anarchie? Sind wir bereit, dem Individuum im Wirtschaftsleben völlige Selbstbestimmung zuzugestehen? Folgerichtiger Sozialismus kann einem Volke das politische Körperschaftsrecht nur in Übereinstimmung mit der wirklichen, historisch bestimmten Kräfteverteilung gewähren[8]."

*

Die Ideale, die Plenge so klar formulierte, waren besonders populär in gewissen Kreisen deutscher Wissenschaftler und Ingenieure – vielleicht stammen sie sogar von dort –, die nach der von einer Zentrale aus geplanten Organisation des gesamten Lebens verlangten, genau so wie dies jetzt mit Nachdruck von seiten ihrer englischen Geistesverwandten geschieht. In dieser Gruppe war der berühmte Chemiker Wilhelm Ostwald führend. Einer seiner diesbezüglichen Aussprüche hat eine gewisse Berühmtheit erlangt. Er soll öffentlich erklärt haben:

---

[8] In Ermangelung des deutschen Originals aus dem Englischen zurückübersetzt. Die Übers.

„Deutschland wünscht Europa zu organisieren, dem es bisher noch an Organisation fehlt. Ich will Ihnen nun Deutschlands großes Geheimnis verraten: wir – oder vielleicht die germanische Rasse – haben die Bedeutung der Organisation entdeckt. Während die andern Völker noch immer unter der Herrschaft des Individualismus leben, haben wir bereits die Stufe der Organisation erklommen."

Sehr ähnliche Gedanken waren in den Amtsräumen des deutschen Rohstoffdiktators, Walther Rathenau, verbreitet, der sich zwar schaudernd abgewandt haben würde, wenn er sich über die Folgen seiner totalitären Wirtschaftspolitik im klaren gewesen wäre, dem aber doch in einer eingehenderen Geistesgeschichte des Nationalsozialismus ein hervorragender Platz zukommt. Wahrscheinlich hat er durch seine Schriften mehr als irgendein anderer die Wirtschaftsanschauungen der Generation bestimmt, die in Deutschland während des letzten Krieges und unmittelbar danach heranwuchs, und einige seiner engsten Mitarbeiter sollten später den Stamm der Beamten bilden, die dann den Göringschen Vierjahresplan durchführten. Sehr ähnlich waren viele der Gedankengänge, die ein anderer ehemaliger Marxist, Friedrich Naumann, lehrte, dessen Schrift „Mitteleuropa" von allen deutschen Kriegsbüchern wohl die größte Verbreitung fand[9]. Aber es war einem aktiven sozialistischen Politiker, einem Mitglied des Reichstages vom linken Flügel der sozialdemokratischen Partei vorbehalten, diese Gedanken zu Ende zu denken und ihnen die größte Verbreitung zu verschaffen. Paul Lensch hatte den Krieg bereits in früheren Veröffentlichungen als „die Flucht der englischen Bourgeoisie vor der Ausbreitung des Sozialismus" bezeichnet und auseinandergesetzt, wie verschieden das sozialistische Freiheitsideal und die englische Weltanschauung voneinander sind. Aber erst in sei-

[9] Ein gutes Resumé der Ansichten Naumanns, die für die deutsche Kombination von Sozialismus und Imperialismus ebenso charakteristisch sind wie die im Text zitierten, findet man bei *R. D. Butler*, The Roots of National Socialism, 1941, S. 203–209.

nem dritten und erfolgreichsten Kriegswerk, seinem Buch „Drei Jahre Weltrevolution“ [10], sollten seine charakteristischen Gedanken unter dem Einfluß Plenges sich voll entfalten. Lensch gründet seine Beweisführung auf eine interessante und in vieler Hinsicht zutreffende Betrachtung, in der er darstellt, wie durch den Übergang Bismarcks zum Schutzzollsystem in Deutschland eine Entwicklung zu jener Konzentration und Kartellierung der Industrie ermöglicht wurde, die für ihn als Marxisten eine höhere Stufe der industriellen Entwicklung bedeutete.

„Für uns genügt die heutige Erkenntnis, daß der Entschluß Bismarcks vom Jahre 1879 Deutschland – entwicklungsgeschichtlich gesehen – in die Rolle des Revolutionärs hineinschob, das heißt, eines Staates, der der übrigen Welt gegenüber der Träger einer höheren, reiferen Wirtschaftsform ist.

Da hätten wir denn die Einsicht gewonnen, *daß in der heutigen Weltrevolution Deutschland die revolutionäre, sein großer Gegenspieler England die kontrarevolutionäre Seite vertritt.*

Die Tatsache beweist, wie wenig es mit der Staatsverfassung eines Landes, sei sie liberal und republikanisch, oder monarchisch und autokratisch, zu tun hat, ob ein Land im entwicklungsgeschichtlichen Sinne als revolutionär zu bezeichnen ist oder nicht. Oder besser ausgedrückt: unsere Vorstellungen von Liberalismus, Demokratie usw. entstammen der Anschauungswelt des englischen Individualismus, für den nur ein Staat mit schwacher Staatsgewalt ein liberaler Staat war, und wo jede Einschränkung der persönlichen Freiheit als Ausfluß der Autokratie und des Militarismus empfunden und gebrandmarkt wurde [11].“

„Gerade eine sozialistische Partei mußte ein Lebensinteresse daran haben, daß das Land, das nun einmal der geschichtlich berufene Vorkämpfer dieser reiferen Form der Wirtschaft war, wo der Kampf um den Sozialismus so außerordentlich verein-

---

[10] *P. Lensch,* Drei Jahre Weltrevolution, Berlin, 1917.

[11] *P. Lensch,* a.a.O., S. 29–30.

facht wurde, indem seine letzten Vorbedingungen in ihm zur Reife kamen, sich siegreich gegen seine Feinde behauptete und dadurch seine historische Aufgabe, die Welt zu revolutionieren, erfüllen konnte. So gesehen glich der Krieg der Entente gegen Deutschland dem Versuche des vorkapitalistischen Kleinbürgertums,... den Niedergang des eigenen Standes zu verhindern[12]."

„Die vor dem Krieg unbewußt entstandene, während des Krieges mit Bewußtsein aber zugleich in hastiger Improvisation weitergeführte Organisation des Kapitalismus wird nach dem Kriege systematisch weiter gebildet werden. Nicht etwa aus Lust an irgendwelchen Organisationskünsten, auch nicht, weil man im Sozialismus ein höheres soziales Entwicklungsprinzip erkannt hätte. Die Kreise, die heute als praktische Wegbereiter des Sozialismus dienen, sind in der Theorie seine ausgesprochenen Gegner, oder waren es wenigstens bis vor kurzem. *Der Sozialismus kommt und er ist teilweise schon da, weil wir ohne ihn überhaupt nicht mehr leben können*[13]."

Die einzigen, die diese Tendenz immer noch bekämpfen, sind die Liberalen.

„Zu diesen unbewußt mit englischen Maßstäben arbeitenden Schichten gehört nun das gesamte gebildete deutsche Bürgertum. Seine politischen Begriffe von ‚Freiheit' und ‚Bürgerrecht', Konstitution und Parlamentarismus entstammen durchweg der individualistischen Weltauffassung, wie sie der englische Liberalismus in klassischer Form entwickelt hat und wie sie die Wortführer des deutschen Bürgertums in den fünfziger, sechziger und siebziger Jahren des 19. Jahrhunderts übernahmen. Allein diese Maßstäbe sind veraltet und zerbrochen, wie ja der veraltete englische Liberalismus in diesem Kriege selber zerbrochen ist. Worauf es jetzt ankommt, ist, sich von diesen überkommenen politischen Denkformen freizumachen und einer neuen Auffassung von Staat und Gesellschaft zum Durchbruch zu verhel-

---

[12] *P. Lensch*, a. a. O., S. 70.

[13] *P. Lensch*, a. a. O., S. 204–205.

fen. Dem Individualismus muß auch auf diesem Gebiete der Sozialismus bewußt und entscheidend gegenübergestellt werden.

Da überrascht zunächst die Tatsache, das im ‚reaktionären' Deutschland die arbeitenden Klassen eine viel solidere Machtstellung im sozialen Leben sich haben erobern können, als in England oder gar in Frankreich[14]."

Lensch schließt mit einer Betrachtung, die wiederum viel Wahrheit enthält und zum Nachdenken anregt:

„Indem die Sozialdemokratie auf Grund dieses Wahlrechts jeden Posten besetzte, den sie erreichen konnte im Reichstage, in den Landtagen, in den Stadtverwaltungen, bei den Gewerbegerichten, den Krankenkassen usw., drang sie zwar tief in den Organismus des Staates ein, aber das war nur möglich um den Preis, daß der Staat nun auch umgekehrt seinen tiefen Einfluß auf die Arbeiterklasse ausübte. Sicherlich ist unter der anstrengenden sozialistischen Arbeit von fünfzig Jahren der Staat nicht mehr der gleiche wie im Jahre 1867, als das allgemeine Wahlrecht zu wirken begann, aber auch die Sozialdemokratie ist nicht mehr die gleiche wie damals. *Der Staat hat einen Sozialisierungsprozeß und die Sozialdemokratie einen Nationalisierungsprozeß durchgemacht*[15]."

Plenge und Lensch haben nacheinander den unmittelbaren Vorläufern des Nationalsozialismus, vor allem Oswald Spengler und Moeller van den Bruck, um nur die zwei bekanntesten Namen zu nennen, die Leitgedanken geliefert[16]. Zwar mögen die

---

[14] *P. Lensch,* a.a.O., S. 208–209.

[15] *P. Lensch,* a.a.O., S. 210–211.

[16] Dasselbe gilt für viele andere geistige Führer der Generation, die den Nationalsozialismus hervorgebracht hat, wie Othmar Spann, Hans Freyer, Carl Schmitt und Ernst Jünger. Hierzu vgl. die interessante Studie von *Aurel Kolnai,* The War against the West, 1938. Da sie sich auf die Zeit nach dem Kriege beschränkt, als die genannten Ideale bereits von den Nationalisten übernommen worden waren, hat sie nur den einen Fehler, daß sie die eigentlichen sozialistischen Urheber übersieht.

Meinungen darüber auseinandergehen, inwieweit der erste als Sozialist angesehen werden kann, aber daß er in seiner im Jahre 1920 erschienenen Abhandlung „Preußentum und Sozialismus" nur Gedanken zum Ausdruck brachte, die bei den deutschen Sozialisten verbreitet waren, dürfte heute klar sein. Einige Beispiele für seine Argumentation werden genügen. „Altpreußischer Geist und sozialistische Gesinnung, die sich heute mit dem Hasse von Brüdern hassen, sind ein und dasselbe." Die Vertreter der Kultur des Westens in Deutschland, die deutschen Liberalen, sind „die unsichtbare englische Armee, die Napoleon seit Jena auf deutschem Boden zurückgelassen hatte". Für Spengler waren Männer wie Hardenberg und Humboldt und alle andern liberalen Reformer „englisch". Aber dieser „englische" Geist wird durch die deutsche Revolution, die im Jahre 1914 begonnen hat, ausgetrieben werden.

„Die drei spätesten Völker des Abendlandes haben hier drei ideale Formen des Daseins angestrebt. Berühmte Schlagworte kennzeichnen sie: Freiheit, Gleichheit, Gemeinsamkeit. Sie erscheinen in den politischen Fassungen des liberalen Parlamentarismus, der gesellschaftlichen Demokratie, des autoritativen Sozialismus[17] ... Der deutsche, genauer preußische *Instinkt* war: die Macht gehört dem Ganzen ... Jeder erhält seinen Platz. Es wird befohlen und gehorcht. Dies ist, *seit dem 18. Jahrhundert*, autoritativer Sozialismus, dem Wesen nach illiberal und antidemokratisch, soweit es sich um englischen Liberalismus und

[17] O. *Spengler*, a.a.O., S. 17. Diese Formel Spenglers findet ein Echo in einer oft zitierten Feststellung Carl Schmitts, der ersten nationalsozialistischen Autorität auf dem Gebiet des Verfassungsrechts. Nach dieser vollzieht sich die Entwicklung der Regierung „in einer dialektischen Entwicklung, ... die in drei Stadien verläuft: vom *absoluten* Staat des 17. und 18. Jahrhunderts über den *neutralen* Staat des liberalen 19. Jahrhunderts zum *totalen* Staat, der Identität von Staat und Gesellschaft" (*C. Schmitt*, Der Hüter der Verfassung, Tübingen, 1931, S. 79).

französische Demokratie handelt[18]... Es gibt in Deutschland verhaßte und verrufene Grundsätze, verächtlich aber ist auf deutschem Boden allein der Liberalismus[19]..."

„*Das englische Volk ist nach dem Unterschied von reich und arm, das preußische nach dem von Befehl und Gehorsam aufgebaut.* Die Bedeutung des Klassenunterschiedes ist demnach in beiden Ländern eine ganz verschiedene[20]."

Nachdem er auf den fundamentalen Unterschied zwischen dem englischen Wettbewerbssystem und dem preußischen System der „Verwaltung des Wirtschaftslebens" hingewiesen und (unter ausdrücklicher Berufung auf Lensch) gezeigt hat, wie die bewußte Organisierung des Wirtschaftslebens seit Bismarck zunehmend sozialistischere Formen angenommen hatte, fährt Spengler fort:

„In Preußen war nun ein wirklicher Staat in der anspruchvollsten Bedeutung des Wortes vorhanden. Hier gab es streng genommen keinen Privatmann. Jeder, der innerhalb des mit der Exaktheit einer guten Maschine arbeitenden Systems lebte, gehörte ihm irgendwie als Glied an. Die Geschäftsführung konnte demnach auch nicht in der Hand von Privatleuten liegen, wie es der Parlamentarismus voraussetzt. Sie war ein Amt und der verantwortliche Politiker war Beamter, Diener des Ganzen[21]."

Der „preußische Gedanke" erfordert, daß ein jeder Staatsbeamter wird, daß alle Löhne und Gehälter vom Staat festgesetzt werden. Die Verwaltung sämtlicher Vermögen im besonderen wird zu einer bezahlten Tätigkeit. Der Staat der Zukunft wird ein Beamtenstaat sein. Aber

„es ist die entscheidende Frage nicht nur für Deutschland, sondern für die *Welt,* und sie muß *in* Deutschland *für* die Welt gelöst werden: soll in Zukunft der Handel den Staat oder der Staat den Handel regieren?

---

[18] O. *Spengler,* a. a. O., S. 18.

[19] O. *Spengler,* a. a. O., S. 36.

[20] O. *Spengler,* a. a. O., S. 45.

[21] O. *Spengler,* a. a. O., S. 61.

Ihr gegenüber sind Preußentum und Sozialismus dasselbe ... Preußentum und Sozialismus stehen *gemeinsam gegen das innere England*[22] ..."

Von hier aus war es für den Schutzpatron des Nationalsozialismus, Moeller van den Bruck, nur noch ein Schritt bis zur Verkündung, daß der Weltkrieg ein Krieg zwischen Liberalismus und Sozialismus sei: „Wir haben den Krieg gegen den Westen verloren. Der Sozialismus hat ihn gegen den Liberalismus verloren[23]." Wie für Spengler ist daher für ihn der Liberalismus der Erzfeind. Moeller van den Bruck stellt frohlockend fest:

„Deshalb gibt es jetzt keine liberale Jugend in Deutschland. Es gibt eine revolutionäre Jugend. Und es gibt eine konservative Jugend. Aber wer wollte liberal sein?... Der Liberalismus ist diejenige Weltanschauung, nein, Anschauungswelt, von der sich die Jugend in Deutschland heute mit Ekel, mit Unwillen und einer besonderen Verachtung abkehrt, weil es nichts gibt, das ihrer eigenen Art, die Welt anzuschauen, entgegengesetzter und zugleich widerwärtiger wäre[24]."

Nach Moeller van den Bruck sollte das „Dritte Reich" den Deutschen einen Sozialismus geben, der ihrer Natur angepaßt und von den liberalen Ideen des Westens nicht verunreinigt war. Und das tat es auch.

Diese Schriftsteller standen keineswegs vereinzelt da. Bereits im Jahre 1922 konnte ein unvoreingenommener Beobachter von einer „besonderen und auf den ersten Blick überraschenden Er-

---

[22] O. *Spengler*, a. a. O., S. 98.

[23] *A. Moeller van den Bruck*, Sozialismus und Außenpolitik, 1933, S. 100. Die dort abgedruckten Aufsätze (vor allem der über „Lenin und Keynes", der sich eingehend mit der im Text diskutierten Behauptung auseinandersetzt) wurden erstmalig zwischen 1919 und 1923 veröffentlicht.

[24] *A. Moeller van den Bruck*, Das dritte Reich, Sonderausgabe, Hamburg, 3. Aufl., 1931, S. 101–102.

scheinung" sprechen, die man damals in Deutschland feststellen konnte:

„Der Kampf gegen die kapitalistische Wirtschaftsordnung wäre nach dieser Auffassung eine Fortsetzung des Krieges gegen die Entente mit den Waffen des Geistes und der wirtschaftlichen Organisation, das Beschreiten der Bahn, die zum praktischen Sozialismus führt, eine Rückkehr des deutschen Volkes zu seinen edelsten und besten Traditionen[25]."

Der Kampf gegen den Liberalismus in allen seinen Formen, den Liberalismus, der Deutschland besiegt hatte, war die gemeinsame Idee, die Sozialisten und Konservative in einer einzigen Front vereinigte. Zuerst war es hauptsächlich die deutsche Jugendbewegung, die nach Herkunft und Einstellung fast völlig sozialistisch war, in der diese Ideen begierig aufgenommen wurden und die Verbindung von Sozialismus und Nationalismus vollendet wurde. Gegen Ende der zwanziger Jahre und bis zur Machtergreifung Hitlers wurde ein Kreis von jungen Leuten, die sich um die Zeitschrift „Die Tat" scharten und von Ferdinand Fried geführt wurden, der Hauptexponent dieser geistigen Tradition. Frieds „Ende des Kapitalismus" ist vielleicht das charakteristischste Erzeugnis dieser Gruppe von Edelnazis, wie sie in Deutschland genannt wurden, und deshalb besonders beunruhigend, weil es so vielen literarischen Produkten im heutigen England ähnelt, wo wir dieselbe Annäherung der Sozialisten der Linken und der Rechten beobachten können und fast dieselbe Verachtung alles dessen, was liberal im alten Sinne ist. „Konservativer Sozialismus" (und in anderen Kreisen „religiöser Sozialismus") war das Schlagwort, unter dem viele Schriftsteller jene Atmosphäre vorbereiteten, in der der „National-

[25] *K. Pribram*, „Deutscher Nationalismus und deutscher Sozialismus" im Archiv für Sozialwissenschaft und Sozialpolitik, Bd. 49, 1922, S. 298–299. Der Autor nennt als weitere Beispiele, die im gleichen Sinne lauten, den Philosophen Max Scheler, der „die sozialistische Weltmission Deutschlands" predigt, und den Marxisten K. Korsch, der über den Geist der neuen Volksgemeinschaft schreibt.

sozialismus“ gedeihen sollte. „Konservativer Sozialismus“ ist jetzt die bei uns herrschende Richtung. Hatte der Krieg gegen die Westmächte „mit den Waffen des Geistes und der wirtschaftlichen Organisation“ nicht schon beinahe zum Erfolg geführt, bevor der wirkliche Krieg begann?

DREIZEHNTES KAPITEL

DIE TOTALITÄREN MITTEN UNTER UNS

Wenn die Autorität sich in das Gewand der Organisation kleidet, so zeigt sie verführerische Reize, die Gemeinschaften freier Menschen betören können, sich in totalitäre Staaten zu verwandeln.

The Times

Es dürfte zutreffend sein, daß gerade die Ungeheuerlichkeit der von den totalitären Regierungen begangenen Gewalttaten nicht etwa die Befürchtungen vermehrt hat, ein solches System könnte eines Tages in England entstehen, sondern im Gegenteil die Überzeugung vertieft hat, daß dies bei uns unmöglich wäre. Wenn wir das nationalsozialistische Deutschland betrachten, so scheint uns ein so gewaltiger Abgrund zu trennen, daß nichts, was dort geschieht, zu irgendeiner möglichen Entwicklung in England in Beziehung gesetzt werden kann. Die Tatsache, daß dieser Abstand fortgesetzt größer geworden ist, scheint jeden Verdacht zu widerlegen, daß wir uns vielleicht in einer ähnlichen Richtung bewegen. Aber wir dürfen nicht vergessen, daß vor fünfzehn Jahren nicht nur neun Zehntel der Deutschen selber, sondern auch die feindlich eingestellten ausländischen Beobachter (wie klug sie sich auch jetzt gebärden mögen) es für phantastisch gehalten haben würden, daß so etwas einmal in Deutschland passieren könnte.

Wie wir jedoch bereits an früherer Stelle in diesem Buche angedeutet haben, zeigen die Verhältnisse in unserm Lande eine ständig zunehmende Ähnlichkeit zwar nicht mit dem heutigen Deutschland, sondern mit dem von vor zwanzig oder dreißig Jahren. Es gibt viele Eigentümlichkeiten, die damals als „typisch deutsch" galten und doch heute bei uns alltäglich sind, und viele Anzeichen deuten auf eine weitere Entwicklung in der gleichen Richtung hin. Wir haben bereits von dem höchst bezeichnenden Umstand gesprochen, nämlich von der wachsenden Ähnlichkeit der wirtschaftlichen Anschauungen der Rechten und der Linken und von ihrer gemeinsamen Opposition gegen den Liberalismus als der Grundlage, auf der sich das englische politische Leben in der Hauptsache abzuspielen pflegte. Eine Autorität wie Harold Nicolson hat festgestellt, daß unter der letzten konservativen Regierung von denen, die in den hinteren Reihen der konservativen Partei saßen, „die Begabtesten... im Grunde ihres Herzens alle Sozialisten waren“[1], und ohne Frage fühlen sich viele Sozialisten wie zur Zeit der Fabier mehr zu den Konservativen als zu den Liberalen hingezogen. Damit hängen viele andere Merkmale aufs engste zusammen. Die zunehmende Verherrlichung des Staates, die Bewunderung der Macht und der Größe um ihrer selbst willen, die Begeisterung für die „Organisierung“ von allem und jedem (heute Planung genannt) und jene „Unfähigkeit, irgendetwas der bloßen Kraft organischen Wachstums zu überlassen“, die sogar Treitschke vor sechzig Jahren an dem Charakter der Deutschen beklagte, fallen heute in England fast ebensosehr in die Augen wie damals in Deutschland.

Wie weit England in den letzten zwanzig Jahren den deutschen Weg gegangen ist, wird einem besonders anschaulich klargemacht, wenn man heute einige der ernst zu nehmenden Abhandlungen liest, die während des letzten Krieges in England erschienen sind und sich mit den Verschiedenheiten zwischen den politischen und moralischen Anschauungen in Deutschland und England befassen. Man kann wohl sagen, daß die englische Öffentlichkeit damals im allgemeinen diese Verschiedenheiten richtiger beurteilte als heute. Aber während die Engländer zu jener Zeit auf ihre andersartige Tradition stolz waren, scheint sich heute die Mehrheit unseres Volkes der meisten politischen Anschauungen, die damals als typisch englisch galten, fast zu schämen, wenn sie sie nicht geradeheraus ablehnt. Ohne zu übertreiben, darf man behaupten: je typischer englisch ein politischer oder soziologischer Schriftsteller der Welt in der Vergangenheit

---

[1] The Spectator, 12. April 1940, S. 523.

vorkam, um so mehr ist er heute in seinem eigenen Land in Vergessenheit geraten. Männer wie Lord Morley, Henry Sidgwick, Lord Acton oder A. V. Dicey, die damals in der ganzen Welt als leuchtende Beispiele der politischen Klugheit des liberalen England bewundert wurden, sind in den Augen der heutigen Generation kaum etwas anderes als altmodische Vertreter des Viktorianischen Zeitalters. Vielleicht zeigt nichts die Veränderung so deutlich wie der Umstand, daß der Name Gladstones von der jüngeren Generation selten ohne ein verächtliches Lächeln über seine viktorianische Sittenstrenge und seinen naiven Idealismus genannt wird, während Bismarck sich nicht über eine unfreundliche Behandlung in der heutigen englischen Literatur beklagen könnte.

Ich wollte, ich könnte in wenigen Sätzen einen angemessenen Begriff von dem erschütternden Eindruck geben, den man bei der Lektüre einiger englischer Werke über die Gedankenströmungen in Deutschland während des vorigen Krieges gewinnt, Werke, in denen fast jedes Wort auf die auffallendsten Anschauungen des heutigen englischen Schrifttums paßt. Ich begnüge mich mit einer kurzen Äußerung von Lord Keynes aus dem Jahre 1915, wo er vom „Alptraum" spricht, den ihm eine typische deutsche Abhandlung jener Zeit verursacht hatte. Er beschreibt, wie nach einem deutschen Autor

„das Wirtschaftsleben auch im Frieden mobilisiert bleiben müsse. Dies meint er, wenn er von der ‚Militarisierung unseres Wirtschaftslebens' [dies ist der Titel der kritisierten Arbeit] spricht. Mit dem Individualismus müsse völlig Schluß gemacht werden. Ein System von Regulierungen sollte geschaffen werden, dessen Ziel nicht die Steigerung des Glücks des Individuums sei (Prof. Jaffé schämt sich nicht, das ausdrücklich zu sagen), sondern die Stärkung der organisierten Staatseinheit zwecks Erreichung der höchsten Leistungsfähigkeit, die dem Individuum nur indirekt zugute komme. – Diese grauenvolle Lehre ist in eine Art von Idealismus gekleidet. Die Nation wird sich zu einer ‚geschlossenen Einheit' entwickeln und damit das werden, was

Plato wünschte, nämlich ‚der Mensch im Großen'. Vor allem wird der künftige Friede die Idee der Staatsaktion in der Industrie fördern... Ausländische Kapitalanlagen, Auswanderung und jene Art der Industriepolitik, die in der jüngsten Vergangenheit die ganze Welt als einen Markt betrachtete, sind zu gefährliche Dinge. Die alte Wirtschaftsordnung, die heute stirbt, beruht auf dem Profit; das neue Deutschland als eine nicht länger auf den Profit gegründete Macht des 20. Jahrhunderts wird jenem System des Kapitalismus ein Ende bereiten, das vor hundert Jahren von England herüberkam[2]."

Wenn man davon absieht, daß, soviel ich weiß, bisher noch kein englischer Autor gewagt hat, offen das Glück des Individuums verächtlich zu machen, ist in dem zitierten Auszug eine Stelle zu finden, die nicht ihr Gegenstück in einem großen Teil der englischen Literatur der Gegenwart hätte?

Zweifellos üben nicht nur die Ideen, die in Deutschland und anderwärts dem Totalitarismus den Weg geebnet haben, sondern sogar viele Prinzipien des Totalitarismus selber auf eine Reihe anderer Länder eine wachsende Anziehungskraft aus. Zwar dürften bei uns nur wenig Menschen geneigt sein, den Totalitarismus in Bausch und Bogen zu übernehmen, und doch gibt es wenig einzelne Züge dieses Systems, die uns nicht von dem einen oder dem anderen zur Nachahmung empfohlen worden wären. Es gibt tatsächlich kaum eine Seite in Hitlers „Mein Kampf", die uns nicht dieser oder jener Engländer anzunehmen und für unsere Zwecke zu verwenden geraten hätte. Dies gilt besonders von vielen Menschen, die wegen einer bestimmten Besonderheit des Systems Hitlers zweifellos seine Todfeinde sind. Wir sollten niemals vergessen, daß durch den Hitlerschen Antisemitismus viele aus Deutschland vertrieben worden oder zu seinen Feinden geworden sind, die in jeder Beziehung überzeugte Totalitäre der deutschen Spielart sind[3].

---

[2] Economic Journal, 1915, S. 450.

[3] Besonders wenn wir den Prozentsatz ehemaliger Sozialisten betrachten, die Nationalsozialisten geworden sind, muß man bedenken,

Keine allgemeine Beschreibung kann eine zutreffende Vorstellung von der Ähnlichkeit geben, die zwischen einem großen Teil der politischen Tagesliteratur in England und den Werken besteht, die in Deutschland den Glauben an die abendländische Kultur vernichtet und die geistige Verfassung geschaffen haben, in der der Nationalsozialismus Erfolg haben konnte. Die Ähnlichkeit liegt sogar mehr in der Einstellung, mit der man an die Probleme herangeht, als in der besonderen Beweisführung – eine ähnliche Bereitschaft, alle kulturellen Bande, die uns mit der Vergangenheit verknüpfen, zu zerreißen und alles auf das Gelingen eines bestimmten Experiments zu setzen. Wie damals in Deutschland, so stammen auch in England die meisten Werke, die dem Totalitarismus den Weg bereiten, aus der Feder aufrichtiger Idealisten und oft von Männern von beträchtlichem geistigen Format. Obwohl es mißlich ist, einzelne Namen als Beispiele herauszugreifen, wenn ähnliche Ansichten von Hunderten von andern vertreten werden, so sehe ich doch keinen andern Weg, um überzeugend nachzuweisen, wie weit diese Entwicklung gegenwärtig in England gediehen ist. Ich wähle als Beispiele bewußt Schriftsteller, deren Aufrichtigkeit und Uneigennützigkeit über jeden Zweifel erhaben sind. Aber wenn ich auch hoffe, auf diese Weise zu zeigen, wie die An-

daß wir über die wahre Bedeutung dieses Verhältnisses erst Aufschluß erhalten, wenn wir es nicht zur Gesamtzahl der ehemaligen Sozialisten in Beziehung setzen, sondern zu der Zahl derjenigen, deren Bekehrung unter keinen Umständen durch ihre Abstammung verhindert worden wäre. Eine der überraschendsten Seiten der politischen Emigration aus Deutschland ist die verhältnismäßig kleine Zahl von Flüchtlingen der Linken, die nicht „Juden" im deutschen Sinne sind. – Wie oft hören wir nicht Lobreden auf das deutsche System, die so anfangen, wie kürzlich in einem Vortrag eine Aufzählung der des Nachdenkens werten Seiten der totalitären Technik „der Wirtschaftsmobilisierung" eingeleitet wurde: „Hitler ist alles andere als mein Ideal. Ich habe zwingende persönliche Gründe dafür, warum er es nicht ist, aber ..."

schauungen, aus denen der Totalitarismus hervorgeht, sich jetzt bei uns rasch verbreiten, so fürchte ich doch, die ebenso wichtige Ähnlichkeit im Gefühlsmäßigen kaum angemessen wiedergeben zu können. Es würde eine eingehende Untersuchung all der subtilen Wandlungen der Gedanken und des sprachlichen Ausdrucks erfordern, um das deutlich zu machen, was man auf den ersten Blick als Anzeichen einer nur allzu vertrauten Entwicklung erkennt. Durch den Verkehr mit Leuten, die von der Notwendigkeit reden, „große" Ideen den „kleinen" entgegenzustellen und das alte „statische" oder „stückweise" Denken durch das neue „dynamische" oder „ganzheitliche" Denken zu ersetzen, bekommt man einen Blick dafür, daß das, was zunächst reiner Unsinn zu sein scheint, ein Zeichen der gleichen Geisteshaltung ist, mit deren Äußerungen wir uns hier allein beschäftigen können.

*

Meine ersten Beispiele sind zwei Arbeiten eines begabten Gelehrten, die in den letzten Jahren viel Beachtung gefunden haben. Es gibt vielleicht wenig andere Dokumente in der zeitgenössischen englischen Literatur, in denen der Einfluß der uns hier interessierenden typisch deutschen Ideen so auffallend ist wie in E. H. Carrs Büchern „Twenty Years' Crisis" und „Conditions of Peace".

In dem ersten dieser beiden Bücher bekannte Carr sich offen als Anhänger „der ‚historischen Schule' der Realisten, die in Deutschland zu Hause war und deren Entwicklung an den großen Namen Hegel und Marx verfolgt werden kann". Ein Realist, setzt er auseinander, ist ein Mensch, „der die Moral zu einer Funktion der Politik macht" und der „logischerweise keinen andern Wertmaßstab gelten lassen kann als den der Tatsachen". Dieser „Realismus" wird in echt deutscher Weise dem „utopischen" Denken des 18. Jahrhunderts entgegengestellt, „das darin seinem Wesen nach individualistisch war, daß es das menschliche Gewissen zur obersten Berufungsinstanz erhob".

Aber die alten Moralanschauungen mit ihren „abstrakten allgemeinen Grundsätzen" müssen verschwinden, weil „der Empiriker den konkreten Teil nach seinen Besonderheiten behandelt". Mit andern Worten, nur die Zweckmäßigkeit zählt, und es wird uns sogar versichert, daß „der Grundsatz: pacta sunt servanda kein moralisches Prinzip ist". Daß ohne abstrakte Allgemeingrundsätze das Für und Wider einer Sache zu einer bloßen Frage willkürlicher Meinungsäußerung wird und daß internationale Verträge ohne moralische Bindung sinnlos sind, scheint Carr nicht zu bekümmern.

Wenn er es auch nicht ausdrücklich sagt, so gewinnt man doch bei Carr den Eindruck, daß England im vorigen Krieg auf der falschen Seite gekämpft habe. Jeder, der heute die Formulierung der Kriegsziele von vor fünfundzwanzig Jahren wieder liest und sie mit Carrs heutigen Anschauungen vergleicht, sieht sofort, daß die Ansichten, die damals als die deutschen galten, jetzt die Carrs sind, der vermutlich behaupten würde, daß die früheren andersartigen Meinungen in England nur der Ausfluß englischer Heuchelei gewesen seien. Wie gering ihm der Unterschied zwischen den englischen Idealen und den vom heutigen Deutschland verwirklichten scheint, geht am besten aus der folgenden Feststellung hervor:

„Wenn ein führender Nationalsozialist behauptet: ‚Alles, was dem deutschen Volk nützt, ist Recht, alles, was ihm schadet, Unrecht', so nimmt er nur dieselbe Gleichsetzung des nationalen Interesses mit dem universellen Recht vor, die für die angelsächsischen Länder bereits von [Präsident] Wilson, Prof. Toynbee, Lord Cecil und vielen anderen vollzogen worden ist."

Da Carrs Bücher sich mit internationalen Problemen beschäftigen, zeigt sich die ihnen eigene Tendenz besonders auf diesem Gebiet. Aber nach den Andeutungen, die er uns über den Charakter seiner Gesellschaft der Zukunft macht, scheint er sich völlig an das totalitäre Vorbild zu halten. Manchmal fragt man sich sogar, ob die Ähnlichkeit zufällig oder beabsichtigt ist. Wenn Carr z. B. behauptet, daß „wir heute in der den Denkern des 19. Jahrhunderts geläufigen Unterscheidung zwischen ‚Gesellschaft‘ und ‚Staat‘ keinen rechten Sinn mehr entdecken“, ist er sich dann darüber klar, daß dies genau die Lehre von Carl Schmitt ist, dem führenden nationalsozialistischen Theoretiker des Totalitarismus, und daß sie im Kern der Definition des Totalitarismus entspricht, die dieser Schriftsteller von dem von ihm selbst eingeführten Begriff gegeben hat? Ist er sich ferner darüber klar, daß die Anschauung, nach der „die Massenproduktion der Meinungen mit der Massenproduktion von Gütern einhergeht“ und nach der daher „das heute noch weit verbreitete Vorurteil gegenüber dem Wort Propaganda weitgehend dem Vorurteil gegen die Lenkung von Industrie und Handel entspricht“, in Wahrheit eine Rechtfertigung für die nationalsozialistische Gleichschaltung ist?

In seinem späteren Buch „Conditions of Peace“ beantwortet Carr die Frage, mit der wir das vorige Kapitel schlossen, mit einem entschiedenen Ja:

„Die Sieger haben den Frieden verloren und Sowjet-Rußland und Deutschland haben in diesem Wettstreit gewonnen, weil die ersteren fortfuhren, die einstmals tragfesten, jetzt aber zu Schutt und Bruch gewordenen Ideale der Rechte der Nationen und des Laissez-faire des Kapitalismus als Maßstab anzulegen, während die letzteren, bewußt oder unbewußt von der Zeitflut der Revolution des 20. Jahrhunderts vorwärtsgetrieben, in der Richtung auf die Schaffung größerer Einheiten mit zentralisierter Planung und Lenkung weiter drängten“ [4].

Carr macht sich vollkommen den deutschen Schlachtruf der sozialistischen Revolution des Ostens gegenüber dem liberalen Westen zu eigen, in der Deutschland führend war,

„der Revolution, die, mit dem letzten Kriege einsetzend, die Triebkraft jeder politischen Bewegung der vergangenen zwanzig Jahre war ... einer Auflehnung gegen drei Leitgedanken des

---

[4] Zitiert nach der deutschen Übersetzung: *E. H. Carr*, „Grundlagen eines dauernden Friedens“, Zürich, 1943, S. 9.

19. Jahrhunderts: die liberale Demokratie, das Selbstbestimmungsrecht und das wirtschaftliche Laissez-faire."[5]

Wie er selber mit Recht sagt, „war es fast unvermeidlich, daß diese Auflehnung gegen die Glaubenssätze des 19. Jahrhunderts in Deutschland, das sich niemals wirklich zu ihnen bekannt hatte, einen ihrer mächtigsten Vorkämpfer finden sollte." Diese Entwicklung wird mit der ganzen Schicksalsgläubigkeit aller Pseudohistoriker seit Hegel und Marx als zwangsläufig hingestellt: „Wir wissen, in welcher Richtung die Welt sich bewegt, und dem müssen wir uns beugen oder untergehen".

Die Überzeugung von der Zwangsläufigkeit dieser Entwicklung wird charakteristischerweise mit bekannten wirtschaftlichen Trugschlüssen begründet – mit der angeblichen Notwendigkeit des allgemeinen Anwachsens des Monopolismus als Folge technischer Umwälzungen, mit dem bereits erwähnten „möglichen Güterüberfluß" und mit all den andern volkstümlichen Schlagwörtern, die in Büchern dieser Art auftauchen. Carr ist kein Nationalökonom, und seine wirtschaftlichen Begründungen halten im allgemeinen keiner ernstlichen Prüfung stand. Aber weder dies noch sein gleichzeitiger charakteristischer Glaube, daß die Bedeutung des wirtschaftlichen Faktors im Leben der Gesellschaft schnell abnimmt, hindern ihn daran, alle seine Voraussagen über die zwangsläufige Entwicklung mit wirtschaftlichen Argumenten zu begründen, noch daran, „die neue Auslegung der demokratischen Ideale ‚Gleichheit' und ‚Freiheit' durch vorwiegend wirtschaftliche Begriffe" als seine Hauptforderung für die Zukunft hinzustellen.

Carr hat für alle Ideen der liberalen Nationalökonomen (von ihm hartnäckig als Ideen des 19. Jahrhunderts bezeichnet, obwohl er weiß, daß Deutschland „sich niemals wirklich zu ihnen bekannte" und daß es bereits im 19. Jahrhundert die meisten der von ihm jetzt empfohlenen Grundsätze anwandte) eine ebenso große Verachtung wie alle deutschen Schriftsteller, die wir im

---

[5] *E.H.Carr*, a.a.O., S. 11–12.

vorigen Kapitel angeführt haben. Er übernimmt sogar die von Friedrich List stammende deutsche Behauptung, daß der Freihandel eine Politik war, die nur von den besonderen Interessen Englands im 19. Jahrhundert diktiert und allein ihnen angepaßt war. Jetzt jedoch „ist die künstliche Schaffung eines gewissen Grades von Autarkie eine unerläßliche Voraussetzung für eine geordnete Existenz der Gesellschaft". „Eine Rückkehr zu einem räumlich ausgedehnten und allumfassenden Welthandel durch eine ‚Beseitigung der Handelsschranken' oder durch eine Wiedererweckung der Laissez-faire-Prinzipien des 19. Jahrhunderts" zu bewerkstelligen, ist „undenkbar". Die Zukunft gehört der Großraumwirtschaft nach deutschem Muster: „Das von uns gewünschte Ergebnis kann nur durch eine bewußte Reorganisation Europas nach dem Vorbild Hitlers erreicht werden"!

Nach alldem nimmt es kaum mehr wunder, wenn über einem charakteristischen Abschnitt die Überschrift prangt: Die moralische Funktion des Krieges. Dort bedauert Carr voll Herablassung „die wohlmeinenden Menschen, besonders in den englischsprechenden Ländern, die, in der Überlieferung des 19. Jahrhunderts verwurzelt, dabei bleiben, den Krieg als sinn- und zwecklos anzusehen"[6], und frohlockt über den „Sinn und Zweck" des Krieges, den er als „das stärkste Mittel der sozialen Integration" bezeichnet. All das ist uns sehr vertraut – nur erwartete man nicht, solche Ansichten gerade in den Werken englischer Gelehrter zu finden.

*

Vielleicht haben wir einen Zug der geistigen Entwicklung in Deutschland während der letzten hundert Jahre noch nicht genügend beachtet, einen Zug, der jetzt in fast der gleichen Form in England auftaucht: die Wissenschaftler, die für eine „wissenschaftliche" Organisierung der Gesellschaft Stimmung machen. Das Ideal einer von oben her „durch und durch" organisierten

---

[6] *E. H. Carr*, a. a. O., S. 131.

Gesellschaft ist in Deutschland beträchtlich durch den ganz einzigartigen Einfluß gefördert worden, den die wissenschaftlichen und technischen Sachverständigen auf die Bildung der sozialen und politischen Meinungen nehmen durften. Wenige bedenken, daß die politisierenden Professoren in der Geschichte des heutigen Deutschland eine Rolle gespielt haben, die man mit der der politisierenden Juristen in Frankreich vergleichen kann [7]. Der Einfluß dieser professoralen Politiker hat sich in den letzten Jahren selten zugunsten der Freiheit geltend gemacht: die „Intoleranz der Vernunft", die so oft am wissenschaftlichen Sachverständigen auffällt, die Ungeduld mit dem Laien, die für den Fachmann so charakteristisch ist, und die Verachtung für alles, was nicht von einem überlegenen Geist bewußt nach einer wissenschaftlichen Blaupause organisiert worden ist – das alles waren Erscheinungen, die man im öffentlichen Leben in Deutschland schon seit Generationen kannte, ehe sie in England Bedeutung erlangten. Vielleicht liefert kein anderes Land eine bessere Illustration für die Wirkungen, die eine allgemeine und durchgängige Umstellung fast des gesamten Erziehungswesens von der „humanistischen Bildung" auf die „realistische Bildung" auf eine Nation hat, als Deutschland zwischen 1840 und 1940 [8].

Die Beflissenheit, mit der sich dann die deutschen Gelehrten und Wissenschaftler fast ausnahmslos den neuen Machthabern zur Verfügung stellten, ist eins der erschütterndsten und beschämendsten Schauspiele in der ganzen Geschichte des Aufstiegs des Nationalsozialismus [9]. Es ist allgemein bekannt, daß vor

---

[7] Vgl. *Franz Schnabel*, Deutsche Geschichte im Neunzehnten Jahrhundert, Bd. II, 1933, S. 204.

[8] Ich glaube, es war der Verfasser des „Leviathan" (Hobbes), der mit dem Vorschlag hervortrat, der Unterricht im Lateinischen und Griechischen solle eingestellt werden, da er einen gefährlichen Geist der Freiheit verbreiten könne!

[9] Die Unterwürfigkeit der Wissenschaftler gegenüber den jeweiligen Machthabern zeigte sich bereits früh in Deutschland, Hand in Hand mit dem großen Aufschwung der staatlich organisierten Wis-

allem die Wissenschaftler und Ingenieure, die so nachdrücklich das Recht der Führung auf dem Weg in eine neue und bessere Welt für sich in Anspruch genommen hatten, sich der neuen Tyrannis bereitwilliger unterworfen haben als fast alle andern Schichten[10].

---

senschaft, von der heute in England so viel Rühmens gemacht wird. Einer der berühmtesten deutschen Wissenschaftler, der Physiologe *Emil du Bois-Reymond*, tat in einer Rede, die er im Jahre 1870 in seiner zweifachen Eigenschaft als Rektor der Universität Berlin und als Präsident der Preußischen Akademie der Wissenschaften hielt, in aller Unschuld den Ausspruch: „Wir, die Universität Berlin, die wir unsern Sitz gegenüber dem Königlichen Schloß haben, sind kraft der Gründungsurkunde dieser Institution die geistige Leibgarde des Hauses Hohenzollern" (A Speech on the German War, London, 1870, S. 31. – Es ist bemerkenswert, daß du Bois-Reymond es für angezeigt gehalten hat, seine Rede in englischer Übersetzung erscheinen zu lassen).

[10] Es wird genügen, wenn wir einen ausländischen Zeugen anführen: *R. A. Brady* (The Spirit and Structure of German Fascism) schließt seine eingehende Darstellung der Entwicklung in der deutschen akademischen Welt mit der Feststellung: „Der Gelehrte ist naturgemäß vielleicht von allen fachlich Gebildeten in der modernen Gesellschaft am leichtesten zu allem zu gebrauchen und ‚gleichzuschalten'. Die Nationalsozialisten warfen zwar sehr viele Universitätsprofessoren heraus und entfernten sehr viele Naturwissenschaftler aus den Forschungslaboratorien. Aber die Professoren gehörten in erster Linie den Sozialwissenschaften an, in denen man sich durchweg über das nationalsozialistische Programm mehr im klaren war und es auch häufiger kritisierte, und nicht den Naturwissenschaften, deren Denken doch als besonders logisch gilt. Die entlassenen Naturwissenschaftler waren in der Hauptsache Juden oder Ausnahmen von der oben aufgestellten Regel, weil sie ebenso unkritisch an Überzeugungen hingen, die den nationalsozialistischen widersprachen. – Infolgedessen konnten die Nationalsozialisten Forscher und Gelehrte verhältnismäßig leicht ‚gleichschalten' und so ihrer wohldurchdachten Propaganda anscheinend das Gewicht und die Unterstützung der Mehrzahl der deutschen Wissenschaftler verschaffen."

Die Rolle, die die Intellektuellen bei dem Übergang der Gesellschaft zum Totalitarismus gespielt haben, wurde in einem andern Lande prophetisch von Julien Benda vorausgesehen, dessen Buch „Trahison des Clercs" neue Bedeutung gewinnt, wenn man es jetzt nach fünfzehn Jahren wieder liest. Dort findet sich vor allem eine Stelle, über die wir gründlich nachdenken und die wir beherzigen sollten, wenn wir gewisse Beispiele von Seitensprüngen englischer Gelehrter in die Politik betrachten. Es ist die Stelle, in der Benda spricht

„von der abergläubischen Überschätzung der Wissenschaft, die auf allen Gebieten, einschließlich dem der Moral, für zuständig gehalten wird, einer Überzeugung, die, um es noch einmal zu sagen, eine Errungenschaft des 19. Jahrhunderts ist. Es bleibt eine offene Frage, ob diejenigen, die das Banner dieser Lehre entfalten, wirklich an sie glauben oder ob sie einfach Gefühlsausbrüchen, von denen sie ganz genau wissen, daß sie nichts als das sind, den Nimbus der Wissenschaftlichkeit verleihen wollen. Bemerkenswerterweise wird das Dogma von der wissenschaftlichen Gesetzmäßigkeit der Geschichte vor allem von den Anhängern der Willkürherrschaft gepredigt. Das ist nur natürlich, da es die beiden Realitäten ausschaltet, die ihm am meisten zuwiderlaufen, nämlich die menschliche Freiheit und die historische Aktion des Individuums[11]."

Wir hatten bereits Gelegenheit, ein englisches Erzeugnis dieses Schlages zu erwähnen, eine Arbeit, die auf marxistischer Grundlage alle charakteristischen Abwehrgefühle des totalitären Intellektuellen, den Haß gegen fast alle Vorzüge der europäischen Kultur seit der Renaissance mit einer Billigung der Methoden der Inquisition verbindet. Wir wollen uns hier nicht mit einem solchen extremen Fall beschäftigen, sondern werden statt dessen eine Arbeit nehmen, die typischer und in weiteren Kreisen bekannt geworden ist. C. H. Waddingtons kleine Schrift mit dem charakteristischen Titel „The Scientific Attitude" ist ein beson-

---

[11] *Julien Benda,* La Trahison des Clercs, Paris, 1927, S. 286–287.

ders gutes Beispiel für eine Literaturgattung, die sich der besonderen Gunst der einflußreichen Wochenschrift „Nature“ erfreut und die nicht nur größere politische Macht für die Wissenschaftler fordert, sondern auch gleichzeitig mit Begeisterung für die totale „Planung“ eintritt. Wenn Waddington auch nicht ein so ausgesprochener Verächter der Freiheit ist wie Crowther, so ist er doch kaum weniger beunruhigend. Der Unterschied zwischen ihm und den meisten Schriftstellern dieses Schlages liegt darin, daß er sich darüber klar ist, daß die von ihm dargestellten und unterstützten Tendenzen zwangsläufig zu einem totalitären System führen, und dies sogar unterstreicht. Und doch scheint er das der „heutigen wildgewordenen Affenhauszivilisation“, wie er es nennt, vorzuziehen.

Waddington begründet seine Behauptung, der Wissenschaftler sei zur Führung einer totalitären Gesellschaft berufen, hauptsächlich mit der These, daß „die Wissenschaft ein ethisches Werturteil über das Verhalten der Menschen abgeben kann“. Die Art, wie sich Waddington über diese Behauptung im einzelnen ausläßt, ist dann durch die Zeitschrift „Nature“ breitgetreten worden. Es ist dies natürlich eine These, mit der die politisierenden Wissenschaftler in Deutschland längst vertraut waren und auf die Julien Benda mit Recht hingewiesen hat. Zur Illustration dessen, was dies bedeutet, brauchen wir uns nur an Waddingtons Buch zu halten. Die Freiheit, so erklärt er, „ist für einen Gelehrten ein sehr unerfreuliches Thema, zum Teil deshalb, weil er letzten Endes nicht davon überzeugt ist, daß es so etwas gibt“. Dennoch hören wir, daß diese oder jene Freiheit „von der Wissenschaft anerkannt wird“, aber daß „die Freiheit, ein Sonderling und anders als der Nachbar zu sein, keinen ... wissenschaftlichen Wert hat“. Die „Hure der humanistischen Bildung“, über die Waddington viel Abfälliges zu sagen weiß, scheint uns gründlich in die Irre geführt zu haben, als sie uns Toleranz gelehrt hat!

Daß dieses Buch über die „wissenschaftliche Haltung“ alles andere als wissenschaftlich ist, wenn es sich um soziale und ökonomische Fragen handelt, darauf mußte man bei dieser Art von Literatur von vornherein gefaßt sein. Nochmals begegnen wir all den bekannten Klischees und den unbegründeten Verallgemeinerungen über den „möglichen Güterüberfluß" und die zwangsläufige Tendenz zur Monopolbildung, obwohl „die besten Sachkenner", die zur Stützung dieser Behauptung angeführt werden, sich bei näherer Untersuchung größtenteils als Schreiber politischer Traktätchen von anfechtbarem wissenschaftlichen Ruf herausstellen, während die ernsthaften Abhandlungen über die gleichen Probleme in auffallender Weise übergangen werden.

Wie in fast allen Veröffentlichungen dieser Art werden auch Waddingtons Überzeugungen durch seinen Glauben an „zwangsläufige historische Tendenzen" bestimmt, die die Wissenschaft angeblich entdeckt hat und die er aus der „tief wissenschaftlichen Philosophie" des Marxismus ableitet, dessen Grundgedanken zwar nicht ganz, aber doch nahezu identisch mit den Prinzipien der wissenschaftlichen Naturlehre seien und die Waddington nach seinem „sachverständigen Urteil" gegenüber allem Bisherigen einen Fortschritt bedeuteten. Obwohl Waddington „es kaum leugnen kann, daß es sich heute in England schlechter lebt" als im Jahre 1913, sehnt er ein Wirtschaftssystem herbei, das „zentralisiert und totalitär sein wird in dem Sinne, daß die wirtschaftliche Entwicklung großer Gebiete als eines einheitlichen Ganzen in jeder Beziehung bewußt geplant wird". Für seinen billigen Optimismus, daß die geistige Freiheit unter diesem totalitären System gewahrt bleiben wird, weiß seine „wissenschaftliche Haltung" sich keinen besseren Rat als die Überzeugung, daß es Fragen gibt, deren richtige Beantwortung auch dem Laien ohne weiteres einleuchten muß", und dazu gehöre die Frage, ob es möglich ist, „Totalitarismus mit geistiger Freiheit zu verbinden".

*

Eine vollständigere Übersicht über die verschiedenen totalitären Strömungen in England würde sich eingehend mit den verschiedenen Versuchen der Schaffung eines Mittelstandssozialismus zu beschäftigen haben – einer Entwicklung, die, was ihre Urheber sicherlich nicht wissen, der in Deutschland vor der Machtergreifung Hitlers beunruhigend ähnlich ist[12]. Hätten wir es hier mit wirklichen politischen Bewegungen zu tun, so müßten wir uns mit neuen Organisationen von der Art der „Forward-March"- oder der „Common-Wealth"-Bewegung Sir Richard Aclands, des Verfassers von „Unser Kampf", beschäftigen oder mit der Tätigkeit des „1941 Committee" J. B. Priestleys, der früher mit Acland zusammenarbeitete. Aber wenn es auch unklug wäre, die symptomatische Bedeutung derartiger Erscheinungen unbeachtet zu lassen, so kann man sie doch auch wieder nicht zu den wichtigen politischen Kräften rechnen. Abgesehen vom Einfluß der Intellektuellen, den wir an zwei Beispielen gezeigt haben, erhält die Entwicklung zum Totalitarismus den Hauptanstoß von den beiden großen kompakten Interessenblocks, dem organisierten Kapital und der organisierten Arbeiterschaft. Die allergrößte Gefahr liegt vermutlich darin, daß die Politik dieser beiden mächtigsten Gruppen sich auf derselben Linie bewegt.

Diese Parallelität ergibt sich aus ihrer gemeinsamen und oft vereinbarten Unterstützung der industriellen Monopolbildungen, und gerade in dieser Tendenz liegt die große unmittelbare

---

[12] Einen andern Faktor, der die Tendenzen in dieser Richtung nach dem Kriege verstärken dürfte, werden einige der Menschen bilden, die während des Krieges die Macht der Kommandowirtschaft gekostet haben und sich nur schwer mit den bescheideneren Rollen, die sie dann zu spielen haben, abfinden werden. Obwohl die Zahl dieser Menschen nach dem vorigen Krieg nicht so groß war, wie sie vermutlich in der Zukunft sein wird, haben sie sogar damals einen ziemlich beträchtlichen Einfluß auf die englische Wirtschaftspolitik ausgeübt. In der Gesellschaft einiger dieser Menschen habe ich in England vor zehn oder zwölf Jahren die damals noch ungewöhnliche Sensation erlebt, mich plötzlich in eine geistige Atmosphäre versetzt zu sehen, die ich bisher nur als eine typisch „deutsche" kennen gelernt hatte.

Gefahr. Es besteht zwar kein Grund zu der Annahme, daß diese Bewegung zwangsläufig ist, aber wenn wir diesen einmal beschrittenen Weg weiter verfolgen, so ist kaum daran zu zweifeln, daß er uns zum Totalitarismus führen wird.

Diese Bewegung ist natürlich bewußt in der Hauptsache von den kapitalistischen Monopolunternehmern geplant, und sie sind auf diese Weise eine der Hauptquellen dieser Gefahr. An ihrer Verantwortung ändert auch die Tatsache nichts, daß ihr Ziel nicht in einem totalitären System besteht, sondern eher in einer Art von berufsständischem Staat, in dem die organisierten Industrien als halb unabhängige „Stände“ mit Selbstverwaltung erscheinen. Aber diese Monopolkapitalisten sind ebenso kurzsichtig wie ihre deutschen Kollegen, wenn sie glauben, daß man ihnen nicht nur die Schaffung eines solchen Systems erlauben, sondern es ihnen auch auf die Dauer zur Beherrschung überlassen wird. Die Entscheidungen, die die Leiter solch einer organisierten Industrie ständig zu treffen hätten, sind solche, die keine Gesellschaft Privatleuten auf die Dauer zugestehen würde. Ein Staat, der die Entstehung einer so großen Machtzusammenballung zuläßt, kann es sich nicht leisten, diese Macht ganz in privaten Händen zu lassen. Eine ebenso große Illusion wäre es, zu glauben, daß man die Unternehmer unter solchen Umständen ihre bevorzugte Stellung lange genießen lassen würde, eine Stellung, die in einer auf dem Wettbewerb beruhenden Gesellschaft deshalb ihre Berechtigung hat, weil von den vielen, die das Risiko auf sich nehmen, nur wenige den Erfolg haben, dessen Aussicht das Risiko verlockend macht. Es ist daher nicht verwunderlich, daß die Unternehmer gern beides genießen möchten, nämlich sowohl das hohe Einkommen, das die Erfolgreichen unter dem Wettbewerbssystem beziehen, wie auch die Sicherheit des Staatsbeamten. Solange eine große Zahl von Privatunternehmen neben den vom Staate betriebenen Industrien besteht, dürften besonders tüchtige Industrielle große Einkommen sogar in ziemlich gesicherter Stellung beziehen. Gewiß mögen die Unternehmer während einer Übergangszeit ihre Erwartungen erfüllt sehen, indessen werden sie bald wie ihre deutschen Berufsgenossen erfahren, daß sie nichts mehr zu sagen haben, sondern sich unter allen Umständen mit der Macht und den Einkommen begnügen müssen, die die Regierung ihnen zugesteht.

Wenn die Beweisführung in diesem Buch nicht völlig mißverstanden worden ist, wird der Verfasser nicht in den Verdacht kommen, mit den Kapitalisten zu sympathisieren, wenn er an dieser Stelle betont, daß es dennoch falsch wäre, die Schuld für die Entwicklung zum Monopolismus in der Gegenwart ausschließlich oder auch nur in der Hauptsache auf jene Klasse zu schieben. Diese Tendenz der Kapitalisten ist weder neu noch an sich geeignet, sich aus eigener Kraft zu einer bedrohlichen Macht zu entwickeln. Das Verhängnisvolle war, daß es ihnen gelungen ist, sich die Unterstützung einer ständig wachsenden Zahl anderer Gruppen zu sichern und mit ihrer Hilfe sich den Beistand des Staates zu verschaffen.

Bis zu einem gewissen Grade haben die Monopolisten diese Unterstützung dadurch gewonnen, daß sie entweder andere Gruppen an ihrem Gewinn beteiligt haben, oder – vielleicht sogar noch häufiger – dadurch, daß sie ihnen eingeredet haben, die Bildung von Monopolen läge im Interesse der Allgemeinheit. Aber der Wandel in der öffentlichen Meinung, die durch ihren Einfluß auf Gesetzgebung und Rechtsprechung [13] der wichtigste Faktor in dieser Entwicklung gewesen ist, ist vor allem das Ergebnis der Propaganda der Linken gegen den Wettbewerb. Sehr oft dienen sogar Maßnahmen, die sich gegen die Monopolisten richten, in Wirklichkeit nur dazu, die Macht der Monopole zu verstärken. Jeder Vorstoß gegen die Monopolgewinne, sei es zugunsten bestimmter Gruppen oder des Staates im ganzen, wird neue kompakte Interessengruppen ins Leben rufen, die zur Stützung des Monopolismus beitragen. Ein System, unter dem große

---

[13] Vgl. hierzu den kürzlich erschienenen aufschlußreichen Artikel von *W. Arthur Lewis:* Monopoly and the Law, in „The Modern Law Review", Bd. VI, Nr. 3, April 1943.

bevorrechtigte Gruppen an den Monopolgewinnen beteiligt werden, kann in politischer Hinsicht viel gefährlicher sein, und unter solch einem System haben die Monopole sicherlich eine weit mächtigere Stellung inne als dann, wenn die Gewinne sich auf wenige Personen beschränken. Es sollte zwar klar sein, daß z. B. die höheren Löhne, die der Monopolist zahlen kann, genau so aus der Ausbeutung stammen wie sein eigener Gewinn und daß sie mit gleicher Bestimmtheit nicht nur alle Konsumenten, sondern noch weit mehr alle andern Lohnempfänger schädigen; aber nicht nur die Nutznießer dieser Löhne, sondern die breiten Massen im allgemeinen erkennen es heute als eine Rechtfertigung des Monopols an, wenn es höhere Löhne zahlen kann[14].

Es ist sehr zweifelhaft, ob selbst in jenen Fällen, in denen das Monopol zwangsläufig ist, die beste Art der Überwachung darin besteht, es zu verstaatlichen. Handelte es sich nur um eine einzige Industrie, so könnte dies wohl zutreffen. Aber wenn wir es mit vielen verschiedenen Industriemonopolen zu tun haben, so spricht mehr dafür, sie in den Händen verschiedener Privatleute zu lassen, als dafür, sie unter der alleinigen Kontrolle des Staates zu vereinigen. Selbst wenn der Eisenbahn-, Straßen- und Luftverkehr oder die Gas- und Elektrizitätsversorgung alle zwangsläufig monopolistisch wären, hätte der Konsument ohne Frage, solange sie getrennte Monopole bleiben, eine viel stärkere Stellung, als wenn sie durch eine zentrale Kontrolle „koor-

[14] Noch erstaunlicher ist vielleicht die bemerkenswerte Sympathie, die viele Sozialisten mit dem Obligationen besitzenden Rentner haben, dem die monopolistische Organisation der Industrie häufig sichere Einkünfte garantiert. Daß ihre blinde Profitgegnerschaft die Menschen dazu bringt, ein mühelos erworbenes festes Einkommen als sozial oder moralisch wünschenswerter anzusehen als Unternehmergewinne und sich sogar mit Monopolen abzufinden, um solch ein garantiertes Einkommen z. B. den Besitzern von Eisenbahnobligationen zu sichern, ist eines der erstaunlichsten Symptome dafür, wie während der letzten Generation die Wertbegriffe auf den Kopf gestellt worden sind.

diniert" sind. Ein Privatmonopol ist kaum jemals vollständig und noch seltener von langer Lebensdauer oder in der Lage, die Möglichkeit einer Konkurrenz außer acht zu lassen. Aber ein Staatsmonopol ist immer ein Monopol unter staatlichem Schutz – geschützt sowohl gegen mögliche Konkurrenten wie auch gegen unbequeme Kritik. In den meisten Fällen läuft es darauf hinaus, daß ein zeitweiliges Monopol die Macht erhält, seine Stellung auf die Dauer zu sichern – eine Macht, von der so gut wie immer Gebrauch gemacht werden wird. Wenn die Behörde, die die Monopole in Schach halten und überwachen soll, ein Interesse daran erhält, ihre Leiter zu schützen und zu verteidigen, wenn eine Regierung einen Mißstand dadurch abstellen will, daß sie die Verantwortung für ihn übernimmt, und wenn die Kritik an der Monopolpolitik gleichbedeutend wird mit der Kritik an der Regierung, dann besteht wenig Aussicht, daß das Monopol zum Diener der Gemeinschaft wird. Ein Staat, der nach allen Seiten in die Leitung monopolistischer Unternehmungen verstrickt wird, würde zwar überwältigende Macht über das Individuum haben, aber doch ein schwacher Staat sein, soweit es sich um seine wirtschaftspolitische Bewegungsfreiheit handelt. Die Maschinerie des Monopolismus und die des Staates werden eins, und der Staat selber identifiziert sich immer mehr mit den Interessen der Wirtschaftsleiter als mit denen der Bevölkerung im allgemeinen.

Wahrscheinlich bietet überall dort, wo Monopole wirklich unvermeidlich sind, die von den Amerikanern bevorzugte Methode einer strengen staatlichen Überwachung der Privatmonopole bei konsequenter Durchführung bessere Aussicht auf befriedigende Ergebnisse als der Betrieb des Monopols durch den Staat. Dies dürfte wenigstens in allen Fällen zutreffen, in denen der Staat eine strenge Preiskontrolle ausübt, die keinen Spielraum für außergewöhnliche Gewinne läßt, von denen andere als die Monopolisten profitieren könnten. Selbst wenn das die Wirkung haben sollte (wie es manchmal bei den amerikanischen Versorgungsbetrieben der Fall war), daß die Leistungen der Monopolbetriebe zu wünschen übriglassen, so wäre dies kein zu hoher Preis für eine wirksame Eindämmung der Monopolmacht. Ich persönlich würde lieber eine solche Unzulänglichkeit in Kauf nehmen als mich mein Leben lang mit organisierter Monopolkontrolle abfinden. Solch eine Methode der Behandlung der Monopole, die die Stellung des Monopolisten schnell zu der am wenigsten begehrenswerten Unternehmerstellung machen würde, wäre auch ein sehr wirksames Mittel, um die Monopole auf die Bereiche zu beschränken, in denen sie unvermeidlich sind, und um zur Erfindung gleichwertiger Verfahren anzureizen, für die sich das Konkurrenzprinzip eignet. Man mache nur den Monopolisten wieder zum Prügelknaben der Wirtschaftspolitik, und man wird erstaunt sein, wie schnell die meisten unter den tüchtigeren Unternehmern ihre Vorliebe für die erfrischende Luft des Wettbewerbs wieder entdecken werden!

*

Das Monopolproblem wäre nicht so schwierig, wenn wir nur den kapitalistischen Monopolisten zu bekämpfen hätten. Aber, wie wir schon sagten, ist der Monopolismus zu der Gefahr geworden, die er heute darstellt, nicht durch die Bemühungen einiger an ihm interessierten Kapitalisten, sondern durch den Beistand, welcher ihnen von denen gewährt wurde, die sie an ihren Gewinnen beteiligt haben, und von den noch zahlreicheren anderen, denen sie eingeredet haben, daß sie durch Unterstützung der Monopole zur Schaffung einer gerechteren und besser geordneten Gesellschaft beitragen. Es war der verhängnisvolle Wendepunkt in der neuesten Entwicklung, als die Arbeiterbewegung, die große Bewegung, die ihren ursprünglichen Zielen nur durch die Bekämpfung aller Vorrechte dienen kann, unter den Einfluß wettbewerbsfeindlicher Lehren geriet und sich selbst in den Kampf um Privilegien verstrickte. Das jüngste Anwachsen des Monopolismus ist weitgehend auf die bewußte Zusammenarbeit des organisierten Kapitals und der organisierten Arbeiterschaft zurückzuführen, durch die die privilegierten Arbeitergruppen an den Monopolgewinnen auf Kosten der Allgemeinheit und besonders der Ärmsten teilnehmen, nämlich auf Kosten der in den weniger gut organisierten Industrien Beschäftigten und auf Kosten der Arbeitslosen.

Es gibt kaum ein traurigeres Schauspiel in unserer Zeit, als zu sehen, wie eine große demokratische Bewegung sich für eine Politik einsetzt, die die Demokratie notwendigerweise vernichten muß und dabei nur einem kleinen Teil der Massen, die sie unterstützen, von Nutzen sein kann. Und doch ist es diese Unterstützung durch die Linke, die diese Entwicklung zum Monopolismus so unaufhaltsam macht und die Zukunftsaussichten so trübe erscheinen läßt. Solange die Arbeiterpartei sich weiter an der Zerstörung der einzigen Gesellschaftsordnung beteiligt, die jedem Arbeiter zum mindesten einen gewissen Grad von Unabhängigkeit und Freiheit gewährt hat, besteht in der Tat wenig Hoffnung für die Zukunft. Die Arbeiterführer, die heute so laut verkünden, „daß sie mit dem verrückten Wettbewerbssystem ein für allemal fertig sind“ [15], fällen damit das Todesurteil über die Freiheit des Individuums. Es gibt nur zwei Möglichkeiten, entweder eine Ordnung unter der unpersönlichen Disziplin des Marktes [Marktwirtschaft. Der Herausgeber.] oder eine vom Willen weniger Individuen beherrschte Ordnung [Kommandowirtschaft. Der Herausgeber.], und diejenigen, die darauf ausgehen, die erste zu zerstören, helfen – wissentlich oder unwissentlich – die zweite aufzurichten. Selbst wenn unter der neuen Ordnung vielleicht einige Arbeiter besser ernährt und zweifellos alle einheitlicher gekleidet sein werden, darf man sich fragen, ob die Mehrheit der englischen Arbeiter es den Intellektuellen unter ihren Führern schließlich danken wird, daß sie ihnen eine

[15] *H. J. Laski* in seiner Ansprache an die 41. Jahresversammlung der Labour Party, London, 26. Mai 1942 (Report, S. 111). Es verdient beachtet zu werden, daß es nach Laski „dieses verrückte Wettbewerbssystem ist, das für alle Völker Armut und infolge dieser Armut Krieg bedeutet“ – eine merkwürdige Auslegung der Geschichte der letzten hundert Jahre.

sozialistische Lehre beschert haben, die ihre persönliche Freiheit gefährdet.

Für jeden, der mit der Geschichte der großen europäischen Länder in den letzten fünfundzwanzig Jahren vertraut ist, ist es erschütternd, das neue Programm der Labour Party zu studieren, die sich jetzt auf die Schaffung einer „geplanten Gesellschaft" festgelegt hat. „Jedem Versuch, das traditionelle England wiederherzustellen", wird ein Plan entgegengesetzt, der sich weder in den allgemeinen Umrissen noch in den Einzelheiten und nicht einmal in der Formulierung von den sozialistischen Träumen unterscheidet, die vor fünfundzwanzig Jahren die Diskussion in Deutschland beherrschten. Nicht nur Forderungen wie die in der von Laski angeregten Resolution, nach der „staatliche Maßnahmen zur Mobilisierung der nationalen Produktivkräfte im Kriege" auch im Frieden beibehalten werden sollen, sondern alle die charakteristischen Schlagwörter wie das von der „ausbalancierten Wirtschaft", die Laski jetzt für Großbritannien verlangt, oder vom „Kollektivkonsum", für den die Produktivkräfte durch zentrale Lenkung eingesetzt werden sollen, werden en bloc aus der deutschen Ideologie übernommen. Vor fünfundzwanzig Jahren gab es vielleicht noch eine Entschuldigung für die naive Ansicht, „daß eine Planwirtschaft viel freier sein kann als die Wettbewerbsordnung des Laissez-faire, an deren Stelle sie treten soll"[16]. Aber dieser Meinung nach fünfundzwanzig Jahren der Erfahrung und der dadurch erzwungenen Überprüfung der alten Anschauungen wieder zu begegnen, und das zu einer Zeit, wo wir gegen die Ergebnisse gerade dieser Lehren in den Krieg gezogen sind, ist unsagbar tragisch. Daß die große Partei, die im Parlament und in der öffentlichen Meinung weitgehend an die Stelle der Fortschrittsparteien der Vergangenheit getreten ist, sich auf die Seite einer Bewegung gestellt hat, die im Licht der verflossenen Entwicklung als reaktionär be-

[16] The Old World and the New Society, an Interim Report of the National Executive of the British Labour Party on the Problems of Reconstruction, S. 12 u. 16.

zeichnet werden muß, ist die entscheidende Veränderung, die zu unserer Zeit eingetreten ist, und bedeutet eine tödliche Bedrohung für alles, was einem Liberalen am Herzen liegt. Daß die bisher erzielten Fortschritte von den traditionalistischen Kräften der Rechten bedroht werden, ist eine immer wiederkehrende Erscheinung, über die wir uns nicht aufzuregen brauchen. Aber wenn der Platz der Opposition in der öffentlichen Meinung wie im Parlament ständig von einer Partei behauptet werden sollte, die auch reaktionär ist, dann müßten wir in der Tat alle Hoffnungen begraben.

VIERZEHNTES KAPITEL

IDEALE UND IHRE MATERIELLEN VORAUSSETZUNGEN

> *Ist es gerecht oder vernünftig, daß die Stimme der Mehrheit sich gegen das Hauptziel der Regierung erklärt und die Minderheit vergewaltigt, die frei sein möchte? Kommt es hart auf hart, so ist es zweifellos gerechter, daß eine Minderheit eine Mehrheit zwingt, ihre Freiheit zu behalten, womit ihr ja kein Unrecht geschieht, als daß eine Mehrheit aus bloßem Vergnügen an der Gemeinheit eine Minderheit höchst unbilligerweise zwingt, ihre Sklaven zu sein. Diejenigen, die nur ihre eigene gerechte Freiheit erstreben, haben immer das Recht, sich durchzusetzen, sooft sie die Macht dazu haben, mögen die Gegenstimmen auch noch so zahlreich sein.*
>
> *John Milton*

Unsere Generation redet sich gern ein, daß sie wirtschaftlichen Erwägungen geringere Bedeutung beimesse als ihre Eltern oder Großeltern. Das Schlagwort vom „Ende des Wirtschaftsdenkens" hat alle Aussicht, einer der Hauptmythen unserer Zeit zu werden. Ehe wir diese Behauptung annehmen oder den angeblichen Wandel als löblich betrachten, müssen wir sie etwas näher auf ihren Wahrheitsgehalt untersuchen. Wenn wir die am lautesten verkündeten Programmpunkte sozialer Reform prüfen, so zeigt sich, daß sie fast alle wirtschaftlicher Art sind. Wir haben bereits gesehen, daß die „wirtschaftliche Umdeutung" der politischen Ideale der Vergangenheit, nämlich Freiheit, Gleichheit und Sicherheit, eine der Hauptforderungen von Menschen ist, die gleichzeitig das Ende des Wirtschaftsdenkens verkünden. Ebensowenig läßt sich bezweifeln, daß sich die Menschen in ihrem Denken und Streben heute mehr als je von wirtschaftlichen Lehren leiten lassen, nämlich von dem sorgsam genährten Glauben an die Irrationalität unseres Wirtschaftssystems, von den falschen Behauptungen über den „möglichen Güterüberfluß", von Pseudotheorien über die zwangsläufige Entwicklung zum Monopol und von dem Eindruck, der durch gewisse an die große Glocke gehängte Vorkommnisse erweckt wird, wie z. B. die Vernichtung von Rohstoffvorräten oder die Nichtausnutzung von Erfindungen – Vorkommnisse, die dem Wettbewerbssystem zur Last gelegt werden, obwohl dies gerade Dinge sind, die unter dem Wettbewerb nicht vorkommen können und die erst durch die Monopole und in der Regel durch die monopolfreundliche Politik der Regierungen ermöglicht werden[1].

In einem andern Sinne jedoch ist es zweifellos wahr, daß unsere Generation weniger geneigt ist, auf wirtschaftliche Argumente zu hören als die früheren. Sie sträubt sich hartnäckig, denjenigen Argumenten, die wir wirtschaftliche nennen, auch nur eine einzige ihrer Forderungen zu opfern, sie duldet keine Beschränkung ihrer unmittelbaren Ansprüche und wehrt sich dagegen, sich wirtschaftlichen Notwendigkeiten zu beugen. Unsere Generation unterscheidet sich von der vorhergehenden nicht

---

[1] Wenn man die gelegentliche Vernichtung von Weizen, Kaffee usw. häufig als ein Argument gegen den Wettbewerb verwendet, so ist das eine gute Illustration für die dabei unterlaufende geistige Unredlichkeit, denn bei einigem Nachdenken wird man erkennen, daß in der Wettbewerbswirtschaft kein Eigentümer solcher Lager an ihrer Vernichtung verdienen kann. Der Fall der angeblichen Nichtausnutzung wertvoller Patente ist schwieriger und kann in einer Anmerkung nicht angemessen erörtert werden; aber die Bedingungen, unter denen es vorteilhaft wäre, ein Patent, das im allgemeinen Interesse angewandt werden sollte, auf Eis zu legen, sind so große Ausnahmen, daß es mehr als fraglich ist, ob es hierfür ein einziges wichtiges Beispiel gibt.

durch eine Verachtung der materiellen Wohlfahrt noch auch durch ein geringeres Verlangen nach ihr, sondern im Gegenteil durch ihre Weigerung, irgendein Hindernis anzuerkennen, irgendeinen Konflikt mit anderen Zielen, die der Erfüllung ihrer eigenen Wünsche im Wege stehen könnten. „Ökonomophobie" würde eine zutreffendere Bezeichnung für diese Haltung sein als das doppelt irreführende Schlagwort vom „Ende des Wirtschaftsdenkens", das den Eindruck hervorruft, als ob ein Zustand, der niemals bestanden hat, sich nach einer Richtung ändert, in der wir uns keineswegs bewegen. Die Menschen sind dahin gekommen, sich haßerfüllt gegen die anonymen Kräfte aufzulehnen, denen sie sich in der Vergangenheit unterworfen haben, obwohl ihre persönlichen Bemühungen oft durch sie vereitelt wurden.

Diese Auflehnung ist ein Beispiel für eine viel allgemeinere Erscheinung, nämlich eine noch nicht dagewesene Entschlossenheit, sich keiner Norm oder Notwendigkeit zu unterwerfen, deren logischen Grund man nicht einsieht. Sie macht sich auf vielen Gebieten bemerkbar, vor allem auf dem der Moral, und oft ist dies ein lobenswertes Verhalten. Aber es gibt Gebiete, auf denen dieses Verlangen nach verstandesmäßiger Erfassung nicht völlig befriedigt werden kann und auf denen unsere Weigerung, uns Dingen zu unterwerfen, die wir nicht verstehen können, zur Vernichtung unserer Kultur führen muß. Es ist zwar natürlich, daß, je komplizierter die Welt rings um uns wird, um so mehr unser Widerstand gegen die Kräfte wächst, die, ohne daß wir sie zu begreifen vermöchten, ständig unseren Hoffnungen und Plänen in die Quere kommen; aber gerade unter diesen Umständen wird es für uns alle immer aussichtsloser, diese Kräfte ganz zu verstehen. Eine hochdifferenzierte Kultur wie die unsere beruht notwendig auf der Anpassung des Individuums an Veränderungen, deren Ursache und Wesen es nicht begreifen kann: warum es mehr oder weniger haben sollte, warum es seinen Beruf wechseln sollte, warum einige Dinge, die es haben möchte, schwerer erhältlich werden sollten als andere

– das alles wird immer von so vielen Umständen abhängen, daß ein einzelner es nicht erfassen kann, oder noch schlimmer, die davon Betroffenen werden alle Schuld auf eine in die Augen fallende, unmittelbare und vermeidbare Ursache schieben, während die verwickelteren Ursachen der Veränderungen ihnen verborgen bleiben müssen. Selbst der Leiter einer totalen Planwirtschaft könnte, wenn er jemand eine ausreichende Erklärung dafür geben wollte, warum er in einen anderen Beruf abkommandiert oder warum seine Bezahlung geändert werden muß, dies nicht völlig erklären, ohne seinen gesamten Plan auseinanderzusetzen und zu rechtfertigen – was natürlich bedeutet, daß es nur einigen wenigen klargemacht werden könnte.

Gerade dadurch, daß die Menschen sich früher den unpersönlichen Kräften des Marktes unterworfen haben, ist die Entwicklung der Kultur möglich gewesen. Wenn wir uns so unterordnen, tragen wir jeden Tag zur Errichtung eines Baues bei, der größer ist, als irgend jemand von uns voll erfassen kann. Dabei spielt es keine Rolle, ob die Menschen sich früher infolge von Anschauungen untergeordnet haben, die heute vielfach als Aberglaube angesehen werden: aus einem religiösen Gefühl der Demut oder aus einer übertriebenen Achtung vor den lapidaren Theorien der ersten Nationalökonomen. Der springende Punkt ist, daß es unendlich viel schwerer ist, logisch zu erfassen, warum wir uns Kräften, deren Wirkungen wir nicht im einzelnen verfolgen können, unterwerfen müssen, als dies zu tun aus demütiger Ehrfurcht, die die Religion oder auch nur die Achtung vor den Lehren der Nationalökonomie einflößte. Wenn wir unsere gegenwärtige komplexe Kultur auch nur aufrechterhalten sollen, ohne daß jemand etwas tun muß, dessen Notwendigkeit er nicht einsieht, mag es in der Tat so sein, daß von jedem einzelnen unendlich viel mehr Einsicht gefordert würde, als heute irgend jemand besitzt. Die Weigerung, uns Kräften unterzuordnen, die wir weder verstehen noch als bewußte Entscheidungen eines vernunftbegabten Wesens anerkennen, ist die Folge eines unvollständigen und daher in die Irre gehenden Rationalismus. Er ist unvollständig, da er nicht einsieht, daß die Abstimmung der mannigfaltigen Wirtschaftsakte der Individuen in einer komplexen Gesellschaft Tatsachen berücksichtigen muß, über die kein Einzelwesen einen vollkommenen Überblick hat. Ebensowenig erkennt dieser Rationalismus, daß es, wenn unsere komplexe Gesellschaft nicht untergehen soll, keine andere Möglichkeit gibt, als sich entweder den anonymen und anscheinend irrationalen Kräften des Marktes zu unterwerfen oder aber einer ebenso unkontrollierbaren und deshalb willkürlichen Macht anderer Menschen. Der Mann, der ängstlich darauf bedacht ist, sich von den Beschränkungen, die er heute empfindet, zu befreien, macht sich nicht klar, daß die neuen Beschränkungen, die an Stelle der alten von der Obrigkeit bewußt auferlegt werden müssen, sogar noch drückender sein werden.

Wer behauptet, daß wir es in erstaunlichem Maße gelernt hätten, die Kräfte der Natur zu beherrschen, aber leider in der erfolgreichen Ausnutzung der gesellschaftlichen Kräfte im Rückstand geblieben seien, hat insoweit ja ganz recht. Aber er irrt sich, wenn er die Parallele weiterzieht und behauptet, wir müßten lernen, die Kräfte der Gesellschaft in derselben Weise zu beherrschen. Dieser Weg führt nicht nur zum Totalitarismus, sondern auch zur Vernichtung unserer Kultur und mit Sicherheit zur Verhinderung des Fortschritts in der Zukunft. Diejenigen, die diesen Weg fordern, zeigen damit, daß sie noch nicht begriffen haben, wie weit die bloße Wahrung der bisherigen Errungenschaften von der Abstimmung der individuellen Wirtschaftsakte durch unpersönliche Kräfte abhängt.

*

Wir müssen an dieser Stelle noch einmal kurz auf den entscheidenden Punkt zurückkommen, daß die Freiheit des Individuums unvereinbar ist mit dem alles beherrschenden Vorrang eines einzigen Zweckes, dem sich die ganze Gesellschaft völlig und dauernd unterordnen muß. Die einzige Ausnahme von der Regel, daß eine freie Gesellschaft nicht einem Alleinzweck untergeordnet sein darf, bilden der Krieg und andere zeitweilige Notstände, d. h. Zeiten, in denen die Unterordnung von fast allem und jedem unter die unmittelbaren und dringenden Erfordernisse der Preis ist, den wir für die dauernde Wahrung unserer Freiheit zahlen. Dies erklärt auch, warum so viele der modernen Phrasen von der Übertragung der Erfahrungen des Krieges mit seinen eindeutigen Zielen auf den Frieden mit seiner Mannigfaltigkeit der Ziele so irreführend sind: es ist gewiß vernünftig, die Freiheit vorübergehend zu opfern, um sie für die Zukunft sicherzustellen, aber dieses Argument verfängt nicht, wenn daraus ein Dauerzustand gemacht werden soll.

Daß im Frieden kein Alleinzweck das absolute Übergewicht haben darf, gilt auch von dem einen Ziel, das heute anerkanntermaßen an erster Stelle steht, nämlich von der Beseitigung der Arbeitslosigkeit. Selbstverständlich müssen sich unsere größten Anstrengungen auf dieses Ziel richten; aber selbst das will nicht besagen, daß wir uns von solch einem Ziel ausschließlich beherrschen lassen sollten, daß es, wie die gedankenlose Phrase lautet, „um jeden Preis" erreicht werden muß. Tatsächlich kann gerade auf diesem Gebiet der verführerische Charakter verschwommener, aber beliebter Schlagwörter wie „Vollbeschäftigung" zu äußerst kurzsichtigen Maßnahmen führen, und gerade hier wird wahrscheinlich die „Arbeitsbeschaffung um jeden Preis", die verrannte Idealisten in kategorischer und unverantwortlicher Weise fordern, wohl das größte Unheil anrichten.

Es ist von allergrößter Bedeutung, daß wir mit offnen Augen an die Aufgaben herangehen, denen wir uns hier nach dem Krieg gegenübersehen werden, und daß wir uns genau Rechenschaft darüber geben, welche Erfolge im Bereich des Möglichen liegen. Eines der beherrschenden Merkmale der Zeit unmittelbar nach dem Kriege wird darin bestehen, daß die besonderen Erfordernisse des Krieges Hunderttausende von Männern und Frauen in Spezialberufe geführt haben, in denen sie während des Krieges verhältnismäßig hohe Löhne verdienen konnten. In vielen Fällen wird es unmöglich sein, die gleiche Zahl von Arbeitern in diesen besonderen Berufen zu beschäftigen. Es wird dringend notwendig werden, daß viele Arbeiter in andere Berufe abwandern, und viele von ihnen werden die Erfahrung machen, daß die Arbeit, die sie finden können, weniger gut bezahlt ist als ihre frühere Stelle. Selbst durch Umschulung, für die sicherlich in weitem Umfange gesorgt werden sollte, kann dies Problem nicht völlig gelöst werden. Es werden immer noch viele übrigbleiben, die sich, wenn ihre Arbeitsleistung danach bezahlt werden soll, wieviel sie der Gesellschaft wert ist, unter jedem Wirtschaftssystem mit einer relativen Verschlechterung ihrer materiellen Lage gegenüber anderen würden abfinden müssen.

Wenn sich dann die Gewerkschaften jeder Lohnsenkung der betreffenden Gruppe mit Erfolg widersetzen, bleiben nur noch zwei Möglichkeiten: entweder muß Gewalt angewendet werden, d. h. man wird gewisse Individuen auswählen müssen, die zwangsweise in andere und relativ schlechter bezahlte Stellungen versetzt werden, oder aber man muß zulassen, daß diejenigen, die nicht mehr zu den verhältnismäßig hohen Löhnen beschäftigt werden können, die sie während des Krieges verdient haben, so lange arbeitslos bleiben, bis sie bereit sind, Arbeit mit verhältnismäßig schlechterer Bezahlung anzunehmen. Dieses Problem würde sich in einer sozialistischen Gesellschaft genau so stellen wie in jeder anderen, und die große Mehrheit der Arbeiter würde vermutlich ebensowenig geneigt sein, denen, die infolge der besonderen Erfordernisse des Krieges in außergewöhnlich gut bezahlte Berufe gewandert waren, ihre derzeitigen Löhne für alle Ewigkeit zu garantieren. Eine sozialistische Gesellschaft würde in dieser Lage sicherlich zu Zwangsmaßnahmen greifen. Der Punkt, auf den es uns ankommt, ist dieser: wenn wir entschlossen sind, Arbeitslosigkeit um keinen Preis zu dulden, andererseits aber keinen Zwang anwenden wollen, werden wir zu allen möglichen Behelfen getrieben, von denen keiner dauernde Entlastung bringen kann und die alle die produktivste Verwendung unserer Wirtschaftskräfte ernstlich beeinträchtigen werden. Es muß besonders hervorgehoben werden, daß die Währungspolitik kein wirkliches Heilmittel gegen diese Schwierigkeit bieten kann, es sei denn durch eine allgemeine Inflation von so beträchtlichem Ausmaß, daß alle andern Löhne und Preise im Verhältnis zu denen, die nicht herabgesetzt werden können, steigen. Selbst dann aber würde das erwünschte Ergebnis nur dadurch eintreten, daß die unmittelbar nicht zu erzielende Herabsetzung der Reallöhne jetzt heimlich auf einem Umweg erfolgt. Aber wenn man alle andern Löhne und Einkommen so sehr steigern wollte, wie es nötig wäre, um die richtigen Lohnrelationen wiederherzustellen, so würde das eine so gewaltige Inflation bedeuten, daß die dadurch neu geschaffenen Störungen, Härten und Ungerechtigkeiten viel größer wären als die alten, die man beseitigen wollte.

Dieses Problem, das sich nach dem Krieg in besonders akuter Form stellen wird, wird nicht verschwinden, solange das Wirtschaftssystem sich ständigen Veränderungen anpassen muß. Auf kurze Frist wird es immer eine mögliche Höchstbeschäftigung geben, die dadurch erreicht werden kann, daß man alle dort beschäftigt, wo sie sich gerade befinden, und daß man die umlaufende Geldmenge vergrößert. Aber dieses Maximum kann nur durch eine fortschreitende Inflation aufrechterhalten werden, wobei gleichzeitig die durch die veränderten Umstände erzwungenen Umschichtungen der Arbeiter zwischen den einzelnen Industrien immer wieder aufgeschoben werden, Umschichtungen, die, solange die Arbeiter ihre Arbeitsstelle frei wählen können, immer eine gewisse Zeit beanspruchen und daher in einem bestimmten Umfange Arbeitslosigkeit verursachen. Noch mehr: eine Politik, die immer das Maximum an Beschäftigung erstrebt, das auf monetärem Wege zu erreichen ist, muß sich schließlich selber aufheben. Sie hat die Tendenz, die Produktivität der Arbeit zu senken und damit fortgesetzt den Teil der Arbeiterschaft zu vermehren, der nur durch künstliche Mittel zu den bestehenden Löhnen beschäftigt werden kann.

*

Es steht außer Zweifel, daß eine weise Wirtschaftspolitik nach dem Krieg sogar noch wichtiger sein wird als vorher und daß das Schicksal unserer Kultur letzten Endes von der Lösung der wirtschaftlichen Probleme, vor die wir uns dann gestellt sehen, abhängt. Zunächst werden wir arm sein, sehr arm sogar, und die Frage, wie wir unsern früheren Lebensstandard wieder erreichen und verbessern können, kann sich tatsächlich für Großbritannien als schwieriger erweisen als für viele andere Länder. Wenn wir klug vorgehen, so werden wir ohne Frage durch harte Arbeit und dadurch, daß wir einen erheblichen Teil unserer künftigen Produktivität der Erneuerung und Modernisierung unseres Produktionsapparates widmen, im Laufe einiger Jahre imstande sein, unsern alten Standard wieder zu erreichen und sogar noch zu verbessern. Aber das setzt voraus, daß wir uns damit begnügen, laufend nicht mehr zu konsumieren, als ohne Beeinträchtigung des Wiederaufbaus möglich ist, daß keine überspannten Hoffnungen zu noch weitergehenden Ansprüchen verführen und daß wir es für wichtiger halten, unsere Produktivkräfte in der besten Weise und an der Stelle zu verwenden, wo sie am meisten zu unserer Wohlfahrt beitragen, statt sie bis zum letzten in einer beliebigen Weise einzusetzen[2]. Vielleicht ist es ebenso wichtig, daß wir nicht durch kurzsichtige Versuche, der Armut durch eine Neuverteilung des Volkseinkommens statt durch seine Steigerung abzuhelfen, breite Schichten so sehr

---

[2] An dieser Stelle sollten wir vielleicht betonen, daß, so sehr man auch eine schnelle Rückkehr zu einer freien Wirtschaft wünschen möchte, dies nicht die Beseitigung der meisten Kriegsrestriktionen von heute auf morgen bedeuten kann. Nichts würde dem System der freien Wirtschaft mehr schaden als die akute, wenn auch wahrscheinlich kurzfristige Störung und Labilität, die solch ein Versuch hervorrufen würde. Das Problem lautet nicht, ob wir das System der Kriegswirtschaft durch eine wohldurchdachte Politik schrittweisen und über mehrere Jahre sich erstreckenden Abbaus in ein dauerhafteres System umwandeln sollen, sondern vielmehr, welches Dauersystem wir während dieser Demobilisationsperiode anstreben sollen.

deklassieren, daß sie zu Gegnern des bestehenden politischen Systems werden. Man sollte sich immer vor Augen halten, daß der eine Faktor, der den Aufstieg des Totalitarismus auf dem Kontinent entscheidend bestimmt hat, der aber in unserm Land noch fehlt, das Vorhandensein einer breiten plötzlich enteigneten Mittelklasse war.

Wenn wir hoffen wollen, diesem drohenden Schicksal zu entgehen, müssen wir unsere Erwartungen in der Tat weitgehend darauf setzen, daß wir zu dem alten Tempo unseres wirtschaftlichen Fortschritts zurückkehren können, der uns dann von dem heutigen Tiefpunkt aus stetig wieder aufwärts führen wird. Die Hauptvoraussetzung eines solchen Fortschrittes ist die, daß wir alle bereit sind, uns schnell einer völlig veränderten Welt anzupassen, daß keine Rücksicht auf den gewohnten Standard von Einzelgruppen dieser Anpassung im Wege stehen darf und daß wir wieder lernen, alle unsere Produktivkräfte an der Stelle einzusetzen, wo sie am meisten zur Steigerung des Reichtums der Nation beitragen. Diese Anpassung, die notwendig sein wird, wenn wir unsern alten Standard wieder erreichen und überschreiten wollen, wird alles Bisherige in den Schatten stellen. Nur wenn jeder von uns bereit ist, die Erfordernisse dieser Wiederanpassung zu seinem Teile zu erfüllen, werden wir imstande sein, diese schwierige Zeit als freie Menschen zu bestehen, die ihre eigene Lebensform wählen können. Man sollte gewiß alles tun, um jedem einzelnen ein einheitliches Existenzminimum zu sichern, aber gleichzeitig sollten wir es offen aussprechen, daß mit dieser Zusicherung eines äußersten Minimums alle Ansprüche auf eine privilegierte Sicherheit einer besonderen Klasse fallen müssen, daß es keiner Gruppe mehr erlaubt sein darf, im Interesse der Aufrechterhaltung ihres speziellen Lebensstandards Zuzug in ihren Beruf fernzuhalten.

Es klingt sehr hochgemut, wenn man sagt „Zum Teufel mit der Wirtschaft, bauen wir uns eine anständige Welt!" – in Wirklichkeit aber ist es nur Mangel an Verantwortungssinn. Wie die Dinge heute nun einmal liegen, wo sich alle darin einig sind, daß die materiellen Bedingungen da und dort verbessert werden müssen, besteht die einzige Aussicht auf eine anständige Welt darin, daß wir in Zukunft imstande sind, das wirtschaftliche Durchschnittsniveau zu heben. Das einzige, was die moderne Demokratie nicht überleben wird, ist die Notwendigkeit einer wesentlichen Senkung des Lebensstandards im Frieden oder auch nur ein lang anhaltender Stillstand des wirtschaftlichen Fortschritts.

*

Viele geben zu, daß die politischen Strömungen unserer Zeit eine ernste Gefahr für ein gedeihliches Wirtschaftsleben sind und damit zugleich höhere Werte in Frage stellen, aber sie irren sich, wenn sie glauben, daß wir gegen solche materiellen Opfer wenigstens ideelle Vorteile eintauschen. Es ist jedoch mehr als zweifelhaft, ob ein halbes Jahrhundert des fortschreitenden Kollektivismus unsern Moralstandard gehoben oder ob dieser sich nicht gerade in umgekehrter Richtung verändert hat. Wir tun uns zwar in der Regel viel auf unser empfindlicher gewordenes soziales Gewissen zugute, aber es fragt sich, ob dies durch unser individuelles Verhalten im täglichen Leben gerechtfertigt ist. Auf der einen, der negativen Seite stellt unsere Generation mit ihrer Entrüstung über die Ungerechtigkeiten der bestehenden Gesellschaftsordnung wahrscheinlich fast alle vorhergehenden in den Schatten. Aber wenn wir fragen, wie sich das auf unseren positiven Standard auf dem eigentlichen Gebiet der Moral, nämlich dem des Verhaltens von Mensch zu Mensch, und auf den Ernst ausgewirkt hat, mit dem wir unsere sittlichen Grundsätze gegen die Zweckmäßigkeitsgesichtspunkte und Forderungen des Gesellschaftsapparates behaupten, so muß die Antwort anders lauten.

Die Fragestellungen auf diesem Gebiet sind heute so verworren, daß wir auf die Grundfragen zurückgehen müssen. Was unsere Generation zu vergessen Gefahr läuft, ist nicht nur die Tatsache, daß die Moral notwendigerweise ein Phänomen des individuellen Verhaltens ist, sondern auch die, daß es Moral nur in dem Bereich geben kann, in dem der einzelne für sich selbst entscheiden kann und in dem es seine Sache ist, seinen persönlichen Vorteil dem sittlichen Prinzip zu opfern. Außerhalb des Bereichs der persönlichen Verantwortung gibt es weder gut noch böse, weder Gelegenheit für sittliche Verdienste noch die Möglichkeit, seine Überzeugungstreue zu beweisen, indem man persönliche Wünsche für das opfert, was man für recht hält. Nur dann, wenn wir für unsere eigenen Interessen selber die Verantwortung tragen und die Freiheit haben, sie zu opfern, hat unsere Entscheidung sittlichen Wert. Weder haben wir das Recht, auf Kosten anderer großzügig zu sein, noch liegt im Altruismus irgendein Verdienst, wenn er erzwungen ist. Die Mitglieder einer Gesellschaft, die gezwungen werden, in jeder Beziehung das Gute zu tun, haben nicht das Recht, sich dessen zu rühmen. Dazu paßt dieses Wort Miltons: „Geschähe alles, was ein Mann in reiferen Jahren an Gutem oder Bösem tut, um der Belohnung willen, aus Gewohnheit oder aus Zwang, was wäre die Tugend anderes als ein bloßer Name, welch ein Ruhmestitel wäre es dann, das Rechte zu tun, und welchen Dank verdiente dann der Nüchterne, der Gerechte oder der Keusche?“

Die Freiheit, unser Verhalten selber zu regeln, wo die äußeren Umstände von uns eine Entscheidung fordern, und die Verantwortung für die Gestaltung unseres eigenen Lebens nach der Stimme unseres Gewissens, das allein ist die Luft, in der sich das sittliche Gefühl entfalten kann und die moralischen Werte in freier Entscheidung des einzelnen täglich neu geschaffen werden. Verantwortung, nicht vor einem Vorgesetzten, sondern vor dem eigenen Gewissen, das Bewußtsein einer frei gewählten Pflicht, die Notwendigkeit, zu entscheiden, welche der uns am Herzen liegenden Dinge anderen geopfert werden sollen, und die Folgen der eigenen Entscheidung zu tragen – darin liegt das wahre Wesen einer Sittlichkeit, die diesen Namen verdient.

Daß in diesem Bereich des individuellen Verhaltens der Kollektivismus fast ausschließlich zerstörend gewirkt hat, ist ebenso unvermeidlich wie unzweifelhaft. Eine Bewegung, deren hauptsächliche Verheißung die Entlastung von der Verantwortlichkeit ist[3], muß notwendigerweise antimoralische Wirkungen haben, mag sie auch von noch so hohen Idealen ausgegangen sein. Kann man ernstlich bezweifeln, daß das Gefühl persönlicher Verpflichtung, Ungerechtigkeiten zu beseitigen, wo dies in unserer Macht steht, eher schwächer als stärker geworden ist, daß sowohl der Wille zur Verantwortung wie die Einsicht, daß es unsere höchst persönliche Pflicht ist, zu wissen, wie wir zu wählen haben, beträchtlich gelitten haben? Es sind zwei grundverschiedene Dinge, wenn man fordert, daß die Obrigkeit wünschenswerte Zustände herstellt (oder man bereit ist, sich unterzuordnen, vorausgesetzt, daß alle andern auch dazu veranlaßt werden können), oder wenn man willens ist, das zu tun, was man für recht hält, selbst unter Opferung der eigenen Wünsche und vielleicht gegen die feindselige öffentliche Meinung. Aus vielen Anzeichen gewinnt man den Eindruck, daß wir tatsächlich duldsamer gegen besondere Mißstände geworden sind und sehr viel gleichgültiger gegen Ungerechtigkeiten in einzelnen

[3] Das tritt um so klarer hervor, je mehr sich der Sozialismus dem Totalitarismus nähert, und wird hierzulande im Programm der jüngsten und totalitärsten Form des englischen Sozialismus, der „Common-Wealth"-Bewegung Sir Richard Aclands, ganz ausdrücklich festgestellt. Der Hauptpunkt der von ihm versprochenen Neuen Ordnung besteht darin, daß in ihr die Gesellschaft „dem einzelnen sagen wird: ‚Mache dir nur keine Sorge darum, wie du deinen eigenen Lebensunterhalt verdienen sollst!'" Die Folge ist natürlich, daß „die Gesellschaft als Ganzes entscheiden muß, ob jemand auf Grund unserer Produktionsmöglichkeiten beschäftigt werden soll oder nicht und wie oder wann er arbeiten soll", und daß die Gesellschaft „Arbeitslager für Drückeberger unter sehr erträglichen Bedingungen einrichten wird". Soll man sich über die Entdeckung des Verfassers wundern, daß Hitler „zufällig (oder zwangsläufig) auf einen kleinen Teil oder, vielleicht sollte man sogar sagen, eine besondere Seite dessen gestoßen ist, was schließlich zur Forderung der Menschheit werden wird"? (*Sir Richard Acland*, The Forward March, 1941, S. 127, 126, 135 und 32.)

Fällen, seit wir unsere Augen auf ein ganz anderes System gerichtet haben, in dem der Staat überall nach dem Rechten sieht. Es mag sogar sein, wie manche meinen, daß die Leidenschaft für die Kollektivaktion ein Mittel ist, das uns heute erlaubt, alle miteinander ohne Gewissensbisse unserer Selbstsucht nachzugeben, die doch jeder für sich ein wenig zu zügeln gelernt hatte.

Es ist wahr, daß die Tugenden, die heute weniger geschätzt und geübt werden – Unabhängigkeitssinn, Selbsthilfe, die Bereitschaft, ein Risiko auf sich zu nehmen und seine Überzeugung gegen eine Mehrheit zu vertreten, und der Wille zur Zusammenarbeit mit den anderen –, gerade diejenigen sind, auf denen das Getriebe der individualistischen Gesellschaft beruht. Der Kollektivismus hat an ihrer Stelle nichts zu bieten, und insoweit, als er sie bereits vernichtet hat, hat er ein Vakuum hinterlassen, das nur durch die Forderung des Gehorsams und die Pflicht des Individuums, das zu tun, was von der Kollektivität für gut gehalten wird, ausgefüllt wird. Die regelmäßige Abgeordnetenwahl, auf die die sittliche Entscheidung des Individuums immer mehr beschränkt wird, ist keine Gelegenheit, bei der seine Moralanschauungen auf die Probe gestellt werden oder bei der er ständig seine Wertskala aufs neue geltend machen und beweisen und die Aufrichtigkeit seines Bekenntnisses dadurch bekräftigen muß, daß er die von ihm niedriger eingeschätzten Werte den höher geschätzten opfert.

Da die von den Individuen entwickelten Regeln für das Verhalten die Quelle sind, aus der die Kollektivaktion in der Politik ihren Moralstandard bezieht, wäre es wirklich verwunderlich, wenn mit der Aufweichung der Normen des individuellen Verhaltens ein Steigen der Normen der sozialen Aktion einherginge. Daß große Veränderungen eingetreten sind, ist klar. Jede Generation schätzt natürlich einige Werte höher und einige niedriger ein als die früheren. Doch welches sind die Ziele, die heute weniger gelten, welches sind die Werte, die, wie wir jetzt wissen, womöglich zurücktreten müssen im Konflikt mit anderen? Welche Art von Werten spielt in dem Zukunftsbild, das uns die volkstümlichen Schriftsteller und Redner entwerfen, eine geringere Rolle als in den Träumen und Hoffnungen unserer Vorfahren? Was niedriger bewertet wird, ist gewiß nicht die materielle Bequemlichkeit, gewiß nicht eine Hebung unseres Lebensstandards oder die Sicherung einer bestimmten gesellschaftlichen Stellung. Gibt es einen populären Schriftsteller oder Redner, der es wagen würde, den Massen zu sagen, daß sie um eines ideellen Zieles willen nötigenfalls materielle Opfer bringen müssen? Ist es in Wirklichkeit nicht gerade umgekehrt? Sind nicht die Dinge, die uns immer häufiger als „Illusionen des 19. Jahrhunderts" hingestellt werden, alle sittliche Werte – Freiheit, Unabhängigkeit, Wahrhaftigkeit, geistige Redlichkeit, Friede, Demokratie und die Achtung vor dem Individuum als Menschen statt als einem bloßen Mitgliede einer organisierten Gruppe? Welches sind die festen Normen, die als unantastbar gelten, an denen kein Reformer rütteln darf, da sie die unverrückbaren Grenzen bedeuten, vor denen jeder Zukunftsplan haltmachen muß? Sicherlich nicht mehr die Freiheit des Individuums, seine Freizügigkeit und wohl kaum die Redefreiheit. Es sind vielmehr der geschützte Standard dieser oder jener Gruppe, ihr „Recht", andere von einem Produktionszweig oder Beruf auszuschließen. Die Unterscheidung zwischen Mitgliedern und Nicht-Mitgliedern geschlossener Gruppen – von den Staatsangehörigen verschiedener Länder ganz zu schweigen – wird immer mehr zur Selbstverständlichkeit. Ungerechtigkeiten gegen Einzelpersonen, die von der Regierung im Interesse einer Gruppe begangen werden, begegnen einer Gleichgültigkeit, die sich von Gefühllosigkeit kaum noch unterscheidet, und die krassesten Verstöße gegen die elementarsten Menschenrechte, wie sie die Zwangsumsiedlung ganzer Bevölkerungen mit sich bringt, finden immer häufiger die Unterstützung sogar von angeblichen Liberalen. All dies zeigt sicherlich, daß unser sittliches Empfinden sich eher abgestumpft als geschärft hat. Wenn man uns daran erinnert, wie dies immer häufiger geschieht, daß dort, wo gehobelt wird, Späne fallen, so sehen wir, daß es sich bei diesen Spänen fast ausschließlich um

Dinge handelt, die vor ein oder zwei Menschenaltern als die wesentliche Grundlage zivilisierten Lebens galten. Und haben nicht unsere sogenannten „Liberalen“ ungezählte Greueltaten von Großmächten, mit deren offen verkündeten Grundsätzen sie sympathisieren, leichten Herzens entschuldigt?

*

In einer Hinsicht gibt uns die Umwertung der sittlichen Werte, zu der die Ausbreitung des Kollektivismus geführt hat, im heutigen Augenblick besonders zu denken. Es ist der Umstand, daß die Tugenden, die immer weniger geschätzt und infolgedessen immer seltener werden, gerade diejenigen sind, auf welche die Engländer mit Recht stolz waren und in denen ihre Überlegenheit allgemein anerkannt wurde. Die Vorzüge, die das englische Volk in höherem Maße besaß als die meisten anderen – mit Ausnahme einiger kleinerer Nationen wie der Schweizer und der Holländer – waren Unabhängigkeitssinn, Selbstvertrauen, persönlicher Unternehmungsgeist, Verantwortungssinn im kleinen Kreise, die bewährte Vorliebe für freiwilliges Handeln, der Respekt vor dem Privatleben des anderen und Duldsamkeit gegenüber den Andersartigen und dem Original, Achtung vor Sitte und Tradition und ein gesundes Mißtrauen gegen Macht und Autorität. Die Stärke Englands, sein Charakter und seine Erfolge sind weitgehend der Pflege der Spontaneität zu verdanken. Aber fast alle Überlieferungen und Einrichtungen, in denen der sittliche Genius seinen bezeichnendsten Ausdruck gefunden hat und die ihrerseits den Charakter der Nation und die Gesamtheit der ethischen Anschauungen gestaltet haben, sind diejenigen, die durch den Fortschritt des Kollektivismus und die ihm innewohnenden zentralistischen Tendenzen immer mehr vernichtet werden.

Als Fremder hat man es manchmal leichter, eine klare Einsicht in die Umstände zu gewinnen, auf denen die besonderen Vorzüge der Moralbegriffe einer Nation beruhen. Und wenn ein Mensch, der trotz seines Passes doch ewig ein Fremder bleiben muß, dies aussprechen darf, so ist es eines der erschütterndsten Schauspiele der Gegenwart, zu sehen, mit welcher Geringschätzung einige der wertvollsten Dinge, die England der Welt geschenkt hat, heute in England selber betrachtet werden. Die Engländer wissen kaum, wie sehr sie sich von den meisten andern Völkern dadurch unterscheiden, daß sie alle ohne Rücksicht auf ihre Parteizugehörigkeit einen größeren oder kleineren Fonds von den Ideen besitzen, die in ihrer ausgeprägtesten Form unter dem Namen Liberalismus bekannt sind. Im Vergleich zu den meisten andern Völkern waren noch vor zwanzig Jahren fast alle Engländer Liberale – wie sehr sie auch vom Parteiliberalismus abweichen mochten. Und selbst heute noch wird der englische Konservative oder Sozialist wie auch der Liberale auf seinen Reisen im Ausland zwar vielleicht feststellen, daß die Gedanken und Schriften eines Carlyle oder Disraeli, eines Wells oder des Ehepaares Webb sich großer Beliebtheit in Kreisen erfreuen, mit denen er wenig gemein hat, nämlich unter Nationalsozialisten und anderen Totalitären, aber er wird doch, wenn er auf eine geistige Insel stößt, auf der die Tradition eines Macaulay, eines Gladstone, eines J. S. Mill oder eines John Morley lebendig ist, noch immer verwandten Seelen begegnen, die „die gleiche Sprache sprechen" wie er selbst, ungeachtet seiner möglichen Vorbehalte gegenüber den besonderen Idealen dieser Männer.

Nirgends fällt der Verlust des Glaubens an die besonderen Werte der britischen Kultur so sehr in die Augen, und nirgends hat er lähmender auf die Verfolgung unseres unmittelbaren großen Zieles gewirkt als in dem lächerlichen Mißerfolg des größten Teiles der englischen Propaganda. Die erste Vorbedingung für den Erfolg der Propaganda, die sich an andere Völker wendet, ist, daß man sich mit Stolz bekennt zu den charakteristischen Werten und den Besonderheiten, für die man im Ausland bekannt ist. Der hauptsächlichste Grund für die Unwirksamkeit der englischen Propaganda ist darin zu suchen, daß die Propagandaleiter ihren eigenen Glauben an die besonderen

Werte der englischen Kultur verloren zu haben oder sich über die Hauptpunkte, in denen sie von anderen Kulturen abweicht, völlig im unklaren zu sein scheinen. Die Intellektuellen der Linken haben tatsächlich so lange fremde Götter angebetet, daß sie wohl kaum noch imstande sind, an den charakteristisch englischen Einrichtungen und Überlieferungen etwas Gutes zu finden. Daß die ethischen Werte, auf welche die meisten von ihnen stolz sind, weitgehend auf die Einrichtungen zurückzuführen sind, die sie zerstören möchten, können diese Sozialisten natürlich nicht zugeben. Diese Haltung beschränkt sich aber leider nicht auf ausgesprochene Sozialisten. Wir müssen zwar hoffen, daß dies nicht auf die weniger lauten, aber zahlreicheren kultivierten Engländer zutrifft, aber, wenn man nach den Ideen urteilen würde, die in der laufenden politischen Diskussion und in der Propaganda vertreten werden, gewinnt man den Eindruck, als ob die Engländer, die nicht nur „die Sprache Shakespeares sprechen", sondern auch „den Glauben und die Ethik Miltons teilen", fast verschwunden wären[4].

Wenn man aber meint, daß die Art von Propaganda, die aus dieser Haltung entsteht, die gewünschte Wirkung auf unsere Feinde und besonders auf die Deutschen haben könne, begeht man einen verhängnisvollen Irrtum. Die Deutschen kennen England, vielleicht nicht gut, aber immerhin so weit, um zu wissen, welche charakteristischen Werte das englische Leben auszeichnen und was diese beiden Länder während der letzten zwei oder drei Generationen mehr und mehr entzweit hat. Wenn wir sie

---

[4] Wenn auch dies Kapitel bereits mehrmals zu einem Hinweis auf Milton angeregt hat, so kann ich doch der Versuchung nicht widerstehen, an dieser Stelle ein weiteres Zitat zu bringen, das zwar sehr bekannt ist, das aber heute, wie es scheint, nur ein Ausländer zu zitieren wagt: „Möge England nie sein Vorrecht vergessen, die Völker zu lehren, wie man leben soll!" Es ist vielleicht bezeichnend, daß unsere Generation eine Reihe von Amerikanern und Engländern erlebt hat, die Milton herabgesetzt haben – und daß der erste von ihnen, Ezra Pound, während dieses Krieges von Italien aus über den Rundfunk sprach!

überzeugen wollen, nicht allein von unserer Aufrichtigkeit, sondern auch davon, daß wir ihnen ein wirkliches Alternativprogramm zu bieten haben, so wird uns dies nicht durch Zugeständnisse an ihre Gedankenwelt gelingen. Wir werden sie nicht mit einer schalen Reproduktion der Ideen ihrer Vorfahren täuschen, Ideen, die wir von ihnen entlehnt haben – sei es Staatssozialismus, „Realpolitik", „wissenschaftliche" Planung oder Korporativismus. Wir werden sie nicht dadurch überzeugen, daß wir ihnen auf halbem Wege zum Totalitarismus entgegenkommen. Wenn die Engländer selber auf das höchste Ideal der Freiheit und des Glücks des Individuums verzichten, wenn sie stillschweigend zugeben, daß ihre Kultur nicht wert ist, erhalten zu bleiben, und daß sie nichts Besseres wissen, als auf dem Wege zu folgen, den die Deutschen vorangegangen sind, dann haben sie tatsächlich nichts zu bieten. Für die Deutschen bedeutet all dies nur das verspätete Eingeständnis, daß die Engländer die ganze Zeit hindurch im Unrecht gewesen sind und daß sie selber die Führer auf dem Wege in eine neue und bessere Welt sind, ungeachtet aller Schrecken des Übergangs. Die Deutschen wissen, daß das, was sie noch immer als die englische Überlieferung ansehen, und ihre eigenen neuen Ideale grundsätzlich entgegengesetzte und unvereinbare Weltanschauungen sind. Man könnte sie überzeugen, daß der von ihnen gewählte Weg falsch war – aber nie wird sie etwas davon überzeugen, daß die Engländer bessere Führer auf dem deutschen Weg sind.

Am allerwenigsten wird diese Art von Propaganda bei denjenigen Deutschen verfangen, mit deren Hilfe wir letzten Endes beim Wiederaufbau rechnen müssen, da ihre Werte unseren eigenen am nächsten stehen. Denn durch die Erfahrung sind sie klüger und resignierter geworden: sie haben gelernt, daß trotz guter Absichten und einer gut funktionierenden Organisation sich moralische Anständigkeit unter einem System nicht halten kann, das die persönliche Freiheit und die Verantwortung des einzelnen vernichtet. Was die Deutschen und die Italiener, die die Lektion begriffen haben, vor allem wünschen, ist Schutz vor dem Ungeheuer Staat – nicht großartige Pläne für eine Organisation im Kolossalmaßstab, sondern die Möglichkeit, ihre eigene kleine Welt in Frieden und Freiheit wieder aufzubauen. Nicht weil sie glauben, es sei vorzuziehen, von den Engländern statt von den Preußen herumkommandiert zu werden, können wir auf die Unterstützung aus den Reihen der Angehörigen der feindlichen Länder hoffen, sondern deshalb, weil sie glauben, daß sie in einer Welt, in der die englischen Ideale den Sieg davongetragen haben, weniger herumkommandiert werden und daß man sie in Ruhe und Frieden ihren eigenen Angelegenheiten nachgehen lassen wird.

Wenn uns in dem ideologischen Krieg Erfolg beschieden sein soll und wir die anständig gesinnten Elemente in den feindlichen Ländern für uns gewinnen wollen, müssen wir uns vor allem andern den Glauben an die traditionellen Werte, für die unser Land in der Vergangenheit einstand, wieder zu eigen machen, und wir müssen den moralischen Mut haben, die Ideale, die unsere Feinde angreifen, mit aller Kraft zu verteidigen. Vertrauen und Unterstützung können wir nicht durch verlegene Entschuldigungen und durch die Versicherung gewinnen, daß wir uns schnell bessern, nicht durch die Erklärung, daß wir nach einem Kompromiß zwischen den überlieferten englischen Werten und den neuen totalitären Ideen suchen. Es kommt nicht auf die neuesten Verbesserungen unserer sozialen Einrichtungen an, die im Vergleich mit den elementaren Differenzen der einander entgegenstehenden Lebensanschauungen nur wenig bedeuten, sondern auf unsern unerschütterlichen Glauben an jene Traditionen, die England zu einem Land freier und aufrechter, duldsamer und unabhängiger Menschen gemacht haben.

FÜNFZEHNTES KAPITEL

AUSBLICK AUF DIE INTERNATIONALE ORDNUNG

Unter allen Regulativen der Demokratie ist die Föderation das wirksamste und am meisten wesensverwandte ... Das Föderativsystem begrenzt und beschneidet die souveräne Macht dadurch, daß es sie aufteilt und der Regierung nur gewisse genau bezeichnete Rechte zuweist. Es ist das einzige Mittel, um nicht nur die Herrschaft der Mehrheit, sondern auch die Macht der Volksgesamtheit zu zügeln.

Lord Acton

Nirgends ist der Welt die Preisgabe des Liberalismus des 19. Jahrhunderts bis jetzt so teuer zu stehen gekommen wie auf dem Gebiet, wo dieser Rückzug begann, nämlich auf dem der internationalen Beziehungen. Aber wir haben nur einen kleinen Teil der Lehren, die wir aus der Erfahrung hätten ziehen sollen, angenommen. Vielleicht gilt hier noch mehr als anderswo, daß die landläufigen Meinungen darüber, was wünschenswert und durchführbar ist, zu jener Gattung gehören, die leicht das Gegenteil von dem erreichen, was sie versprechen.

Derjenige Teil jener Lektion, den wir jetzt langsam und stückweise beherzigen, ist der, daß viele Arten der Wirtschaftsplanung, die von jedem einzelnen Lande selbständig durchgeführt werden, in ihrer Gesamtwirkung notwendigerweise selbst unter rein wirtschaftlichen Gesichtspunkten schädlich sind und darüber hinaus schwere internationale Reibungen hervorrufen müssen. Daß wenig Hoffnung auf eine internationale Ordnung oder dauernden Frieden besteht, solange jedes Land alle beliebigen Maßnahmen ergreifen kann, die es in seinem eigenen Interesse für wünschenswert hält, wie schädlich sie auch für andere sein mögen, braucht heute kaum noch betont zu werden. Viele Arten von Wirtschaftsplanung sind tatsächlich nur durchführbar, wenn die planende Behörde alle fremden Einflüsse wirksam fernhalten kann. Das Ergebnis einer solchen Lenkung besteht daher unvermeidlicherweise darin, daß die Beschränkungen für den freien Verkehr von Menschen und Gütern sich hoch auftürmen.

Die Gefahren, die sich aus der künstlich herbeigeführten Wirtschaftssolidarität sämtlicher Bewohner jedes einzelnen Landes und aus der Bildung der neuen Blocks mit entgegengesetzten Interessen, die durch die nationale Planwirtschaft entstanden sind, für den Frieden ergeben, liegen zwar weniger offen zutage, sind aber nichtsdestoweniger mit Händen zu greifen. Es ist weder notwendig noch wünschenswert, daß die Staatsgrenzen mit großen Unterschieden im Lebensstandard zusammenfallen, daß die Zugehörigkeit zu einer Nation das Anrecht auf einen Anteil an einem Kuchen geben sollte, der von dem der Angehörigen anderer Nationen völlig verschieden ist. Wenn die Produktivkräfte der verschiedenen Länder als ausschließliches Eigentum jeder Nation als eines Ganzen behandelt werden, wenn internationale Wirtschaftsbeziehungen statt solcher zwischen Individuen immer mehr zu Beziehungen zwischen ganzen Staaten werden, die als Handelsfirmen organisiert sind, dann werden sie notgedrungen zur Ursache von Reibungen und Neid zwischen ganzen Nationen. Es ist einer der verhängnisvollsten Irrtümer, zu glauben, die internationalen Reibungen würden geringer werden, wenn man die Konkurrenz um Märkte oder Rohstoffe durch Verhandlungen zwischen Staaten oder organisierten Gruppen ersetzt. Auf diese Weise würde ein Machtkampf an die Stelle des Konkurrenzkampfes treten, der nur bildlich gesprochen ein „Kampf“ ist, und würden die Rivalitäten, die zwischen Individuen ohne Rückgriff auf Gewalt ausgetragen werden mußten, auf mächtige und gerüstete Staaten übertragen, die keiner höheren Rechtsinstanz unterworfen sind. Wirtschaftliche Transaktionen zwischen nationalen Körperschaften, die gleichzeitig oberste Richter über ihr eigenes Verhalten sind, die kein Gesetz über sich anerkennen und deren Vertreter sich allein von den Rücksichten auf das unmittelbare Interesse ihrer Nationen leiten lassen können, müssen schließlich zu Machtzusammenstößen führen[1].

Sollten wir keinen besseren Gebrauch von unserem Sieg machen, als eine Entwicklung in der Richtung zu fördern, wie sie schon vor 1939 nur allzusehr hervortrat, so könnten wir allerdings eines schönen Tages entdecken, daß wir den Nationalsozialismus nur vernichtet haben, um eine Welt von vielen nationalsozialistischen Staaten zu schaffen, die zwar in Einzelheiten voneinander abweichen, aber alle in gleicher Weise totalitär und nationalistisch sind und immer wieder aneinander geraten. Die Deutschen würden dann nur deshalb, wie man tatsächlich schon behauptet hat[2], als Störenfriede erscheinen, weil sie den Weg, auf dem alle andern folgen sollten, zuerst beschritten haben.

*

Diejenigen, die sich wenigstens in gewissem Umfang über diese Gefahren im klaren sind, ziehen nur zu oft den Schluß, daß die wirtschaftliche Planung eben „international" erfolgen müsse, d. h. durch eine internationale Instanz. Wenn dadurch auch einige der offensichtlichen Gefahren der nationalen Planwirtschaft vermieden würden, so scheinen doch die Vertreter dieser ehrgeizigen Pläne wenig Ahnung von den noch größeren Schwierigkeiten und Gefahren ihrer eigenen Vorschläge zu haben. Die Probleme der bewußten Lenkung des nationalen Wirtschaftsprozesses nehmen notgedrungen ein noch größeres Ausmaß an, wenn dasselbe auf internationaler Grundlage versucht wird. Der Gegensatz zwischen Planung und Freiheit kann, je un-

---

[1] Hierzu und zu den folgenden Punkten, die nur kurz gestreift werden können, vgl. *L. Robbins:* Economic Planning and International Order, 1937, passim.

[2] Vgl. vor allem das bezeichnende Buch von *James Burnham,* The Managerial Revolution, 1941.

einheitlicher der Standard und der Wertmaßstab bei denen wird, die einem Einheitsplan gehorchen müssen, sich nur um so mehr verschärfen. Die Planwirtschaft innerhalb einer Familie braucht keine Schwierigkeiten zu machen, verhältnismäßig wenig sogar noch in einem kleinen Gemeinwesen. Aber mit zunehmender Größe verringert sich die Übereinstimmung über die Reihenfolge der Ziele, womit die Notwendigkeit wächst, sich auf Macht und Zwang zu stützen. Im kleinen Kreise wird es gemeinsame Anschauungen über die größere oder geringere Bedeutung der wichtigsten Aufgaben und anerkannte Wertmaßstäbe für sehr viele Fragen geben. Aber je weiter wir den Bereich fassen, um so kleiner wird ihre Zahl werden: je geringer die Übereinstimmung in den Anschauungen ist, um so mehr wird man sich auf Gewalt und Zwang verlassen müssen.

Die Bevölkerung jedes einzelnen Landes kann leicht überredet werden, ein Opfer zu bringen zugunsten einer Eisenindustrie oder einer Landwirtschaft, die sie als die „ihrige" betrachtet, oder zugunsten ihrer Landsleute, um zu erreichen, daß niemand unter einen gewissen Lebensstandard sinkt. Solange es sich darum handelt, Menschen zu helfen, deren Lebensgewohnheiten und Denkweise uns vertraut sind, oder darum, das Einkommen oder die Arbeitsbedingungen von Menschen zu verbessern, die uns lebendig vor Augen stehen und deren Anschauungen über die ihnen angemessene Stellung unseren eigenen dem Wesen nach ähnlich sind, sind wir für gewöhnlich bereit, in die Tasche zu greifen. Aber man braucht sich nur die Probleme vorzustellen, die die Planwirtschaft auch nur in einem Gebiet wie Westeuropa aufwerfen würde, um sich darüber klarzuwerden, daß die moralischen Grundlagen für ein solches Unternehmen völlig fehlen. Wer käme auch nur auf die Idee, zu behaupten, daß es irgendwelche gemeinsamen Ideale einer gerechten Verteilung gäbe, die den norwegischen Fischer zum Verzicht auf eine mögliche Verbesserung seiner materiellen Lage zugunsten seiner portugiesischen Kollegen veranlassen würden, oder den holländischen Arbeiter dazu, sein Fahrrad teurer zu bezahlen, um dem Mechaniker in Coventry zu helfen, oder den französischen Arbeiter dazu, mehr Steuern zu zahlen zur Förderung der Industrialisierung Italiens?

Wenn die meisten Menschen diese Schwierigkeit nicht sehen wollen, so hauptsächlich aus dem Grunde, weil sie bewußt oder unbewußt annehmen, daß sie es sind, die diese Frage für die andern entscheiden, und weil sie von ihrer eigenen Fähigkeit überzeugt sind, dies gerecht und unparteiisch zu tun. Die Engländer beginnen vielleicht noch mehr als andere, die Bedeutung dieser Pläne erst zu begreifen, wenn man ihnen vorstellt, daß sie in der Planbehörde möglicherweise nur eine Minderheit bilden und daß die Hauptlinien der zukünftigen Wirtschaftsentwicklung Großbritanniens von einer nicht-britischen Majorität festgelegt werden könnten. Wieviel Engländer würden bereit sein, sich der Entscheidung einer internationalen, wenn auch nach demokratischem Verfahren gebildeten Behörde zu beugen, die die Macht hätte, zu bestimmen, daß die Entwicklung der spanischen Eisenindustrie vor der entsprechenden Entwicklung in Südwales den Vorrang haben müsse, daß die optische Industrie besser in Deutschland unter Ausschluß von Großbritannien konzentriert würde oder daß nur raffiniertes Erdöl nach Großbritannien importiert werden dürfe und daß alle Raffinierungsbetriebe den Erdölproduktionsländern vorbehalten bleiben sollten?

Wenn man glaubt, daß das Wirtschaftsleben eines riesigen Gebietes, das viele verschiedene Völker umfaßt, auf Grund eines demokratischen Verfahrens gelenkt und geplant werden könne, so verrät man völlige Unkenntnis der Probleme, die eine solche Planung aufwerfen würde. Noch mehr als die nationale würde die internationale Planwirtschaft nichts anderes als eine nackte Gewaltherrschaft sein, in der eine kleine Gruppe allen übrigen Lebensstandard und Arbeit so vorschreibt, wie sie es für richtig hält. Wenn etwas feststeht, so ist es dies, daß Großraumwirtschaft von der Art, wie sie die Deutschen angestrebt haben, mit Erfolg nur von einer Herrenrasse, einem Herrenvolk durchgeführt werden kann, das den andern seine Ziele und Ideen rücksichtslos aufzwingt. Es wäre falsch, die Brutalität und die Mißachtung, die die Deutschen gegenüber allen Wünschen und Idealen der kleineren Völker an den Tag gelegt haben, nur für ein Zeichen ihrer besonderen Verworfenheit zu halten; es liegt vielmehr in der Natur der von ihnen übernommenen Aufgabe, daß dies notwendig ist. Nimmt man die Lenkung der Wirtschaftsaktivität von Menschen mit den verschiedenartigsten Idealen und Wertmaßstäben in die Hand, so belastet man sich mit einer Verantwortung, die einen zur Anwendung von Gewalt zwingt, und man begibt sich in eine Lage, in der man auch bei den besten Absichten einfach nicht umhin kann, Dinge zu tun, die einigen davon Betroffenen höchst unmoralisch erscheinen müssen[3].

Dies trifft selbst dann zu, wenn wir annehmen, daß die herrschende Macht denkbar idealistisch und selbstlos ist. Aber wie gering ist die Wahrscheinlichkeit hierfür und wie groß die Versuchung! Ich glaube, daß die Begriffe von Anstand und Ritterlichkeit, besonders auf dem Gebiet der Außenpolitik, in England genau so gut – wenn nicht sogar besser – entwickelt sind wie in jedem andern Land. Und doch können wir selbst jetzt hören, daß wir den Sieg zur Schaffung von Bedingungen benutzen müßten, die es der englischen Industrie ermöglichen, den während des Krieges aufgebauten Produktionsapparat voll zu beschäftigen, daß der Wiederaufbau Europas so gelenkt werden müsse, daß er den besonderen Erfordernissen der englischen Industrie entspricht und jedem Bewohner Englands die Beschäf-

---

[3] Die Erfahrungen in der Kolonialpolitik – in der englischen wie in der aller andern Völker – haben zur Genüge gezeigt, daß selbst die milden Formen der Planung, die uns unter dem Namen der Erschließung der Kolonien bekannt sind, es unweigerlich mit sich bringen, daß wir den Menschen, welchen wir zu helfen suchen, gewisse Wertmaßstäbe und Ideale aufzwingen müssen. Gerade diese Erfahrung hat selbst die vorurteilslosesten Kolonialsachverständigen so sehr skeptisch in bezug auf die Möglichkeit der internationalen Verwaltung der Kolonien gemacht.

tigung verschafft, für die er sich selber am geeignetsten hält. Das Beunruhigende an solchen Vorschlägen liegt nicht darin, daß sie überhaupt gemacht werden, sondern darin, daß sie in aller Unschuld und mit größter Selbstverständlichkeit von anständigen Menschen vorgebracht werden, die sich über die moralische Ungeheuerlichkeit, die die Anwendung von Gewalt für solche Zwecke bedeuten würde, völlig im unklaren sind[4].

*

Was dem Glauben, daß die Planung der Wirtschaftsaktivität vieler verschiedener Völker von einer einzigen Zentrale aus auf demokratischem Wege möglich sei, vielleicht die stärkste Stütze gibt, ist die verhängnisvolle Einbildung, daß die Interessengemeinschaft der arbeitenden Klassen mit den zwischen den herrschenden Klassen bestehenden Streitfragen schnell fertig werden würde, wenn man die Entscheidungen dem „Volk" überließe. Wir haben allen Grund, zu erwarten, daß in einer Weltplanwirtschaft der Gegensatz der wirtschaftlichen Interessen, der sich heute in der Wirtschaftspolitik jeder einzelnen Nation fühlbar macht, tatsächlich in noch schärferer Form als ein Inter-

---

[4] Wenn jemand immer noch nicht die Schwierigkeiten sehen sollte oder glaubte, daß man sie mit etwas gutem Willen alle überwinden könne, dann empfehlen wir ihm, doch einmal den Verwicklungen nachzugehen, die sich aus der zentralen Leitung des Wirtschaftslebens der gesamten Welt ergeben würden. Kann man im geringsten daran zweifeln, daß dies den mehr oder weniger bewußten Versuch bedeuten würde, die Vorherrschaft der Weißen sicherzustellen, und mit Recht von allen andern Rassen auch so angesehen würde? Bevor ich nicht jemand mit seinen gesunden fünf Sinnen gefunden habe, der ernsthaft glaubt, daß die europäischen Rassen aus freien Stücken ihren Lebensstandard und ihr Fortschrittstempo der Entscheidung durch ein Weltparlament unterwerfen werden, kann ich solche Pläne nur als absurd ansehen. Leider hindert das nicht, daß man allen Ernstes Einzelmaßnahmen empfiehlt, die nur gerechtfertigt werden könnten, wenn die Weltwirtschaftsdiktatur ein zu verwirklichendes Ideal wäre.

essengegensatz zwischen ganzen Nationen hervortreten würde, der nur durch Gewalt ausgetragen werden könnte. Über die Fragen, die eine internationale Planwirtschaftsbehörde zu entscheiden hätte, würden die Meinungen und Interessen der Arbeiterklassen in den verschiedenen Ländern notgedrungen auseinandergehen. Ja, es würde noch weniger als zwischen den verschiedenen Klassen jeder einzelnen Nation eine allgemein anerkannte Grundlage für eine gerechte Regelung geben. Für den Arbeiter in einem armen Land ist die Forderung seines besser gestellten Kollegen, gegen seine Schundlohnkonkurrenz geschützt zu werden, was angeblich in seinem Interesse liegt, oft nichts weiter als ein Mittel, um ihm die einzige Möglichkeit zu nehmen, seine Lage durch Überwindung der natürlichen Nachteile zu verbessern, indem er zu niedrigeren Löhnen arbeitet als seine Kollegen in andern Ländern. Für ihn bedeutet die Tatsache, daß er das Produkt einer zehnstündigen Arbeitszeit gegen das Produkt einer fünfstündigen Arbeitszeit des Mannes in einem andern Land, der über mehr Maschinen verfügt, austauschen muß, eine ebensolche „Ausbeutung“ wie die durch irgendeinen Kapitalisten.

Es ist ziemlich sicher, daß in einer Weltplanwirtschaft die reicheren und daher mächtigeren Völker von den ärmeren weit mehr gehaßt und beneidet werden würden als in einer freien Wirtschaft, und die ärmeren würden – zu Recht oder zu Unrecht – alle davon überzeugt sein, daß ihre Lage sich viel schneller bessern würde, wenn sie nur tun dürften, was sie wollen. Sollte es tatsächlich als Pflicht der internationalen Behörde angesehen werden, eine gerechte Verteilung unter den verschiedenen Nationen herbeizuführen, so wäre es nur eine logische und zwangsläufige Entwicklung der sozialistischen Lehre, wenn aus dem Klassenkampf ein Kampf zwischen den Arbeiterklassen der verschiedenen Länder würde.

Man hört heute viel verworrenes Gerede über „Planwirtschaft zum internationalen Ausgleich des Lebensstandards“. Es ist lehrreich, wenn man einen dieser Vorschläge etwas eingehender betrachtet, um zu sehen, worauf er eigentlich hinausläuft. Die Gegend, für die unsere Planer augenblicklich besonders gern solche Pläne aufstellen, ist der Donauraum und Südosteuropa. Eine Verbesserung der Wirtschaftslage in diesem Gebiet ist zweifellos eine dringende Notwendigkeit, und zwar aus humanitären und wirtschaftlichen Erwägungen wie auch im Interesse des europäischen Friedens, und es ist ebenso unzweifelhaft, daß dies nur innerhalb eines neuen politischen Rahmens möglich ist. Aber das ist nicht gleichbedeutend mit dem Wunsch, das Wirtschaftsleben in diesem Gebiet nach einem einzigen großzügigen Plan geregelt zu sehen und die Entwicklung der verschiedenen Industrien nach einem vorher festgelegten Schema so zu fördern, daß die lokale Initiative von der Genehmigung durch die Zentralinstanz und von der Eingliederung in ihren Plan abhängt. Man kann z.B. nicht eine Art von „Tennessee Valley Authority" für den Donauraum schaffen, ohne für viele Jahre im voraus das Tempo der wirtschaftlichen Entwicklung für die verschiedenen Völker dieses Gebietes festzulegen oder ohne alle ihre eigenständigen Bestrebungen und Wünsche dieser Aufgabe unterzuordnen.

Eine Planwirtschaft dieser Art muß notgedrungen mit der Schaffung eines Prioritätssystems für die verschiedenen Ansprüche beginnen. Wenn man die bewußte Angleichung des Lebensstandards plant, so bedeutet dies, daß die verschiedenen Ansprüche gegeneinander abgewogen werden müssen, daß einige vor andern bevorzugt werden und daß die letzten warten müssen, bis sie an die Reihe kommen – selbst wenn diejenigen, deren Interessen so zurückgestellt werden, nicht nur von ihrem bessern Recht überzeugt sind, sondern auch davon, daß sie ihr Ziel schneller erreichen könnten, wenn sie nur nach ihren eigenen Plänen handeln dürften. Es gibt kein Kriterium, das uns zu entscheiden erlaubt, ob die Forderungen des armen rumänischen Bauern dringlicher oder weniger dringlich sind als die des noch ärmeren Albaniers oder ob die Notlage des slowakischen Berghirten größer ist als die seines slowenischen Kollegen. Aber wenn die Hebung ihres Lebensstandards nach einem einheitlichen Plan erfolgen soll, muß jemand die Berechtigung all dieser Forderungen bewußt gegeneinander abwägen und zwischen ihnen entscheiden. Wird solch ein Plan erst einmal in die Tat umgesetzt, so müssen alle Produktivkräfte des Planungsgebietes in den Dienst dieses Planes gestellt werden, wobei es keine Ausnahme für diejenigen geben kann, die glauben, sie würden allein besser fertig werden. Sind ihre Ansprüche zurückgestellt worden, so müssen sie zuerst für die Befriedigung der Bedürfnisse derjenigen arbeiten, die bevorzugt worden sind. Bei solcher Sachlage wird jeder mit Recht empfinden, daß er schlechter daran ist, als wenn irgendein anderer Plan angenommen worden wäre, und daß er durch die Entscheidung und die Macht der herrschenden Gewalten zu einer ungünstigeren Stellung verdammt ist als derjenigen, auf die er Anspruch zu haben glaubt. Wird ein solcher Versuch in einem von kleinen Nationen bewohnten Gebiet gemacht, von denen jede gleich fanatisch an die eigene Überlegenheit glaubt, so heißt das eine Aufgabe in Angriff nehmen, die nur unter Anwendung von Gewalt durchgeführt werden kann. In der Praxis würde dies darauf hinauslaufen, daß die Entscheidungen und die Macht der Engländer die Frage lösen würden. ob der Standard des mazedonischen oder des bulgarischen Bauern schneller gehoben werden soll, ob der tschechische oder aber der ungarische Bergarbeiter sich schneller dem Standard des Westens annähern soll. Man braucht kein großer Kenner der menschlichen Natur und nur ein mittelmäßiger Kenner der Völker Mitteleuropas zu sein, um zu sehen, daß es bei jeder Entscheidung viele – vermutlich sogar eine Mehrheit – geben wird, denen der besondere Plan, auf den die Wahl gefallen ist, höchst ungerecht erscheinen wird, und daß ihr gemeinsamer Haß sich bald gegen die Macht wenden wird, die, wenn auch noch so selbstlos, de facto über ihr Geschick entscheidet.

Zwar wird es zweifellos viele Leute geben, die aufrichtig glauben, daß sie – wenn sie nur die Sache in die Hand nehmen dürften – imstande wären alle diese Probleme gerecht und unparteiisch zu regeln, und die ehrlich erstaunt wären, wenn sich Argwohn und Haß gegen sie richteten; aber sie wären wahrscheinlich die ersten, die Gewalt anwenden würden, wenn diejenigen, denen sie Gutes tun wollen, sich widerspenstig verhalten, und die ersten, die die Menschen erbarmungslos zu dem zwingen würden, was angeblich in ihrem eigensten Interesse liegt. Was diese gefährlichen Idealisten übersehen, ist nur dies eine: wenn die Übernahme einer moralischen Verantwortung bedeutet, daß die sittlichen Überzeugungen der einen Gesellschaft mit Gewalt gegenüber denen anderer Gesellschaften zur Geltung gebracht werden sollen, dann kann sie die Verantwortlichen in eine Lage bringen, in der es für sie unmöglich wird, sich noch moralisch zu verhalten. Den siegreichen Nationen eine solche unmögliche moralische Aufgabe zu übertragen, ist ein sicherer Weg, um sie moralisch zu korrumpieren und in Mißkredit zu bringen.

Wir sollten die ärmeren Völker, soweit es in unserer Macht steht, in ihren eigenen Bemühungen, sich ihr Leben aufzubauen und ihren Lebensstandard zu heben, unterstützen. Eine internationale Instanz kann sehr gerecht sein und viel zur wirtschaftlichen Prosperität beitragen, wenn sie sich darauf beschränkt, die Ordnung aufrechtzuerhalten und die Bedingungen zu schaffen, unter denen die Menschen sich ihr eigenes Leben zurechtzimmern können; aber es ist unmöglich, gerecht zu sein oder die Menschen ihr eigenes Leben leben zu lassen, wenn die Zentralbehörde die Rohstoffe verteilt und die Märkte zuweist, wenn jede spontane Aktivität genehmigt werden muß und nichts getan werden kann ohne Einwilligung der Zentralinstanz.

*

Nach den Darlegungen der früheren Kapitel braucht kaum noch betont zu werden, daß man diesen Schwierigkeiten nicht begegnen kann, indem man den verschiedenen internationalen Behörden „nur" wirtschaftliche Macht überträgt. Der Glaube, daß dies eine praktische Lösung sei, beruht auf dem Irrtum, daß

Planwirtschaft lediglich eine technische Aufgabe sei, die in streng objektiver Weise von Sachverständigen gelöst werden könne, und daß die wirklich lebenswichtigen Angelegenheiten noch in der Hand der politischen Behörden bleiben würden. Jede internationale Wirtschaftsbehörde, die nicht einer höheren politischen Macht unterstellt wäre, könnte, selbst wenn sie streng auf ein besonderes Gebiet beschränkt bliebe, leicht das denkbar tyrannischste und unverantwortlichste Regiment ausüben. Die monopolistische Zwangsbewirtschaftung lebenswichtiger Rohstoffe oder Leistungen, wie z. B. des Luftverkehrs, ist tatsächlich eine der größten Machtbefugnisse, die einer Behörde übertragen werden können. Da es kaum irgend etwas gibt, was nicht durch „technische Notwendigkeiten", gegen die ein Außenstehender machtlos ist, gerechtfertigt werden könnte – oder durch humanitäre und möglicherweise völlig aufrichtige Argumente zugunsten irgendeiner besonders benachteiligten Gruppe, der auf keine andere Weise zu helfen sei –, besteht wenig Aussicht darauf, diese Behörde zu kontrollieren. Eine Organisation der Produktivkräfte der Welt unter mehr oder weniger selbständigen Körperschaften, die heute so oft von Kreisen befürwortet wird, von denen man es nicht erwarten sollte, oder ein umfassendes Monopolsystem, das von allen nationalen Regierungen anerkannt ist, aber keiner von ihnen untersteht, würden notgedrungen zu den denkbar schlimmsten Blutsaugern werden – selbst wenn die mit der Verwaltung Beauftragten sich als die redlichsten Treuhänder der ihnen anvertrauten Sonderinteressen erweisen sollten.

Man braucht sich nur die volle Tragweite solcher anscheinend harmlosen Vorschläge, die in weiten Kreisen als die wesentliche Grundlage der zukünftigen Wirtschaftsordnung angesehen werden, wie z. B. die bewußte Lenkung und Verteilung der vorhandenen lebenswichtigen Rohstoffe, ernsthaft klarzumachen, um zu sehen, was für erschreckende politische Schwierigkeiten und moralische Gefahren sie hervorrufen. Wer den Vorrat an irgendeinem Rohstoff wie Erdöl, Holz, Kautschuk oder Zinn kontrolliert, würde Herr über das Schicksal ganzer Industrien und Länder sein. Durch seine Entscheidung, ob das Angebot steigen und der Preis oder das Einkommen der Produzenten fallen darf, würde er bestimmen, ob irgendein Land eine neue Industrie aufbauen darf oder ob es daran gehindert wird. Während er den Lebensstandard derjenigen „schützt", für die er sich besonders verantwortlich glaubt, wird er vielen anderen, die sich in einer weit schlechteren Lage befinden, die beste und vielleicht einzige Möglichkeit nehmen, sie zu verbessern. Wenn alle wichtigen Rohstoffe in dieser Weise kontrolliert werden, dann gibt es tatsächlich keine neue Industrie mehr, kein neues Wagnis, auf das die Bewohner eines Landes sich ohne Erlaubnis der Kontrollinstanzen einlassen könnten, keinen Plan für eine Entwicklung oder Verbesserung, der nicht durch deren Einspruch vereitelt werden könnte. Dasselbe gilt von internationalen Abmachungen über die „Aufteilung" von Märkten und noch mehr von der Kontrolle der Investitionen und der Erschließung von Naturkräften.

Es ist seltsam, daß diejenigen, die sich als die überzeugtesten Realisten aufspielen und die keine Gelegenheit vorübergehen lassen, die „Utopien" jener, die an die Möglichkeit einer internationalen politischen Ordnung glauben, lächerlich zu machen, doch die viel einschneidendere und rücksichtslosere Einmischung in das Leben der verschiedenen Völker, die die Planwirtschaft mit sich bringt, für einen gangbaren Weg halten. Nicht weniger merkwürdig ist es, wenn sie glauben, daß man einer internationalen Regierung, die, wie wir soeben gesehen haben, nicht einmal imstande ist, den einfachen Gedanken des Rechtsstaates zu verwirklichen, nur eine bisher unerhörte Machtfülle zu geben braucht, damit sie in einer so uneigennützigen Weise und mit einer so offenkundigen Gerechtigkeit gebraucht wird, daß sie auf allgemeine Zustimmung rechnen kann. Dies eine sollte doch klar sein, daß, wenn auch die Nationen sich an die formalen Rechtsregeln halten können, die sie miteinander vereinbart haben, sie sich doch niemals dem mit einer internationalen Planwirtschaft notwendig verbundenen Kommando unterwerfen werden. Können sie sich auch über die allgemeinen Spielregeln einigen, so doch niemals über die Rangfolge, die ihren eigenen Bedürfnissen und ihrem eigenen Fortschrittstempo durch ein internationales Mehrheitsvotum bestimmt wird. Selbst wenn die Völker zunächst, verführt durch trügerische Vorstellungen über den Sinn solcher Vorschläge, die Übertragung der in Frage kommenden Vollmachten an eine internationale Behörde zulassen sollten, so werden sie doch bald feststellen, daß sie dieser nicht eine bloß technische Aufgabe, sondern die umfassendste Macht über ihr eigenes Leben übertragen haben.

Offenbar haben die nicht ganz und gar unpraktischen „Realisten", die solche Pläne empfehlen, den Hintergedanken, daß die Großmächte zwar nicht bereit sein werden, sich irgendeiner übergeordneten Instanz zu fügen, dafür aber diese „internationalen" Ämter dazu benutzen können, um den kleineren Staaten innerhalb ihres Einflußbereichs ihren Willen aufzuzwingen. Das ist insoweit „Realismus", als es durch diese Tarnung der Planbehörden als „internationaler" Einrichtungen leichter sein kann, eine internationale Planwirtschaft durchzusetzen und zwar in der einzigen Form, in der sie möglich ist, nämlich als eine solche, die in den Händen einer einzigen vorherrschenden Macht liegt. Diese Verkleidung würde jedoch nichts an der Tatsache ändern, daß sie für alle kleineren Nationen eine viel weitergehende Unterwerfung unter eine auswärtige Macht, der man rettungslos ausgeliefert ist, bedeuten würde, als wenn man auf ein klar abgegrenztes Stück seiner politischen Souveränität verzichten würde.

Es ist bezeichnend, daß die leidenschaftlichsten Befürworter einer wirtschaftlichen Neuen Ordnung Europas, die von einer Zentrale gelenkt wird, sich gleich ihren Vorgängern aus der englischen Fabian Society (Bernard Shaw, Sidney Webb u. a.) und ihren deutschen Vorbildern als vollkommenste Verächter der Eigenständigkeit und der Rechte der Kleinstaaten erweisen. Die Ansichten Carrs, der auf diesem Gebiet sogar noch mehr als auf dem Gebiet der Innenpolitik die Tendenz zum Totalitarismus in England beispielhaft vertritt, haben bereits einen seiner akademischen Kollegen zu der sehr berechtigten Frage veranlaßt: „Wenn die Art, wie die Nationalsozialisten mit den souveränen Kleinstaaten umspringen, tatsächlich üblich wird, wozu führen wir dann eigentlich noch Krieg?"[5] Wer beobachtet hat, wieviel Unruhe und Besorgnis einige diesbezügliche Äußerungen so verschiedener Blätter wie The Times und The New Statesman[6] unter unseren kleineren Alliierten verursacht haben, kann kaum daran zweifeln, wie sehr diese Haltung schon jetzt unsere nächsten Freunde erbittert und wie leicht sich das während des Krieges angesammelte Kapital an gutem Willen verflüchtigen wird, wenn jene Ratgeber Gehör finden.

*

Diejenigen, die so schnell damit bei der Hand sind, sich rücksichtslos über die Rechte der Kleinstaaten hinwegzusetzen, haben natürlich in einem Punkt recht: wir können nach diesem Krieg keine Ordnung und keinen langdauernden Frieden erwarten, wenn die Staaten, seien sie groß oder klein, wieder uneingeschränkte Souveränität auf wirtschaftlichem Gebiet erhalten. Aber dies bedeutet nicht, daß ein neuer Superstaat Machtbefugnisse bekommen muß, von denen wir noch nicht einmal innerhalb des Staates vernünftigen Gebrauch zu machen gelernt haben; es bedeutet nicht, daß einer internationalen Instanz die Macht verliehen werden müsse, den einzelnen Nationen vorzuschreiben, wie sie ihre Produktivkräfte verwenden sollen. Es

[5] *C. A. W. Manning* in einer Besprechung des Carrschen Buches „Conditions of Peace", International Affairs Review Supplement, Juni 1942.

[6] Es ist in mehr als einer Beziehung bezeichnend, daß man, wie jüngst eine unserer Wochenschriften bemerkte, „sich schon mehr und mehr darauf gefaßt macht, einen Hauch des Carrschen Aromas in den Seiten des New Statesman wie in denen der Times zu entdecken". („Four Winds" in: Time and Tide, 20. Februar 1943.)

bedeutet nur, daß es eine Macht geben muß, die die verschiedenen Nationen von Handlungen zurückhalten kann, die ihren Nachbarn schaden, daß es einen Kodex von Normen geben muß, der festsetzt, was ein Staat tun darf, und eine Instanz, die diese Normen durchsetzen kann. Die Befugnisse, die eine solche Instanz brauchen würde, sind hauptsächlich negativer Art: sie muß allen Arten von Restriktionen ihr „Nein" entgegensetzen können.

Es ist nicht nur unzutreffend, daß wir, wie heute allgemein angenommen wird, eine internationale Wirtschaftsinstanz brauchen, während die Staaten gleichzeitig ihre uneingeschränkte politische Souveränität beibehalten, vielmehr ist fast das genaue Gegenteil richtig. Was wir brauchen und worauf wir hoffen können, ist nicht eine Steigerung der Macht in den Händen unverantwortlicher internationaler Wirtschaftsinstanzen, sondern im Gegenteil eine internationale politische Organisation, die die Wirtschaftsinteressen in Schach halten und im Falle eines Konfliktes ausgleichend wirken kann, da sie selber nicht in die Wirtschaftsangelegenheiten verstrickt ist. Wir brauchen eine internationale politische Instanz, die zwar nicht die Macht hat, den Völkern zu befehlen, was sie tun sollen, aber imstande sein muß, sie von Handlungen zurückzuhalten, die anderen schaden. Die Macht, die einer internationalen Instanz zufallen muß, besteht nicht in den Befugnissen, die der Staat sich in jüngster Zeit angemaßt hat, sondern in jenem Minimum an Befugnissen, ohne die keine friedlichen Beziehungen aufrechterhalten werden können, d. h. im wesentlichen in den Befugnissen des ultraliberalen „Laissez-faire"-Staates. Und noch mehr als im nationalen Rahmen kommt es darauf an, daß diese Befugnisse der internationalen Instanz genau durch die Normen des Rechtsstaates festgelegt werden. Die Notwendigkeit einer solchen übernationalen Instanz wird tatsächlich um so dringender, je mehr die einzelnen Staaten zu bloßen Einheiten der Wirtschaftsverwaltung werden, je mehr sie Darsteller und nicht Regisseure auf der Bühne der Wirtschaft sind und je mehr deshalb Konflikte nicht zwischen

Einzelpersonen, sondern zwischen den Staaten als solchen wahrscheinlich werden.

Die Form der internationalen Regierung, unter der einer internationalen Instanz gewisse genau abgegrenzte Befugnisse übertragen werden, während in jeder andern Hinsicht die einzelnen Staaten in ihren inneren Angelegenheiten autonom bleiben, ist natürlich die der Föderation. Wir dürfen über den vielen schlecht durchdachten und häufig sehr törichten Forderungen, die in bezug auf eine föderative Organisation der ganzen Welt auf dem Höhepunkt der „Federal Union"-Propaganda erhoben worden sind, die Tatsache nicht vergessen, daß das Prinzip der Föderation die einzige Form der Vereinigung verschiedener Nationen ist, das eine internationale Ordnung schaffen wird, ohne ihr berechtigtes Verlangen nach Selbständigkeit über Gebühr zu unterdrücken[7]. Der Föderalismus ist natürlich nichts anderes als die Anwendung des demokratischen Prinzips auf die internationalen Beziehungen, die einzige bis jetzt gefundene Methode für friedliche internationale Veränderungen. Aber es ist eine Demokratie mit genau begrenzten Machtbefugnissen. Abgesehen von dem kaum zu erreichenden Ideal der Vereinigung verschiedener Länder zu einem einzigen zentralisierten Staat (der alles andere als wünschenswert ist), ist dies der einzige Weg, auf dem das Ideal des Völkerrechts verwirklicht werden kann. Wir dürfen uns nicht darüber täuschen, daß es nur ein frommer Wunsch war, wenn wir früher die Regeln des internationalen Verhaltens Völkerrecht genannt haben. Wenn wir die Menschen davon abhalten wollen, sich gegenseitig umzu-

---

[7] Es ist sehr schade, daß infolge der Flut von Veröffentlichungen über den Föderalismus, die sich in den letzten Jahren über uns ergossen hat, die wenigen wichtigen und intelligenten unter ihnen nicht die Aufmerksamkeit gefunden haben, die sie verdienen. Eine, die besonders sorgfältig zu Rate gezogen werden sollte, wenn die Zeit für die Errichtung einer neuen politischen Ordnung Europas kommt, ist die kleine Schrift *Ivor Jennings'*: „A Federation for Western Europe", 1940.

bringen, begnügen wir uns nicht mit der Erklärung, daß Töten verboten ist, sondern wir verleihen einer Behörde die Macht, dies zu verhindern. Ebensowenig kann es ein internationales Recht geben ohne die Macht, es durchzusetzen. Was der Schaffung einer solchen internationalen Macht im Wege stand, war weitgehend die Auffassung, daß sie mit allen den praktisch unbegrenzten Befugnissen ausgestattet sein müsse, die der moderne Staat besitzt. Aber da die Machtbefugnisse unter dem föderativen System auf mehrere Instanzen aufgeteilt sind, ist dies durchaus nicht nötig.

Die Aufteilung der Macht würde sich notgedrungen gleichzeitig in einer Begrenzung der Macht sowohl des Ganzen als auch des einzelnen Staates auswirken. Es würden in der Tat viele Arten der Planwirtschaft, die heute in Mode sind, völlig unmöglich werden[8]. Aber diese Aufteilung der Macht würde keineswegs ein Hindernis für jede Art von Planung bedeuten. In Wirklichkeit liegt einer der Hauptvorzüge der Föderation in der Möglichkeit, sie so zu konstruieren, daß die meisten schädlichen Maßnahmen der Planung erschwert werden, während der Weg für alle wünschenswerte Planung offenbleibt. Sie wird oder kann die meisten Formen des Restriktionismus verhindern. Sie beschränkt die internationale Planung auf die Gebiete, auf denen eine wirkliche Übereinstimmung erzielt werden kann – nicht nur zwischen den unmittelbar betroffenen „Interessenten", sondern zwischen allen Beteiligten. Für die wünschenswerten Formen der Planung, die lokal und ohne Restriktionsmaßnahmen durchgeführt werden können, bleibt ein freier Spielraum, und zwar in der Hand der am besten Geeigneten. Es ist sogar zu hoffen, daß in einer Föderation, wo nicht mehr die gleichen Gründe dafür bestehen, die einzelnen Staaten möglichst stark zu machen, der frühere Prozeß der Zentralisierung in ge-

---

[8] Vgl. hierzu den Artikel des Verfassers: „Economic Conditions of Inter-State Federation", The New Commonwealth Quarterly, Bd. V, September 1939.

wissem Umfang rückgängig gemacht wird und daß bestimmte Machtbefugnisse vom Staat auf die untergeordneten Behörden übertragen werden können.

Wir tun gut, uns daran zu erinnern, daß die Vorstellung von einer Welt, die durch das Aufgehen der Einzelstaaten in Staatenbünden und schließlich vielleicht in einer einzigen Föderation endlich Frieden finden sollte, keineswegs neu ist, sondern in Wirklichkeit das Ideal fast aller liberalen Denker des 19. Jahrhunderts war. Von Tennyson an, auf dessen oft zitierten Traum von der „Luftschlacht" eine Vision der Föderation der Nationen folgt, nachdem sie ihren letzten Kampf ausgefochten haben, bis zum Ende des Jahrhunderts blieb die schließliche Verwirklichung einer föderativen Organisation als der nächste große Fortschritt der Zivilisation die Hoffnung, die immer wieder ausgesprochen wurde. Die Liberalen des 19. Jahrhunderts mögen sich nicht völlig im klaren darüber gewesen sein, *welche* wesentliche Ergänzung ihrer Grundsätze eine föderative Organisation der verschiedenen Staaten bildete[9]; aber es gab nur wenige unter ihnen, die diesen Glauben nicht als ihr höchstes Ziel bezeichneten[10]. Erst gegen Ende des 19. Jahrhunderts kamen mit dem Triumph der Realpolitik diese Hoffnungen schließlich in den Verruf, unpraktisch und utopisch zu sein.

*

Wir werden unsere Kultur nicht im Kolossalmaßstab wiederaufbauen können. Es ist kein Zufall, daß im allgemeinen im Le-

---

[9] Vgl. *L. Robbins*, a. a. O., S. 240–257.

[10] Noch in den letzten Jahren des 19. Jahrhunderts hielt *Henry Sidgwick* es „für durchaus im Bereich der Möglichkeit liegend, daß unter den westeuropäischen Staaten in der Zukunft irgendeine Staatenverschmelzung stattfinden werde, und wenn sie stattfindet, ist es wahrscheinlich, daß man sich nach dem Beispiel Amerikas richtet und daß die neue politische Vereinigung sich auf der Grundlage einer föderativen Gesellschaft bildet" (The Development of European Polity, posthum veröffentlicht 1903, S. 439).

ben der kleinen Staaten mehr Schönheit und Anstand zu finden war und daß die großen um so glücklicher und zufriedener waren, je mehr sie das tödliche Gift der Zentralisierung vermieden hatten. Am wenigsten werden wir die Demokratie erhalten oder ihr Wachstum fördern, wenn die gesamte Macht und die wichtigsten Entscheidungen in der Hand einer Organisation liegen, die viel zu groß ist, als daß der normale Mensch sie überblicken oder begreifen könnte. Nirgends hat die Demokratie gut funktioniert ohne ein hohes Maß von lokaler Selbstverwaltung, die eine Schule für die politische Erziehung sowohl des Volkes im allgemeinen wie auch seiner zukünftigen Führer darstellt. Nur dort, wo Verantwortlichkeit gelernt und auf Fragen angewendet werden kann, die den meisten Menschen geläufig sind, nur dort wo die Vertrautheit mit dem Nachbarn und nicht irgendeine theoretische Kenntnis der Bedürfnisse anderer Menschen die Handlungen bestimmt, kann der einfache Mann wirklich an den öffentlichen Angelegenheiten teilnehmen, da sie sich auf eine Welt beziehen, die er kennt. Wenn das Ziel der politischen Maßnahmen so weit gesteckt ist, daß fast nur die Bürokratie das erforderliche Wissen besitzt, muß die schöpferische Kraft der Privatpersonen erlahmen. Ich glaube, daß in dieser Hinsicht die Erfahrung der Kleinstaaten wie Hollands und der Schweiz selbst für die glücklichsten Großstaaten wie England außerordentlich lehrreich ist. Wir alle werden dabei gewinnen, wenn wir imstande sind, eine Welt aufzubauen, in der die kleinen Staaten atmen können.

Aber die kleinen Nationen können ihre Unabhängigkeit im internationalen wie im nationalen Bereich nur unter einem echten Rechtssystem wahren, das zwei Dinge garantiert, nämlich, daß gewisse Normen ausnahmslos durchgesetzt werden und daß die Instanz, die die Macht hierzu hat, sie nicht für irgendeinen andern Zweck benutzen kann. Während die übernationale Instanz für ihre Aufgabe der Durchsetzung des allgemeingültigen Rechts sehr mächtig sein muß, muß sie gleichzeitig so beschaffen sein, daß weder die internationalen noch die nationalen Behörden zu Tyrannen werden können. Wir werden niemals den Mißbrauch der Macht abstellen, wenn wir nicht bereit sind, die Macht in einer Weise zu beschränken, die gelegentlich auch ihre Anwendung für wünschenswerte Zwecke verhindern könnte. Die große Gelegenheit, die sich uns bei Beendigung dieses Krieges bieten wird, ist die, daß die siegreichen Großmächte dadurch, daß sie sich zuerst freiwillig einem System von Normen unterwerfen, das durchzusetzen in ihrer Macht liegt, das moralische Recht erlangen können, dieselben Normen anderen aufzuerlegen.

Eine internationale Instanz, die die Macht des Staates über das Individuum wirksam beschränkt, wird eine der besten Garantien für den Frieden sein. Die internationale Herrschaft des Rechtes muß nicht nur das Individuum gegenüber der Tyrannei des Staates beschützen, sondern auch die nationalen Gemeinschaften gegenüber der Tyrannei des Superstaates. Weder ein allmächtiger Superstaat noch eine lose Vereinigung von „freien Nationen" muß unser Ziel sein, sondern eine Gemeinschaft von Nationen freier Menschen. Wir haben uns lange damit entschuldigt, daß es unmöglich geworden war, uns in den internationalen Beziehungen so zu verhalten, wie wir es gewünscht hätten, da die andern die Spielregeln nicht anerkennen wollten. Die künftige Regelung wird uns die Gelegenheit geben, zu beweisen, daß wir aufrichtig gewesen sind und daß wir bereit sind, für unsere Handlungsfreiheit dieselben Beschränkungen anzuerkennen, die wir im gemeinsamen Interesse anderen auferlegen zu müssen glauben.

Bei kluger Verwirklichung kann das föderative Organisationsprinzip sich tatsächlich als die beste Lösung für einige der schwierigsten Probleme der Welt erweisen. Aber seine Anwendung ist eine äußerst schwere Aufgabe, und es ist unwahrscheinlich, daß wir sie mit Erfolg lösen, wenn wir im Übereifer von der Föderation mehr verlangen, als sie leisten kann. Wir müssen mit einer starken Tendenz rechnen, jede neue Organisation lückenlos und weltumfassend zu machen, und es wird natürlich ein dringendes Bedürfnis nach irgendeiner solchen umfassenden Organisation, irgendeinem neuen Völkerbund bestehen. Die große Gefahr liegt darin, daß die Aufgaben nicht angemessen durchgeführt werden, wenn man diese Weltorganisation bei dem Versuch, sich ausschließlich auf sie zu stützen, mit all den Aufgaben belastet, die in den Händen einer internationalen Organisation am besten aufgehoben scheinen. Es war immer meine Überzeugung, daß die Schwäche des Völkerbundes letzten Endes auf solchem Ehrgeiz beruhte: nämlich daß er in dem unglücklichen Versuch, ihn auf die ganze Welt auszudehnen, nicht stark genug gemacht werden konnte und daß ein kleinerer und gleichzeitig stärkerer Bund ein besseres Werkzeug zur Erhaltung des Friedens hätte sein können. Ich glaube, daß diese Erwägungen auch heute noch gelten und daß ein Grad von Kooperation zwischen, sagen wir, dem Britischen Reich und den westeuropäischen Staaten und vermutlich den Vereinigten Staaten von Amerika verwirklicht werden könnte, der bei einer die ganze Welt umfassenden Institution unmöglich wäre. Der verhältnismäßig enge Zusammenschluß, den eine Staatenföderation bedeutet, wird zunächst nicht einmal über ein so kleines Gebiet wie einen Teil Westeuropas hinausgehen können, wenn es auch möglich ist, ihn allmählich auszudehnen.

Natürlich bleibt mit der Bildung solcher regionalen Föderationen die Möglichkeit des Krieges zwischen den verschiedenen Blocks noch bestehen, und, um diese Gefahr zu verringern, müssen wir uns auf eine größere und losere Vereinigung stützen. Ich meine, daß das Bedürfnis nach solch einer andern Organisation kein Hindernis für einen engeren Zusammenschluß jener Länder bilden sollte, deren Kultur, Anschauungen und Lebensstandard einander am ähnlichsten sind. Während es unser Ziel sein muß, Kriege in Zukunft nach Möglichkeit zu vermeiden, dürfen wir nicht glauben, daß wir mit einem Schlage eine dauernde Organisation schaffen können, die den Krieg überall in der Welt gänzlich unmöglich machen wird. Nicht nur würde ein solcher Versuch fehlschlagen, sondern wir würden dadurch wahrscheinlich sogar die Aussicht auf einen räumlich beschränkten Erfolg aufs Spiel setzen. Wie es auch bei andern großen Übeln der Fall ist, könnten die Maßnahmen, die den Krieg in Zukunft ganz unmöglich machen sollen, leicht schlimmer sein als der Krieg selbst. Wenn wir die Reibungsflächen verringern, an denen sich der Krieg entzündet, so ist das wahrscheinlich alles, was wir vernünftigerweise erhoffen dürfen.

SCHLUSS

Es war nicht das Ziel dieses Buches, ein ausführliches Programm für die erstrebenswerte Gesellschaftsordnung der Zukunft zu entwerfen. Wenn wir für die internationalen Fragen unsere im wesentlichen kritische Aufgabe ein wenig überschritten haben, so taten wir es, weil auf diesem Gebiet bald der Ruf an uns ergehen könnte, ein Gerüst zu errichten, auf das sich die weitere Entwicklung für lange Zeit stützen müßte. Sehr viel wird davon abhängen, welchen Gebrauch wir dann von der Gunst des Augenblickes machen werden. Auf jeden Fall aber wird es sich nur um den Anfang eines neuen, langen und schwierigen Weges handeln können, auf dem wir, wie wir alle hoffen, Schritt für Schritt eine Welt schaffen werden, die wesentlich anders sein wird als diejenige, mit der wir während des letzten Vierteljahrhunderts vertraut geworden sind. Es ist zum mindesten zweifelhaft, ob es viel Sinn hat, schon heute einen ausführlichen Aufriß eines wünschenswerten Gesellschaftsbaus zu entwerfen – oder ob jemand kompetent genug ist, ihn uns zu liefern. Heute kommt es vor allem darauf an, daß wir uns auf bestimmte Grundsätze einigen und uns von Irrtümern befreien, in denen wir bis vor kurzem befangen waren. So schwer uns ein solches Eingeständnis auch fallen mag, so müssen wir uns doch darüber klar sein, daß wir vor dem Ausbruch dieses Krieges wieder einmal einen Punkt erreicht hatten, da die Wegräumung von Hindernissen, die menschliche Torheit vor uns aufgetürmt hat, und die Entfesselung der schöpferischen Kräfte des Individuums wichtiger sind als das Entwerfen eines neuen Apparates für ihre „Lenkung“ und „Kommandierung“, und da die Schaffung günstiger Fortschrittsbedingungen dringlicher ist als die „Planung“ des Fortschrittes. Notwendiger als alles ist, daß wir uns von jener schlimmsten Form des heutigen Obskurantismus befreien, die uns einreden will, daß alles, was wir in den letzten Jahren getan haben entweder weise oder unvermeidlich war. Wir werden nicht weiser werden, wenn wir nicht zuvor lernen, daß vieles, was wir getan haben, sehr töricht war.

Wollen wir eine bessere Welt errichten, dann müssen wir den Mut zu einem neuen Anfang haben – selbst wenn das ein wenig heißt: reculer pour mieux sauter. Dieser Mut ist nicht bei denen, die an Zwangsläufigkeiten glauben, und auch nicht bei denen, die eine „Neue Ordnung" predigen, womit man sich eben lediglich auf der Bahn der Entwicklung der letzten vierzig Jahre bewegt, und denen nichts Besseres einfällt, als Hitler zu kopieren. Diejenigen, die am lautesten nach der „Neuen Ordnung" rufen, sind ja gerade dieselben, die am meisten unter der Herrschaft der Ideen stehen, aus denen dieser Krieg und die meisten Übel unserer Zeit entstanden sind. Die Jugend hat recht, wenn sie wenig Vertrauen zu den Vorstellungen hat, die einen großen Teil der älteren Generation beherrschen. Aber sie irrt sich oder läßt sich verwirren, wenn sie glaubt, daß dies noch immer die liberalen Vorstellungen des 19. Jahrhunderts sind, von denen die jüngere Generation tatsächlich kaum etwas weiß. Es ist nicht unser Wunsch noch steht es in unserer Macht, zu der Wirklichkeit des 19. Jahrhunderts zurückzukehren, aber wir haben die Möglichkeit, seine Ideale zu verwirklichen – und diesen Idealen fehlte die Größe nicht. Mit welchem Recht könnten wir uns in dieser Beziehung unseren Großvätern überlegen dünken, und wie können wir vergessen, daß nicht sie, sondern wir, die Menschen des 20. Jahrhunderts es sind, die die Welt ruiniert haben? Wenn sie noch nicht alle Voraussetzungen kannten, von denen die von ihnen gewünschte Weltordnung abhängt, so sollten wir durch die seitdem gewonnene Erfahrung um so besser für die Aufgabe gerüstet sein. Wenn unser erster Versuch der Schaffung einer Welt freier Menschen fehlgeschlagen ist, so müssen wir einen neuen Anlauf nehmen. Der leitende Grundsatz, daß eine Politik der Freiheit für den Einzelmenschen die einzige echte Politik des Fortschritts ist, bleibt heute so wahr, wie er es im 19. Jahrhundert gewesen ist.

LITERATURHINWEISE

Wenn in diesem Buche Gedankengänge vertreten werden, die sich seit vielen Jahren sicherlich nicht mehr der Gunst des Publikums erfreuen, so ergibt sich die Schwierigkeit, daß im Rahmen weniger Kapitel nur einige der vielen Aspekte erörtert werden können. Für diejenigen Leser, die sich ihre Anschauungen ganz nach den seit zwanzig Jahren herrschenden Meinungen gebildet haben, ist das freilich kaum ausreichend, um die nötige Basis für eine Diskussion zwischen uns und ihnen zu schaffen. Aber obwohl die Ansichten des Verfassers nicht der Mode folgen, so sind sie doch keineswegs so ungewöhnlich, wie sie einigen Lesern erscheinen könnten. Die grundlegende Haltung teilt er vielmehr mit einer ständig wachsenden Zahl von Autoren anderer Länder, die durch ihre Forschungen unabhängig zu ganz ähnlichen Schlußfolgerungen gelangt sind. Den Lesern, die sich mit diesem zwar ungewöhnlichen, aber ihnen vielleicht zusagenden geistigen Klima weiter vertraut machen wollen, wird die nachstehende Liste einiger der wichtigeren Publikationen dieser Art willkommen sein. Diese Liste enthält auch Hinweise auf Bücher, in denen der im wesentlichen kritische Charakter des vorliegenden Werkes durch eine ausführliche Erörterung der wünschenswerten Gesellschaftsstruktur der Zukunft ergänzt wird.

Das früheste und noch immer wichtigste Werk ist:

L. von Mises, Die Gemeinwirtschaft, zuerst Jena 1922; 2. Aufl. 1932.

G. Cassel, From Protectionism through Planned Economy to Dictatorship, Cobden Memorial Lecture. London 1934.

W. H. Chamberlin, A False Utopia. Collectivism in Theory and Practice. London (Duckworth) 1937.

F. D. Graham, Social Goals and Economic Institutions. (Princeton University Press) 1942.

T. E. Gregory, Gold, Unemployment, and Capitalism. London 1933.

E. Halévy, L'Ere des Tyrannies, Paris (Gallimard) 1938.

G. Halm, L. von Mises u. a., Collectivist Economic Planning, herausg. von F. A. Hayek. London (Routledge) 1937.

W. H. Hutt, Economists and the Public. London (Cape) 1935.

W. Lippmann, An Inquiry into the Principles of the Good Society. London (Allen & Unwin) 1937.

R. Muir, Liberty and Civilisation. London (Cape) 1940.
M. Polanyi, The Contempt of Freedom. London (Watts) 1940.
W. Rappard, The Crisis of Democracy. (University of Chicago Press) 1938.
L. C. Robbins, Economic Planning and International Order. London (Macmillan) 1937.
L. C. Robbins, The Economic Basis of Class Conflict and Other Essays in Political Economy. London (Macmillan) 1939.
L. C. Robbins, The Economic Causes of War. London (Cape) 1939.
W. Röpke, Die Gesellschaftskrisis der Gegenwart, Zürich 1942.
W. Röpke, Civitas Humana, Zürich 1944.
L. Rougier, Les Mystiques Economiques, Paris 1938.
F. A. Voigt, Unto Caesar. London (Constable) 1938.

Aus der Sammlung „Public Policy Pamphlets" (University of Chicago Press) seien genannt:

H. Simons, A Positive Program for Laissez-Faire. Some Proposals for a Liberal Economic Policy. 1934.
H. D. Gideonse, Organised Scarcity and Public Policy. 1939.
F. A. Hermens, Democracy and Proportional Representation. 1940.
W. Sulzbach, „Capitalist Warmongers": A Modern Superstition. 1942.
M. A. Heilperin, Economic Policy and Democracy. 1943.

Ähnlicher Art sind verschiedene deutsche und italienische Publikationen, die aber mit Rücksicht auf ihre Verfasser ungenannt bleiben.

Dieser Liste füge ich die Titel von drei Büchern hinzu, die mir vor allen andern zu einem Verständnis der in den Feindländern herrschenden Ideen und ihrer Unterschiede von den unsrigen verholfen haben:

E. B. Ashton, The Fascist, His State and Mind. (Putnam) 1937.
F. W. Foerster, Europe and the German Question. (Sheed) 1940.
H. Kantorowicz, The Spirit of English Policy and the Myth of the Encirclement of Germany. (Allen & Unwin) 1931.

Ferner sei aus der jüngsten Zeit ein vortreffliches Werk über die moderne Geschichte Deutschlands genannt, die hierzulande nicht so bekannt ist, wie es nötig wäre:

F. Schnabel, Deutsche Geschichte im Neunzehnten Jahrhundert, 4 Bde., Freiburg i. B. 1929–1937.

Als die besten Führer in einigen Fragen der Gegenwart erweisen sich vielleicht immer noch die Werke der großen politischen Philosophen des liberalen Zeitalters, wie A. de Tocqueville oder Lord Acton und vor ihnen Benjamin Constant, Edmund Burke, Madison, Hamilton und Jay, die alle ein Zeitalter repräsentieren, dem die Freiheit noch ein Problem und einen zu verteidigenden Wert bedeutete, während das unsrige sie als selbstverständlich hinnimmt, aber weder merkt, von welcher Seite sie bedroht wird, noch den Mut hat, sich von den Lehren zu befreien, von denen diese Drohung ausgeht.

QUELLENANGABEN FÜR DIE MOTTOS

Einleitung:	Lord Acton, History of Freedom and Other Essays, S. 62.
Kapitel I:	F. D. Roosevelt, Message to Congress, 29. April 1938.
Kapitel II:	F. Hölderlin, Hyperion, I, 1, Werke, Inselausgabe, S. 456.
Kapitel III:	E. Halévy, L'Ere des Tyrannies, S. 208.
Kapitel IV:	B. Mussolini, Grand Fascist Council Report, 1929.
Kapitel V:	A. Smith, Wealth of Nations, IV. Buch, Kap. II, ed. Cannan, Bd. I, S. 421.
Kapitel VI:	K. Mannheim, Man and Society, S. 180.
Kapitel VII:	H. Belloc, The Servile State, 3. Aufl., S. 11.
Kapitel VIII:	Lord Acton, History of Freedom and Other Essays, S. 57.
Kapitel IX:	V. I. Lenin, State and Revolution, „Little Lenin Library" Edition, S. 78.
	L. Trotzki, The Revolution Betrayed, S. 76.
Kapitel X:	Lord Acton, Historical Essays and Studies, S. 504.
Kapitel XI:	E. H. Carr, Twenty Years' Crisis, S. 172.
Kapitel XII:	A. Moeller van den Bruck, Das dritte Reich, Sonderausgabe, Hamburg, 3. Aufl., 1931, S. 102.
Kapitel XIII:	The Times, 24. Februar 1940, Leitartikel.
Kapitel XIV:	J. Milton, Ready and Easy Way to Establish a Free Commonwealth (Aeropagitica and Other Prose Works, Everyman Edition, S. 181).
Kapitel XV:	Lord Acton, History of Freedom and Other Essays, S. 98.

REGISTER